Geld verdienen als Vermieter

ECON Praxis

Das Buch
Das vorliegende Buch ist vor allem aus persönlichen und vorwiegend positiven Erfahrungen des Autors mit der Vermietung von Häusern und Wohnungen entstanden. Anhand von praktischen und leicht nachvollziehbaren Beispielen zeigt Siepe, wie gerade auch heute mit der Kapitalanlage in vermieteten Wohnimmoblien auf ehrliche Weise Geld verdient werden kann.

Der Autor
Werner Siepe, Jahrgang 1942, ist seit 1975 hauptberuflich als Dozent für Volkswirtschaft und Mathematik in Düsseldorf tätig. Seit 1990 hat er außerdem einen Lehrauftrag für Wohnungsfinanzierung an der Immobilienakademie der European Business School (EBS). Er ist Autor zahlreicher Fachartikel und mehrerer Bücher zum Thema.

Werner Siepe

Geld verdienen als Vermieter

Kalkulation
Wertzuwachs
Steuerersparnis

ECON Taschenbuch Verlag

Ökologisch handeln:
Dieses Buch ist gedruckt auf 100 % Recyclingpapier, chlorfrei gebleicht

2. Auflage 1994

Umschlaggestaltung: Molesch/Niedertubbesing, Bielefeld
Die Ratschläge in diesem Buch sind von Autor und Verlag sorgfältig erwogen und geprüft; dennoch kann eine Garantie nicht übernommen werden. Eine Haftung des Autors bzw. des Verlags und seiner Beauftragten für Personen-, Sach- und Vermögensschäden ist ausgeschlossen.
Gesetzt aus der Candida
Satz: Formsatz GmbH, Diepholz
Druck und Bindearbeiten: Ebner Ulm
Printed in Germany
ISBN 3-612-21257-5

Inhalt

Vorwort

Angesichts des hohen Wohnungsbedarfs in Deutschland ist es wichtiger denn je, private Investoren für die Kapitalanlage in vermietete Wohnimmobilien zu gewinnen. Der Bau von Eigenheimen zur Selbstnutzung reicht allein nicht aus.
Mit dem vorliegenden Buch trägt der Autor wesentlich zum Abbau von Informationsdefiziten bei potentiellen Anlegern und Wohnungsvermietern bei. Werner Siepe beschäftigt sich seit langem literarisch mit wirtschaftlichen Fragen »rund um die Immobilie« und besitzt auch genügend persönliche Erfahrungen mit der Vermietung von Häusern und Wohnungen. Anhand nachvollziehbarer Beispiele zeigt er, daß man sehr wohl Geld mit der Vermietung von Wohnimmobilien verdienen kann.
Je informierter und mündiger der private Investor auf dem Markt auftritt, desto eher wird er den Rat von hochqualifizierten Immobilienfachleuten schätzen. Um das Know-how der Führungskräfte in der Immobilienwirtschaft zu erhöhen und zugleich das Image der Branche in der Öffentlichkeit zu verbessern, bietet die Immobilienakademie an der European Business School (ebs) seit Juni 1990 ein einjähriges Kontaktstudium an. Nach Abschluß ihres Studiums wer-

den die Immobilienökonomen (ebs) in verantwortlicher Stellung bei Bauträgern, Projektentwicklern, Immobilienmaklern und Banken tätig.
Als wissenschaftlicher Leiter und Geschäftsführer der ebs Immobilienakademie habe ich von Anfang an auf eine praxisbezogene und interdisziplinäre Weiterbildung der angehenden Immobilienökonomen auf Universitätsniveau Wert gelegt. Im Rahmen des Studienblocks »Wohn-Immobilien-Management« wird auch eingehend auf Fragen der Investition und Finanzierung von Wohnimmobilien aus der Sicht privater Anleger eingegangen.
Werner Siepe, der als Lehrbeauftragter für Wohnungsfinanzierung seit Gründung der ebs Immobilienakademie dabei ist, sieht gerade im Bereich der Investitions- und Finanzierungsrechnungen noch große Informationslücken und Weiterbildungserfordernisse. Quasi als Brückenschlag von der akademischen Weiterbildung auf diesem Sektor zur privaten Kapitalanlage in Rendite-Wohnimmobilien hat er unter den Studenten an der ebs Immobilienakademie einen Arbeitskreis für freifinanzierten Mietwohnungsbau angeregt.
Als Ergebnis von mehreren Sitzungen legt dieser Arbeitskreis »Praktische Ratschläge für Kapitalanleger in freifinanzierte Neubau-Mietwohnungen« vor, die im vierten Kapitel des vorliegenden Buches unterbreitet werden.
Für dringend erforderlich halte ich zudem Arbeitskreise zum Thema »Wirtschaftlichkeitsberechnung bei vermieteten Wohnimmobilien«. Die im Oktober 1993 auf Initiative der ebs Immobilienakademie von renommierten Wissenschaftlern und Praktikern ge-

gründete Gesellschaft für immobilienwirtschaftliche Forschung (gif) wird sich ebenfalls eingehend mit dem Thema Rentabilitätsrechnung befassen.
Wie schwierig und komplex Wirtschaftlichkeits- und Rentabilitätsrechnungen einerseits sind, aber dennoch verständlich und praxisnah dem privaten Kapitalanleger vermittelt werden können, zeigt Werner Siepe in diesem Buch anhand von zehn Kalkulationshilfen. Ein Tabellenkalkulationsprogramm wird die Berechnung spielend durchführen können. Spätestens an dieser Stelle wird der praktische Nutzen des Ratgeber-Buches von Werner Siepe deutlich.

Professor Dr. Karl-Werner Schulte
Wissenschaftlicher Leiter und Geschäftsführer der ebs Immobilienakademie und Inhaber des Lehrstuhls für Investition und Finanzierung an der European Business School, Privatuniversität, Oestrich-Winkel/ Rheingau.

Einführung

Geld zu verdienen mit der Vermietung von Wohnungen ist für die meisten Menschen tabu. In der Tat bestimmten Wehklagen über zu hohe Mieten, steigende Wohnungsnot und rücksichtslose Vermieter die öffentliche Diskussion.
Den Vermieter gibt es aber ebensowenig wie *den* Mieter. Pauschalurteile helfen nicht weiter. Der nüchtern kalkulierende private Vermieter konzentriert sich auf die drei Erfolgsquellen bei der Kapitalanlage in vermietete Wohnungen:

- Mietertrag,
- Steuerersparnis und
- Wertzuwachs.

Die anhaltend hohe Nachfrage nach Mietwohnungen wird ihm, so hofft er, nachhaltig erzielbare und steigende Mieteinnahmen sichern. Darüber hinaus kann er auf zwei Verbündete – den Fiskus und die Inflation – zählen, die ihm Steuervorteile und Wertsteigerungen bescheren. Nicht zuletzt eignet sich ein schuldenfreies Mietobjekt im Alter hervorragend zur Schließung der Versorgungslücke.
Leider scheitern in der Praxis dennoch viele private

Wohnungsvermieter bei dem Versuch, wirklich Geld zu verdienen. Ohne jegliches Konzept, ohne eigenes Know-how und ohne vernünftige Kalkulation stürzen sie sich in ein finanzielles Abenteuer, bei dem sie eher Geld verlieren als verdienen. Um diese Hauptfehler schon im Ansatz zu vermeiden, habe ich das vorliegende Vermieterbuch geschrieben. Es soll Hilfe zur Selbsthilfe bei der erfolgreichen Vermietung von Haus und Wohnung sein. Getreu meinen selbst gewählten Leitsprüchen »Von der Miete zur Rendite« und »Investieren mit Mut ist besser als Sparen mit Wut« habe ich als eingefleischter Immobilienfan fast nur gute Nachrichten anzubieten. Meine eigenen positiven Erfahrungen, die ich ohne Scheu in diesem Buch ausbreite, werden Sie hoffentlich ermuntern, gleichfalls in Rendite-Wohnimmobilien zu investieren.

Im ersten Kapitel mache ich Sie mit dem richtigen Vermietungskonzept vertraut. Wer keine Ahnung besitzt und sich nur auf sein Gefühl verläßt, wird kaum zu den Gewinnern zählen. Fachkenntnis, Selbsterkenntnis, Menschenkenntnis und Marktkenntnis sind gefragt. Auch als Laie und blutiger Anfänger können Sie dieses Know-how gewinnen, wenn Sie nur wollen. Sie müssen selbst nicht Profi sein, Sie müssen nur wie ein Profi handeln.
Das Herzstück dieses Buches finden Sie im zweiten Kapitel. Mit dem 5-Phasen-Fahrplan schlagen Sie den richtigen Kurs zum Erfolg ein. Hier habe ich alles Wesentliche über Objekt- und Mieterauswahl, Finanzierung und Besteuerung sowie den Verkauf zusammengefaßt. Am Ende dieses Kapitels wissen Sie, wie erfolgreiches Vermieten praktiziert werden kann.

Eine Immobilie muß sich rechnen, lautet ein gängiger Spruch unter privaten Kapitalanlegern. Leider rechnen viele Investoren schlichtweg falsch, was vor allem auf unvollständige oder unrichtige Angaben auf Anbieter- oder Vermittlerseite zurückzuführen ist. Mit der 7-Punkte-Rechnung im dritten Kapitel können Sie jedoch eine individuelle und maßgerechte Kalkulation für Ihre Rendite-Immobilie aufstellen.

Im letzten Kapitel finden Sie schließlich noch ganz praktische Arbeitshilfen wie die »Zehn Gebote für Kapitalanleger in vermietete Wohnungen«, zehn Kalkulationsblätter zum Selbstausfüllen sowie Auszüge aus den fünf wichtigsten Verträgen rund um die vermietete Wohnung.

Wenn Sie mit vermieteten Wohnimmobilien auf ehrliche Weise Geld verdienen, brauchen Sie kein schlechtes Gewissen zu haben. Handeln Sie wie ein Unternehmer, und betrachten Sie Ihren Mieter als Kunden, für den Sie bestmögliche Dienstleistungen erbringen. Verdienen kommt von Dienen. Mieter sind Geschäfts- und Sozialpartner und keine »Objekte« von Spekulation und Ausbeutung. Halten Sie sich daher konsequent von schwarzen Schafen unter den Vermietern, Vermittlern und Anbietern fern. Leider wird in kaum einer anderen Branche so viel gelogen und betrogen wie in der Immobilienbranche. Helfen Sie mit, dies in Zukunft zu ändern.
Gern gebe ich an dieser Stelle die Mahnung von Ex-Bundespräsident Richard von Weizsäcker anläßlich der Festveranstaltung zum 90jährlichen Bestehen des Deutschen Mieterbundes im Juni 1990 wieder: »Nicht

alle Investoren sind Spekulanten. Die Erwartung ausreichender Rendite sowie vor allem kalkulierbarer Rahmenbedingungen sind somit aus ihrer Sicht verständlich. Fällt der Anreiz zum Investieren fort, dann kommt es rasch dahin, daß Wohnungen fehlen.«

1 Ihr Konzept: Vermieten wie ein Profi

Es gibt sie doch – private Anleger, die mit der Vermietung von Häusern und Wohnungen Geld verdienen. Eine ganze Reihe dieser seltenen Exemplare ist mir persönlich bekannt, und ich selbst zähle mich auch dazu.

Was zeichnet aber den erfolgreichen Wohnungsvermieter aus? Nicht brutales Vorgehen als Mietwucherer oder Ausbeuter, sondern ein professionelles Vermietungskonzept. Wer mit Vermieten Geld verdient, handelt wie ein Profi, ohne selbst Immobilienprofi zu sein. Was er selbst beherrscht, übernimmt der private Vermieter selbst. Und was er sich nicht zutraut, überträgt er fachlich qualifizierten und absolut seriösen Leuten. Ein Spruch von Henry Ford, dem Gründer der Ford-Werke, mag da Leitmotiv sein: »Für den Menschen unserer Zeit gibt es nur eine Sicherheit: Wissen, Erfahrung, Können.«

Doch nun die schlechte Nachricht. Wer ohne Konzept Geld in vermieteten Häusern und Wohnungen anlegt, gerät leicht auf die Verliererstraße. Zu dieser Spezies gehören uninformierte und völlig unerfahrene Anleger, die sich partout um nichts kümmern wollen und dem erstbesten Anbieter oder Vermittler blind vertrauen. Fast immer erliegen sie dem Lockruf »Steuerersparnis« und vergessen darüber alle ehernen Anlagegrundsätze. Sie zeichnen ein überteuertes Steuersparmodell, das sie nicht brauchen, mit Geld, das sie nicht haben, um Geld vom Fiskus zu kassieren, den sie nicht mögen.

Ob Sie als Vermieter Geld verdienen oder Geld verlieren, hängt daher vor allem von Ihnen selbst und Ihrem eigenen Konzept ab. Lernen Sie daher erfolgreiche Vermietungskonzepte kennen, und gehen Sie den Weg konsequent »von der Miete zur Rendite«. Rendite ist zwar nicht alles, aber ohne Rendite ist alles nichts.

1. Selbsterkenntnis: Drum prüfe, wer sich lange bindet

Viele Möchtegern-Vermieter machen sich Illusionen. Sie kaufen eine vermietete Wohnung in der Erwartung kurzfristiger Veräußerungsgewinne. Heute kaufen und nach zwei Jahren mit steuerfreiem Gewinn verkaufen – dies gelingt den Amateuer-Spekulanten nur auf dem Papier.
Unrealistische Träume vom schnellen Gewinn mit Immobilien geistern besonders häufig in den Köpfen von ausgesprochen passiven Anlegern herum, die sich von windigen Vertriebsorganisationen eine überteuerte Eigentumswohnung andrehen lassen.
Der aktive Anleger geht völlig anders vor. Er informiert sich und holt Vergleichsangebote selbst ein, bevor er sich entscheidet und investiert. Dabei betrachtet der aktive Anleger die vermietete Wohnung als langfristige Kapitalanlage und stellt die Vermietungsphase in den Mittelpunkt seiner Überlegungen.
Auch wenn Initiatoren und Vertriebe dies nicht gerne hören und lesen: Der preisbewußte Kauf direkt vom Bauträger oder vom bisherigen Eigentümer ist dem passiven Zeichnen eines überteuerten Steuersparmodells um Längen überlegen. Ich setze noch eins drauf und prognostiziere: Der passive Anleger ist tot, es lebe der aktive Anleger.

Daß Totgesagte länger leben, zeigt auch ein anderes Beispiel. Im Jahr 1985, als Wohnungsleerstände und gedrückte Immobilienpreise die Diskussion bestimmten, behauptete ich auf Immobilienseminaren: »Die Eigentumswohnung ist tot, es lebe die Eigentumswohnung.« Was damals noch ungläubiges Staunen hervorrief, wird heute von Marktkennern nicht mehr bestritten. Längst ist die Rede von der Renaissance der Eigentumswohnung, der »Immobilie der 90er Jahre«.

3 zu 1 für aktive Anleger

Meine eigene Erkenntnis lautet heute: der aktive Anleger kann an einer vermieteten Eigentumswohnung als langfristige Kapitalanlage eigentlich nicht mehr vorbeigehen. Drei Pluspunkte ragen im Jahr 1994 heraus:

- hohes Mietniveau,
- noch hohe Steuervorteile und vor allem
- niedrige Hypothekenzinsen.

Auf der Minusseite stehen die hohen Einstiegspreise. Um im Fußballerjargon zu argumentieren: Es steht 3 zu 1 für die Anlage in Mietobjekten.

Vier Anlageziele

Argumente hin, Argumente her. Zuallererst muß die vermietete Wohnimmobilie Ihre persönlichen Anlagewünsche erfüllen. Typischerweise werden vier Ziele jeder Geldanlage genannt:

- Sicherheit,
- Rendite,
- Liquidität und
- Steuerersparnis.

Bildlich können Sie sich die vier Anlageziele als magisches Viereck vorstellen. Denn nur ein Zauberer oder Magier kann alle vier Ziele zugleich auf bestmögliche Art und Weise erreichen.

Das magische Viereck der Anlageziele

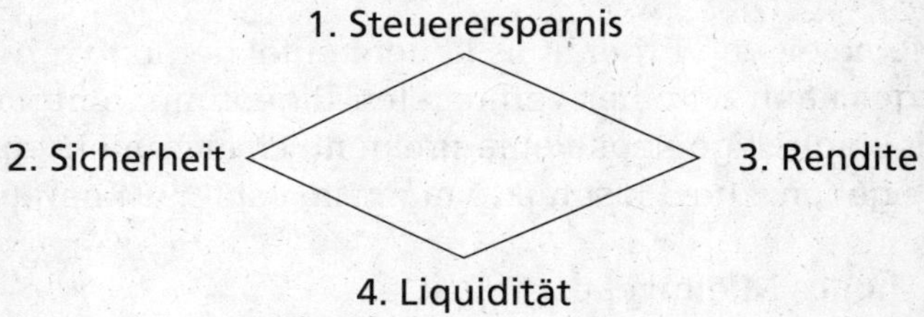

Wenn ich Noten für die Bewertung der Anlageziele bei vermieteten Immobilien zu vergeben hätte, sähe die Rangfolge so aus:

Note 1 für Steuerersparnis,
Note 2 für Sicherheit,
Note 3 für Rendite und
Note 4 für Liquidität.

Um Mißverständnissen vorzubeugen: Das Erzielen von Steuerersparnissen sollte nicht Ihr wichtigstes Anlagemotiv sein. Andererseits läßt sich mit kaum einer

anderen Geldanlage so viel Steuern sparen wie mit einer vermieteten Immobilie.
Moral von der Geschichte: Sie sollten nie nur »nach Steuern steuern«, aber auch nicht »ohne Steuern steuern«. Der vernünftige Kompromiß liegt in der *Rendite nach Steuern.* Die Durchschnittsnote für die Nach-Steuer-Rendite liegt immerhin bei 2, wenn Sie die Steuerspar-Note 1 mit der Rendite-Note 3 gleichmäßig gewichten.

Fünf Prozent Mietrendite nach Steuern bei Neubauten

Erlauben Sie mir dazu ein erstes Rechenbeispiel. Neubau-Eigentumswohnungen in der Rhein-Ruhr-Region werfen im ersten Vermietungsjahr eine Mietrendite von etwa 5 Prozent ab, falls Sie nur marktgerechte Kaufpreise zahlen. Zwar müssen Mieteinnahmen grundsätzlich versteuert werden. Sie können jedoch die hohen Neubau-Abschreibungen gegenrechnen, die im Durchschnitt der ersten zehn Vermietungsjahre mindestens so hoch ausfallen wie die Mieteinnahmen selbst. Mit anderen Worten: Auch die Nach-Steuer-Mietrendite liegt bei 5 Prozent. Sie steigt mit steigenden Mieteinnahmen in der Vermietungsphase. Fällt beim Verkauf nach frühestens zehn Jahren ein steuerfreier Veräußerungsgewinn an, erhöht dieser die Endrendite nach Steuern.
Vermietete Wohnungen sind um so sicherer, je länger Sie dabei bleiben. Sie können dann vorübergehende Preiseinbrüche wie Mitte der 80er Jahre »aussitzen« und auf bessere Immobilienzeiten für Verkäufer war-

ten. Auf Dauer wird eine gut gelegene und qualitativ hochwertige Wohnung im Preis steigen. Dem Anlageziel Sicherheit gebührt daher ebenfalls die Note 2. Eine Geld-zurück-Garantie gibt es jedoch nicht, da der Verkaufspreis bei zu teuer eingekauften Immobilien auch einmal unter die Investitionskosten fallen kann.

Das Sprichwort »Drum prüfe, wer sich lange bindet« können Sie getrost auf die »Partnerschaft« von Anleger und Mietobjekt übertragen. Ihre Verfügbarkeit über das für den Kauf aufgewandte Geld ist stark eingeschränkt, da Sie eine vermietete Wohnung nicht von heute auf morgen wieder verkaufen können und dies auch nicht einplanen sollten.

Mit dem Kauf einer Immobilie sollten Sie daher von vornherein eine geringere finanzielle Beweglichkeit in Kauf nehmen. Fachleute sprechen von »Liquidierbarkeit« oder »Fungibilität«, wenn sie die Verfügbarkeit über flüssige Geldmittel meinen. Dem Anlageziel Liquidität gebe ich bei der vermieteten Wohnung nur die Note 4. Auch bei der Rendite-Immobilie ist nicht alles Gold, was glänzt. Besonders große Abstriche in puncto Wiederverkäuflichkeit müssen Sie beim Zeichnen von Bauträger- und Erwerbermodellen oder von Anteilen an geschlossenen Immobilienfonds machen.

Ihr persönliches Anlagekonzept

Ein Mietwohnhaus oder eine vermietete Eigentumswohnung muß vor allem auch in Ihr persönliches Anlagekonzept passen. Sind Sie ein vorsichtiger, aufgeschlossener oder mutiger Anleger? Für vorsichtige oder gar ängstliche Geldanleger eignet sich ein Miet-

objekt wohl kaum. Auch der wagemutige Anleger vom Typ »Spekulant« wird in der Regel wenig Gefallen an der Langfristanlage Immobilie finden. Wenn Sie sich jedoch zu den aufgeschlossenen Anlegern zählen und eine attraktive Rendite bei begrenztem Risiko erzielen wollen, sollte eine Direktanlage in vermietete Wohnungen ins Auge gefaßt werden.
Oberster Grundsatz jeder Geldanlage ist die Streuung oder Anlagemischung. Alles auf eine Karte zu setzen und das ganze Vermögen in Immobilien zu stecken, widerspricht diesem Grundsatz. Umgekehrt ist es wenig sinnvoll, nur Zinsanlagen oder nur Aktien für den privaten Vermögensaufbau auszuwählen.
Auf die gesunde Mischung aus Aktien, Zinsanlagen und Immobilien kommt es an. Nach dem ABI-Konzept (A für Aktien, B für Zinsanlagen/Bonds, I für Immobilien) sollten Sie Ihr Vermögen auf diese drei Kernanlagen verteilen. Je aktienlastiger oder zinslastiger Ihr Vermögen zur Zeit aussieht, um so eher sollten Sie eine Umschichtung Ihres Vermögens in Richtung Immobilien vornehmen.

Auf das richtige Timing kommt es an

Vermieter zu werden ist nicht schwer. Ungleich schwerer ist es, zum richtigen Zeitpunkt ein- oder auszusteigen.
Die alte Börsenregel »Im Tief kaufen – im Hoch verkaufen« gilt jedoch prinzipiell auch für Immobilien. Stabile oder sinkende Immobilienpreise wie in den Jahren 1977/78, 1985/88 oder 1993/94 laden zum Einstieg ein, da gleichzeitig die Hypothekenzinsen rela-

tiv niedrig liegen. Es lohnt sich daher, in Tiefpreis- und Tiefzinsphasen Immobilien zu erwerben.
Meine eigene »Imobilienkarriere« begann 1978 mit dem Bau eines Eigenheims. Sie setzte sich fort mit dem Kaufen und Ersteigern von vermieteten Eigentumswohnungen sowie dem Kauf eines zweiten Eigenheims in den Jahren 1985 bis 1988. Nach der Zinswende im Herbst 1992 habe ich dann innerhalb von einem Jahr gleich viermal »zugeschlagen« und vier Neubau-Eigentumswohnungen zur Vermietung an vier verschiedenen Orten gekauft.
Das richtige Timing beim Einstieg ist erlernbar. Bröckelnde Kaufpreise oder stark gesunkene Hypothekenzinsen signalisieren eine zu Ende gehende Rezession mit einem zeitverzögerten Sinken der Nachfrage nach Wohnimmobilien. Dies ist die Stunde für Sie, preis- und zinsgünstig einzusteigen und Wohneigentum zu erwerben.
Stark steigende Preise und Zinsen wie in den Jahren 1980/81 und 1990/91 sollten Sie jedoch vom Einstieg abhalten. Am Ende einer Hochpreis- und Hochzinsphase lohnt es sich, das eine oder andere Mietobjekt – sofern vorhanden – mit Gewinn zu verkaufen. Dies ist jedoch einfacher gesagt als getan. Ähnlich wie an der Börse fällt es den Kapitalanlegern in Immobilien schwerer, Gewinne beim Verkauf zu realisieren, als preisgünstig in den Wohnungsmarkt einzusteigen.
In aller Regel wird es Ihnen nur gelingen, eine günstige Phase für den Kauf oder Verkauf von Rendite-Immobilien zu erwischen. Den exakt richtigen Zeitpunkt zum Ein- oder Ausstieg schafft selbst der ausgekochte Profi nicht.

Do-it-yourself contra Full-Service

Kümmern Sie sich selbst um Objekt- und Mieterauswahl, wählen Sie selbst die für Sie beste Finanzierung aus, und stellen Sie ein eigenes Steuersparkonzept auf? Dann gehen Sie nach der Do-it-yourself-Methode vor. Als aktiver Investor lautet Ihre Devise »Erst informieren, dann investieren«. Durch den Vergleich bis Immobilienpreisen und Hypothekenzinsen laufen Sie nicht Gefahr, das erstbeste, aber teuerste Angebot anzunehmen.

Nachteil dieser Intensivmethode: Sie wenden viel Zeit und Mühe auf. Ihnen ergeht es nicht viel anders als dem Häuslebauer, der mit Selbsthilfeleistungen ein vom Preis her erschwingliches Eigenheim baut und dafür einen großen Teil seiner Freizeit opfert.

Völlig anders geht der passive Zeichner von Steuersparmodellen vor. Er vertraut auf die Seriosität des Anbieters und die im Prospekt gemachten Angaben. Kauf, Vermietung und Finanzierung werden ihm von »dienstbaren Geistern« abgenommen. Heraus kommt ein Paketkauf nach dem Full-Service-Konzept. Klar, daß sich der Initiator diesen Komplettservice fürstlich bezahlen läßt.

Auch die »Sorglos-Immobilie«, wie sie vom Marktführer im freifinanzierten Mietwohnungsbau genannt wird, hat eben ihren Preis. Wer als passiver Anleger allzu sorglos ein Bauträgermodell zeichnet, kann wirtschaftlich ganz schön auf die Nase fallen.

Der Full-Service-Zeichner unter den Kapitalanlegern ähnelt dem Eigenheimer, der sich sein Traumhaus schlüsselfertig vom Plan weg erstellen läßt. Die größere Bequemlichkeit wird jedoch dann teuer er-

kauft, wenn sich das Full-Service-Objekt als Preisaufblähungsmodell erweist.
Do-it-yourself oder Full-Service, aktiver Investor oder passiver Zeichner – Sie allein haben die Wahl. Prüfen Sie sich selbst, ob Sie sich eher zu dem aktiven oder dem passiven Anleger zählen. Aufgrund eigener positiver Erfahrung als aktiver Anleger und oft beobachteter Fehler bei passiven Zeichnern von Steuersparmodellen behaupte ich, daß der Do-it-yourself-Vermieter letztlich besser abschneidet. Schließlich wollen Sie selbst als Vermieter Geld verdienen und nicht die Taschen der Bauträger, Vermittler und gewerblichen Zwischenvermieter füllen.

2. Marktkenntnis: Information ist alles

Als Vermieter müssen Sie die Marktübersicht über aktuelle Preise und Mieten gewinnen. Leider ist der Immobilienmarkt sehr viel unübersichtlicher als beispielsweise der Aktienmarkt, auf dem börsentäglich die neuen Kurse ermittelt werden. Dennoch gibt es genügend Informationsquellen, die Sie anzapfen sollten.

Immobilienpreisspiegel von Maklerverbänden

Alljährlich bringen der RDM (Ring Deutscher Makler) und der VDM (Verband Deutscher Makler) Preis- und Mietübersichten heraus. Als regionaler Anleger werden Sie sich zunächst für ein Mietobjekt in Nähe Ihres Wohnortes interessieren und die entsprechenden Zahlen aus den Preis-Miet-Spiegeln herausfiltern. Bei Großstädten über 500 000 Einwohnern ergab sich im Jahr 1993 laut RDM folgendes Bild (bezugsfreie und nicht mietpreisgebundene Eigentumswohnungen mit 3 Zimmern und ca. 70 m² Wohnfläche):

Großstädte	Kaufpreise in DM/m²		monatliche Nettokaltmieten in DM/m² Neubau	
	mittlerer Wohnwert	guter Wohnwert	mittlerer Wohnwert	guter Wohnwert
Berlin-West	3 850	4 800	20,00	25,00
Hamburg	3 300	4 500	20,00	23,00
München	4 500	6 200	22,00	24,50
Köln	3 800	4 200	19,00	21,00
Essen	2 800	3 750	15,00	16,50
Frankfurt	3 600	4 450	16,00	18,00
Dortmund	2 300	2 800	14,00	15,00
Stuttgart	4 200	4 700	17,50	19,50
Düsseldorf	4 300	5 300	18,50	22,50
Bremen	2 000	2 900	13,00	16,00
Duisburg	2 400	3 200	13,50	16,00
Hannover	2 200	3 100	14,00	17,00
Nürnberg	3 300	4 200	14,00	16,00

Quelle: RDM-Immobilienpreisspiegel 1993

Falls Sie eine Neubau-Eigentumswohnung als Kapitalanlage am Ballungsrand der Großstädte suchen, sollten Sie auch Kaufpreise und Mieten in Nachbarstädten kennen. Beispiel: Sie wohnen im Großraum Düsseldorf. Im linksrheinischen Neuss und rechtsrheinischen Mettmann liegen Kaufpreise und Nettokaltmieten deutlich unter Düsseldorfer Niveau.

Nachbarstädte von Düsseldorf	Kaufpreise in DM/m²		monatliche Nettokaltmieten in DM/m² Neubau	
	mittlerer Wohnwert	guter Wohnwert	mittlerer Wohnwert	guter Wohnwert
Neuss	2 200	2 700	13,50	16,00
Mettmann	2 600	2 900	15,50	17,50

Quelle: RDM-Immobilienpreisspiegel 1993

Da sich die RDM-Kaufpreise auf gebrauchte Eigentumswohnungen aus zweiter Hand beziehen, müssen

Sie einen Aufschlag von mindestens 25 Prozent einkalkulieren, um die Neubau-Kaufpreise zu ermitteln. Für die drei Städte Düsseldorf, Neuss und Mettmann errechnen sich dann folgende Vergleichswerte:

Städte	Neubau-Kaufpreise in DM/m²		monatliche Nettokaltmieten in DM/m² Neubau	
	mittlerer Wohnwert	guter Wohnwert	mittlerer Wohnwert	guter Wohnwert
Düsseldorf	5 375	6 625	18,50	22,50
Mettmann	3 250	3 625	15,50	17,50
Neuss	2 750	3 375	13,50	16,00

Zwei Folgerungen können Sie aus dem Vergleich ziehen. Erstens: Je höher der Neubau-Kaufpreis, desto höher die monatliche Neubaumiete. Zweitens wird deutlich, daß Düsseldorf ein besonders teures Pflaster für Käufer und Mieter ist. Beim Preis-Miet-Vergleich und der Mietrendite schneiden die Nachbarstädte besser ab.

Städte	Preis-Miet-Vergleich (X-faches der Jahresnettokaltmiete)		Mietrendite (Jahresnettokaltmiete in % des Kaufpreises)	
	mittlerer Wohnwert	guter Wohnwert	mittlerer Wohnwert	guter Wohnwert
Düsseldorf	24fach	24fach	4,1 %	4,1 %
Mettmann	17fach	17fach	5,7 %	5,8 %
Neuss	17fach	18fach	5,9 %	5,7 %

Örtliche Mietspiegel

Neubaumieten liegen oft deutlich über den ortsüblichen Vergleichsmieten für Bestandswohnungen. Die örtlichen Mietspiegel – auch Mietwerttabellen genannt – geben Auskunft darüber, wie hoch die ortsüblichen Mieten für vergleichbare und frei finanzierte Wohnungen in Mehrfamilienhäusern ausfallen können.

Bei Wiedervermietung dürfen die Mietrichtwerte bis zu 20 Prozent überschritten werden, ohne daß eine ordnungswidrige Mietpreisüberhöhung vorliegt. Bei nach dem 1. Januar 1991 fertiggestellten Wohnungen darf der Zuschlag bis zu 50 Prozent betragen, falls der Vermieter eine lediglich kostendeckende Miete nachweisen kann.

Auch wenn die Marktmiete in aller Regel deutlich von den Vergleichsmieten laut Mietspiegel abweicht, sollten Sie sich den örtlichen Mietspiegel beim Mieterverein oder Haus- und Grundbesitzerverein besorgen. Sie können sich auf diese Weise an den Markt »herantasten«.

Hierzu ein Beispiel

Die Mietwerttabelle für Wohnungen im Bereich des Amtsgerichtes Mettmann mit den Städten Erkrath, Haan, Mettmann und Wülfrath führt folgende Vergleichsmieten auf (frei finanzierte Wohnungen mit 40 bis 90 m² Wohnfläche, gehobene Ausstattung, Baujahr ab 1990):

Monatliche Nettokaltmieten in DM/m² in Mettmann laut Mietspiegel vom 1.2.1994:

normale Wohnlage	gute Wohnlage
14,40–16,60 DM	16,60–18,40 DM

Die Vergleichsmieten für bestehende Wohnungen reichen demnach schon an die Neubaumieten laut RDM-Mietspiegel heran, sofern es sich um ab 1990 gebaute Wohnungen mit besonderer Ausstattung handelt. Eine besondere Ausstattung liegt laut Mietspiegel für Mettmann dann vor, wenn die Wohnung außer Bad, WC und Heizung noch mindestens drei der folgenden Merkmale aufweist:

- Fenster mit Isolierverglasung oder mit Rolladeneinrichtungen
- hochwertiger Fußboden, etwa Parkett, Marmor, Keramik usw.
- Verfliesung von Bad rundum in 1,80 m Höhe und der Küche im Arbeitsbereich 1,50 m hoch
- Zweit-WC und/oder ein Zweitbad oder Dusche in gesondertem Raum
- Einbauschränke gehobener Qualität oder eine Einbauküche
- Balkon(e) oder überdachte Terrasse(n) von insgesamt über 10 m² Größe
- Kamin mit offener Feuerstelle
- hochwertige Vertäfelung von Wänden und/oder Decken

Fazit

Relativ neue und hochwertige Wohnungen in guter Wohnlage werfen auch am Ballungsrand von Düsseldorf durchschnittliche Nettokaltmieten von 17,50 DM pro m² Wohnfläche und Monat ab.

Makler- und Bauträgerangebote

Immobilienpreisspiegel der Maklerverbände und örtliche Mietspiegel verschaffen Ihnen einen ersten Marktüberblick. Um Preise und Mieten vor Ort und am Markt tatsächlich zu erfahren, sollten Sie die Immobilienanzeigen in den Wochenendausgaben der örtlichen Tageszeitungen studieren.

Beispiel

Ein Bauträger plazierte in einer rheinischen Tageszeitung gleich zwei Anzeigen – einmal unter der Rubrik »Eigentumswohnungen«, zum anderen unter »Mietangebote«.

Eigentumswohnungen

Einladung zur
Besichtigung in
der Musterwohnung:
Sonntag, 14–17 h

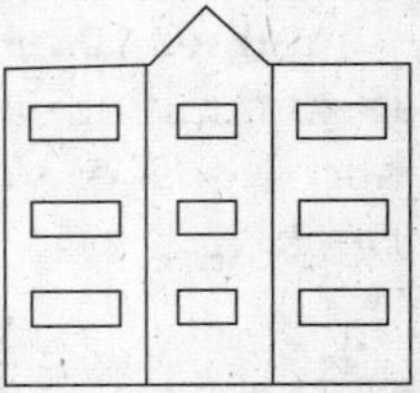

- Der Standort Düsseldorf-Hellerhof

. . . .

- Die Kaufpreis-Beispiele
  336 600 DM für eine 3-Zimmer-Neubau-Wohnung mit 77,3 m^2/Wohnfläche und TG-Stellplatz

XY-Hausbau

Mietangebote

Düsseldorf-Hellerhof

2-, 3-, 4-Zi.-Komfortwohnungen in ruhiger Lage. Bezug kurzfristig.

- Aus unserem Angebot: 1 385 DM Monatsmiete für eine 3-Zimmer-Neubauwohnung mit 77,3 m² Wohnfläche und TG-Stellplatz

XY-Hausbau

Die Auswertung für diese Neubau-Eigentumswohnung in Düsseldorf-Hellerhof ergibt folgendes:

Neubau-Kaufpreis	4 355 DM/m² incl. TG-Stellplatz (= 336 600 DM Kaufpreis : 77,3 m² Wohnfläche)
Nettokaltmiete	17,90 DM/m² incl. TG-Stellplatz pro Monat (= 1 385 DM Monatsmiete : 77,3 m² Wohnfläche)
Preis-Miet-Verhältnis:	20fache Jahresnettokaltmiete (= 4 355 DM/m² : 17,90 DM/m² x 12 Monate)

anfängliche Mietrendite:	rund 5 % (= Jahresnettokaltmiete 16 620 DM in % des Neubau-Kaufpreises von 336 600 DM)

Kaufpreis und Nettomiete orientieren sich bei diesem Objekt eher an Mettmanner Verhältnissen, da die Lage unmittelbar an den Kreis Mettmann angrenzt.

Bei Neubauobjekten wird in Zeitungsannoncen üblicherweise nur der Kaufpreis angegeben. Die erzielbare Neubaumiete müssen Sie überschlägig anhand der Mietangebote für vergleichbare Neubauwohnungen ermitteln.

Dazu ein eigenes Beispiel

Eine 80 m^2 große Neubau-Eigentumswohnung in Mettmann wurde ebenfalls per Zeitungsanzeige direkt vom Bauträger angeboten. Der Kaufpreis von 3 600 DM/m^2 ohne TG-Stellplatz erschien mir im Herbst 1993 bei einer geschätzten Nettokaltmiete von 16,50 DM/m^2 attraktiv genug, um dieses Objekt zu erwerben. Für die Wohnung muß ich das 18fache der Jahresnettokaltmiete aufwenden, was einer anfänglichen Mietrendite von 5,5 Prozent entspricht.

Wertentwicklung in der Rückschau

Anfängliche Mietrenditen von 5 Prozent beim Neubau und knapp 7 Prozent bei gebrauchten Mietobjekten reißen sicher keinen privaten Investor vom Hocker. Hinzu gesellt sich jedoch die Hoffnung auf Miet- und Wertsteigerungen.
Zumindest für die vergangenen Jahre liegt ausreichendes Zahlenmaterial vor. Das renommierte Münchener Institut für Markt-, Regional- und Wirtschaftsforschung hat die Entwicklung von Kauf- und Mietpreisen bei den wichtigsten Immobilienarten für den Zeitraum 1975 bis 1992 unter die Lupe genommen, und zwar in 55 Städten Westdeutschlands.
Im 17-Jahres-Vergleich liegen München und Stuttgart mit jährlichen Wachstumsraten bis zu 6 Prozent weit vorn, während die Nordlichter Bremen und Hamburg zumindest bis 1992 vergleichsweise geringe Preis- und Mietsteigerungen aufzuweisen haben. Köln und Düsseldorf nehmen im Süd-Nord-Gefälle einen guten Mittelplatz ein.
Die folgende Übersicht geht von Eigentumswohnungen mit gutem Wohnwert und einer Wohnfläche von circa 70 m² aus. Die Mietpreise beziehen sich auf den Erstbezug bei Neubauwohnungen.

Städte	Kaufpreise in DM/m²		Nettokaltmieten in DM/m²		jährliche Steigerung in %	
	1975	1992	1975	1992	Preise	Mieten
München	2 200	5 600	9,50	24,00	5,6 %	5,6 %
Stuttgart	2 000	4 400	10,00	18,00	4,7 %	3,5 %
Köln	2 200	3 800	8,50	19,00	3,3 %	4,8 %
Düsseldorf	2 500	5 000	11,50	20,00	4,2 %	3,3 %
Hamburg	2 500	4 300	13,00	22,50	3,2 %	3,3 %
Bremen	1 800	2 700	6,50	15,00	2,4 %	5,0 %

Quelle: Wertentwicklung 1975–1992 für Eigentumswohnungen, Münchener Institut für Markt-, Regional- und Wirtschaftsforschung

München als Eldorado für Kapitalanleger in vermieteten Wohnimmobilien? Bezogen auf den Einsteiger des Jahres 1975 sicherlich. Bedenken Sie aber, daß jede Erfolgsstory einmal ein Ende hat.
Für Neubau-Eigentumswohnungen müssen Sie üblicherweise bis zum 20fachen der Jahresnettokaltmiete ausgeben. Neugebaute Mietobjekte zur 25fachen Jahresmiete sollten Sie meiden.

Gebrauchte Eigentumswohnungen aus zweiter Hand sollten nicht nur absolut, sondern auch relativ vom Preis-Miet-Verhältnis günstiger zu haben sein. Schließlich verzichten Sie auf die hohen steuerlichen Neubau-Abschreibungen und nehmen oft beträchtliche Instandhaltungskosten in Kauf. Geben Sie daher nur die 15fache Jahresmiete aus.
Mit diesen einfachen Regeln – 20fache Jahresmiete bei Neubau-Eigentumswohnungen, 15fache Jahresmiete bei gebrauchten Eigentumswohnungen – erzielen Sie anfängliche Mietrenditen von 5 bzw. 6,7 Prozent.
Bei reinen Mietwohnhäusern aus zweiter Hand reichen in bestimmten Orten 12 bis 14 Jahresmieten aus. Allerdings halsen Sie sich beim Kauf von betagten

Renditehäusern – in Zeitungsannoncen zuweilen auch als »Zinshäuser« bezeichnet – viel Verwaltungsarbeit und oft viel Ärger auf. Diese Renditeobjekte kosten laut Immobilienspiegel des RDM in den 13 Großstädten über 500 000 Einwohnern zwischen dem 10fachen und 28fachen der Jahresnettokaltmiete.

Großstädte	Renditeobjekte (Mietwohnhäuser) als Vielfaches der Jahresnettokaltmiete	
	mit Fertigstellung bis 1948	mit Fertigstellung nach 1.1.1949
Berlin-West	14,60	15,70
Hamburg	14,00	16,00
München	20,50	21,00
Köln	13,00	14,00
Essen	10,00	12,00
Frankfurt	14,00	16,50
Dortmund	11,00	13,00
Stuttgart	26,00	28,00
Düsseldorf	13,00	15,00
Bremen	12,00	13,00
Duisburg	12,00	13,50
Hannover	12,00	13,50
Nürnberg	15,00	18,00

Quelle: RDM-Immobilienpreisspiegel 1993

Besonders günstig kaufen Sie danach in den Ruhrgebietsmetropolen Essen und Dortmund ein, während in Stuttgart fast schon Mondpreise zu zahlen sind.
Der 17-Jahres-Zeitraum täuscht im übrigen über Durststrecken Mitte der 80er Jahre hinweg. Bestes Beispiel ist Köln: Erst 1990 wurden wieder die Kaufpreise von 1980 erreicht, was vor allem mit dem Zusammenbrechen des Kölner Bauherrenmodells zusammenhängt. Hier die Zahlen für Wohnungen mit gutem Wohnwert:

Jahre	Kaufpreise in DM/m² für ETW in Köln	Nettokaltmieten in DM/m² für Neubauwohnungen in Köln
1975	2 200	8,50
1980	3 200	9,00
1985	2 800	11,00
1990	3 200	16,00
1980–1990	± 0 %	+ 5,9 % pro Jahr
1991	3 600	18,00
1992	3 800	19,00
1993	4 200	21,00

Quelle: Münchener Institut für Markt-, Regional- und Wirtschaftsentwiclung sowie RDM-Immobilienpreisspiegel 1993

Wie drastisch der Einbruch erfolgte, zeigt auch die Grafik über die Preisentwicklung für Eigenheime und Eigentumswohnungen in Köln für die Zeit von 1976 bis 1989. Erst 1988 brachen in Köln wie in anderen Großstädten die sieben fetten Jahre an.

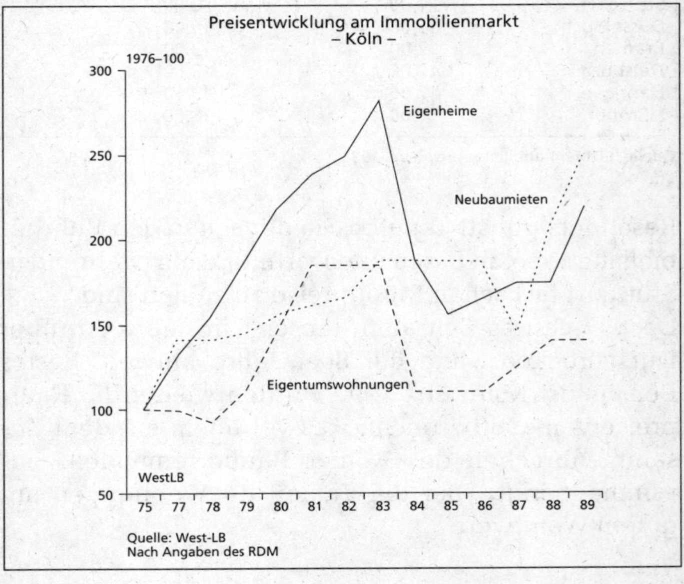

Schon 1989 warnte Otto Stüben von der deutschen Delegation der FIABCI, dem internationalen Verband der Immobilienberufe: »Alle sieben Jahre gibt es eine Delle, die ein bis zwei Jahre dauert. Zur Mitte der 90er Jahre dürfte es wieder soweit sein«.
Alle Durchschnittszahlen der Vergangenheit sind daher mit Vorsicht zu genießen. Eine durchschnittliche Preissteigerung von 3,4 Prozent pro Jahr im Zeitraum von 1975 bis 1992 ist für sich allein genommen ebenso wenig aussagekräftig wie der Anstieg der Neubaumieten um durchschnittlich 4,4 Prozent pro Jahr im gleichen Zeitraum. Der aktive Anleger wird mit geschicktem Timing versuchen, besser abzuschneiden als der Durchschnitt. Zudem kommt es ganz entscheidend auf den richtigen Standort und die Wohnlage innerhalb einer Stadt an, wenn überdurchschnittliche Miet- und Wertsteigerungen in der Zukunft erzielt werden sollen.

Marktprognosen müssen unsicher sein

»Die Renner der achtziger Jahre sind out«, behauptet das Wirtschaftsmagazin »Forbes« unter Berufung auf eine Marktprognose der Südprojekt Wirtschaftsforschung in München. Die geringsten Wertsteigerungen versprechen nach dieser Studie die Städte Karlsruhe und Würzburg, und auch die ehemaligen Favoriten München und Stuttgart befinden sich weit abgeschlagen auf den hinteren Plätzen.
Zu den Gewinnern zählen, so Südprojekt, vor allem Berlin, Hamburg und Hannover. Fraglich ist aber, ob die im Jahr 1993 veröffentlichte Studie nicht schon

wieder überholt ist. Schließlich haben die genannten neuen Favoriten nach der Wiedervereinigung bereits mit deutlichen Miet- und Wertsteigerungen aufwarten können.

So wichtig die Auswahl der jeweiligen Region oder Stadt auch ist: Preis- und Mietprognosen, die ja bekanntlich in die Zukunft gerichtet sind, sind immer mit der gebotenen Vorsicht zu genießen. Zudem erscheint es reichlich naiv, nur die Makrolage des Mietobjekts zum Hauptkriterium der Immobilienauswahl zu erklären.

Für den regionalen Anleger, der sich aktiv um die Vermietung an Ort und Stelle kümmern möchte, hinterläßt die Favoritendiskussion ohnehin einen zweispältigen Eindruck. Ein Kölner Investor wird Hamburg als Standort für sein Mietobjekt ebenso wenig auswählen wie München. Ihn wird es nicht stören, wenn die Südprojekt-Studie für Köln nur eine »mittlere« Wiederverkäuflichkeit mit mehr Risiken als Chancen in den nächsten zwei Jahren prophezeit.

Vermutlich weiß es der Anleger aus dem Kölner Raum besser, wenn er sich auf »seine« Region konzentriert. Gerade weil Immobilien in Köln in den 80er Jahren hohe Verluste erleiden mußten, spricht seit 1990 sehr viel für den Immobilienstandort Köln. Immerhin sind die Mieten im Zeitraum von 1975 bis 1992 mit durchschnittlich 4,8 Prozent pro Jahr stärker gestiegen als die Preise mit nur 3,3 Prozent im Durchschnitt. Sehr gut möglich, daß in Zukunft die Immobilienpreise in Köln stärker steigen als die Mieten. Selbstverständlich ist auch diese Prognose unsicher.

3. Menschenkenntnis: Ihr Mieter als König Kunde

Das A und O für Kapitalanleger in Wohnimmobilien ist natürlich die Vermietung selbst. Alle Prognoserechnungen werden über den Haufen geworfen, wenn die Wohnung längere Zeit leersteht oder wenn die Mieter nicht zahlen. Es ist Ihr gutes Recht als privater Wohnungsvermieter, Mieten einzunehmen und zu verdienen. Jedoch sollte nicht die kurzfristig erreichbare maximale Miete, sondern die nachhaltig erzielbare marktgerechte Miete Ihr Ziel sein.

Verdienen kommt von Dienen

Betrachten Sie die Vermietung Ihrer Wohnung als Dienstleistung am Kunden, sprich Mieter. Versetzen Sie sich in die Lage des Mieters und nehmen Sie seinen Blickwinkel und Standpunkt ein. Dies wird Ihnen besonders gelingen, wenn Sie sich an Ihre eigene Mieter-Zeit erinnern. Möglicherweise sind Sie selbst noch Mieter und nehmen bei einer anderen Wohnung die Rolle als Vermieter ein.
Verdienen kommt von Dienen. Der Vermieter von Wohnungen fungiert quasi als Unternehmer und sieht den Mieter als König Kunde. Passive Kapitalanleger

übertragen die eigentliche Vermietung gern an gewerbliche Zwischenvermieter und lassen sich die Mieten für einen Zeitraum von beispielsweise fünf Jahren garantieren. In diesem Falle spielt das Vermietungsunternehmen die Rolle des Vermieters gegenüber dem Endmieter.
Garantiemieten liegen etwa 10 Prozent unter den vertraglich vereinbarten Endmieten. Handelt es sich um einen seriösen und zahlungskräftigen Garantiegeber, haben Sie für die Zeit der Mietgarantie das Mietausfallrisiko ausgeschlossen.
Als Do-it-yourself-Vermieter müssen Sie selbst dafür sorgen, das Risiko von Mietausfällen zu minimieren. Wie ein Unternehmer sollten Sie Ihren Mieter als wichtigsten Partner anerkennen. Und zwar in dreifacher Hinsicht – als Geschäfts-, Vertrags- und Sozialpartner.

Vermieter-Mieter-Wohnung als Vermietungsdreieck

Ihr Ziel muß der richtige Mieter für das richtige Mietobjekt sein. Auf diese Weise kommen Sie zu einem »Vermietungsdreieck« von Vermieter, Mieter und Wohnung.

Vermietungsdreieck

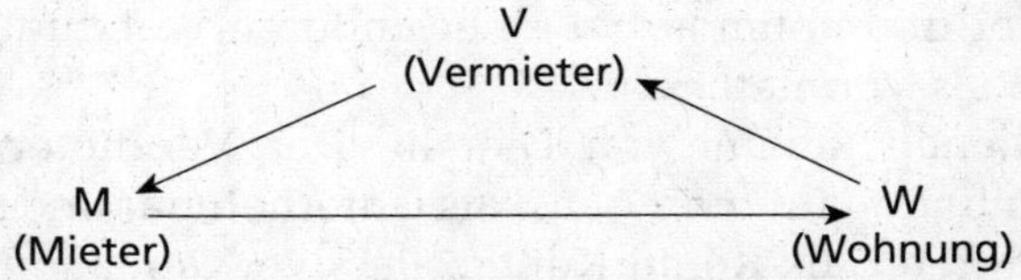

Als Vermieter sollten Sie den Schwerpunkt auf die Beziehungen zwischen Ihnen und dem Mieter (V → M) sowie zwischen dem Mieter und der vermieteten Wohnung (M → W) legen.
Wohnungen an den Mann oder die Frau zu bringen nach der Methode W → M darf nicht Ihr vordringliches Ziel sein. Vielmehr sollten Sie geeignete Mieter für die Wohnung (M → W) auswählen.
Richtiges Vermietungs-Marketing führt den zahlungsfähigen und -willigen Mietinteressenten zu einer für ihn passenden Wohnung, es ist »Problemlöser für Mieter«. Dies sollte auch für eine Zeit großer Wohnungsengpässe gelten. Massenbesichtigungen bei der Neuvermietung durchzuführen oder Wohnungen an den »Meistbietenden« zu vergeben, verstößt gegen die Menschenwürde. Der egoistische Grundsatz »Nimm, was du kriegen kannst« wird sich auf Dauer weder wirtschaftlich noch menschlich bewähren.

Marketing-Mix für Vermieter

Wenn Sie genügend Menschenkenntnis besitzen, wissen Sie, was Mieter verständlicherweise wünschen – eine »schöne« Wohnung, einen »vernünftigen« Mietpreis und einen »netten« Vermieter. Marketingstrategen würden von Produkt-, Preis- und Kommunikationspolitik auf Vermieterseite sprechen, um diese berechtigten Mieterwünsche zu erfüllen.
Meine eigene »Vermieter-Philosophie« geht vom Instrumentarium der »3P« aus. Gemeint sind product, price und promotion:

1. product: Produkt vermietete Wohnung mit folgender Rangskala: Wohn- und Verkehrslage, Größe und Raumaufteilung, Ausstattung und Komfort, Bauzustand und Ästhetik des Hauses
2. price: Preis für Mieter mit folgenden Bestandteilen: Nettokaltmiete pro Monat, Betriebskosten-Vorauszahlung pro Monat, evtl. Staffelmietvereinbarung, Mietkaution für drei Monate, evtl. Maklerprovision bis zu zwei Monatsmieten
3. promotion: Promotion bzw. Kommunikation zwischen Mieter und Vermieter: Mietersuche und -auswahl, Mieterbetreuung, Wohnungsübergabe bei Ein- und Auszug, jährliche Betriebskostenabrechnung, evtl. Instandhaltungsarbeiten.

Was haben diese hochgestochenen Marketingbegriffe mit der privaten Wohnungsvermietung zu tun, werden Sie mit Recht fragen. Meine Antwort: Es kann nicht schaden, unternehmenspolitische Instrumente wie Produkt-, Preis- und Kommunikationspolitik auf die Vermietung von Wohnungen zu übertragen und den Kunden, sprich Mieter, in den Mittelpunkt der eigenen Überlegungen zu stellen.

Wohnungen für Mieter zu marktgerechten Mieten

Der Wohnbedarf wird in den nächsten Jahren mit Sicherheit weiter steigen. Doch nicht jede Wohnung

wird zu jedem Mietpreis vermietbar sein. Sie sollten sich daher auf besonders gefragte Wohnungen und marktgerechte Mieten konzentrieren.
Weder kleine Appartements mit weniger als 30 m^2 Wohnfläche noch Großraumwohnungen mit mehr als 100 m^2 Wohnfläche werden in Zukunft begehrt sein, sondern gut geschnittene 2- bis 3-Zimmer-Wohnungen mit 50 bis 80 m^2 Wohnfläche in guter oder doch zumindest mittlerer Wohnlage. Der Grund: Während die Zahl der 4- und Mehrpersonenhaushalte stark zurückgeht, nehmen die 1- und 2-Personen-Haushalte stark zu. Aber auch Single-Haushalte geben sich ungern mit einem 1-Zimmer-Appartement zufrieden. Mittelgroße Wohnungen mit günstiger Raumaufteilung und komfortabler Ausstattung in einem gepflegten Haus mit nicht mehr als einem Dutzend Wohnparteien zählen momentan zu den Rennern bei Wohnungssuchenden und Mietinteressenten. Damit Ihre Wohnung auch auf Dauer vermietet werden kann, sollten Sie vor allem auf Lage und Bauqualität achten.
In der Preispolitik geht es in erster Linie um die Grundmiete oder Nettokaltmiete pro Monat. Sofern nicht wie bei mietpreisgebundenen Wohnungen eine Kosten- oder Bewilligungsmiete vorgeschrieben ist, richtet sich die tatsächlich gezahlte Miete grundsätzlich nach Angebot und Nachfrage.
Ihr Mieter als Kunde wird marktgerechte Mieten bei freifinanzierten Wohnungen akzeptieren. Bei Neuvermietungen sollten Sie die ortsübliche Vergleichsmiete nicht um mehr als 20 Prozent überschreiten, dafür aber maßvolle Mietanhebungen in der Zukunft über Staffel- oder Indexmietvereinbarungen schon im Mietvertrag festlegen. Langfristig kalkulierbare Mietpreise

stoßen bei vielen Mietern auf mehr Gegenliebe als hohe Anfangsmieten mit der Angst vor Mieterhöhungen während der Mietzeit.
Neben- oder Betriebskosten werden üblicherweise im Umlageverfahren erhoben. Hierbei zahlt Ihr Mieter einen monatlichen Vorschuß, über den dann jährlich abgerechnet wird. Zu gering angesetzte Vorauszahlungsbeträge passen Sie im Laufe der Jahre nach oben an, um Ihrem Mieter hohe Nachforderungen zu ersparen.
Die Kaution bis zu drei Monatsmieten kann der Mieter selbst verzinslich anlegen. Geben Sie ihm bei der Anlage des Geldes Tips, um einen höheren Zinssatz bei seiner Bank zu erhalten, und lassen Sie sich das Sparbuch, das auf den Namen Ihres Mieters ausgestellt ist, mit einer entsprechenden Verpfändungserklärung aushändigen.
Kommt zur Kaution und zur ersten Monatsmiete noch eine Maklerprovision von zwei Monatsmieten hinzu, hat Ihr Mieter zu Beginn des Mietverhältnisses gleich sechs Monatsmieten (3 Monatsmieten für Kaution, 1 Monatsmiete für den ersten Mietmonat, 2 Monatsmieten für Maklerprovision) hinzublättern.
Sie können Ihrem Mieter diesen finanziellen Kraftakt erleichtern, wenn Sie »von Privat an Privat« vermieten. Falls Sie als privater Wohnungsvermieter den nötigen Zeitaufwand nicht scheuen, können Sie auf die Einschaltung eines Immobilienmaklers verzichten und dem Mieter damit zwei Monatsmieten ersparen. Allerdings müssen Sie sich dann selbst sehr genau von der Zahlungsfähigkeit Ihres Mieters überzeugen, am besten durch eine Selbstauskunft mit Vorlage einer Gehaltsbescheinigung.

Vermieter-Mieter-Verhältnis

Die Überprüfung der wirtschaftlichen Verhältnisse vor Abschluß des Mietvertrages stößt bei den meisten Mietinteressenten auf Unverständnis. Sie möchten sich nicht ausfragen lassen und wittern überzogenes Mißtrauen des Vermieters.

Ich frage: Warum soll dem Vermieter als »Wohnungsgeber« eine Bonitätsprüfung verwehrt sein, die bei kreditgebenden Banken gang und gäbe ist? Der Mieter bleibt König Kunde, wenn er als »Wohnungsnehmer« seine Zahlungsfähigkeit anhand einer vertraulichen Selbstauskunft unter Beweis stellt. Selbstverständlich sollten Sie als Vermieter über die Einkommensverhältnisse der Mietinteressenten – ähnlich wie beim Bankgeheimnis – Stillschweigen bewahren.

Leider gibt es auch unter Mietern einige schwarze Schafe, die ihre Zahlungsfähigkeit nur vortäuschen, aber nicht zahlungswillig sind. Wer sich eine Wohnung mit gefälschten Unterlagen erschleicht, begeht »Einmietungsbetrug«. Ähnlich wie der Kreditbetrüger, der sich Bankkredite mit manipulierten Einkommensnachweisen besorgt.

Bestimmte Berufsgruppen wie Pädagogen, Journalisten oder Juristen genießen als Mieter keinen guten Ruf in Vermieterkreisen. Sie gelten als rechthaberisch, pedantisch und streitsüchtig. Wenn ich diese Urteile höre, muß ich regelmäßig schmunzeln, da ich doch selbst pädagogisch und journalistisch tätig bin.

Für überzogen halte ich die Einstellung von Vermietern, nie und nimmer an Lehrer oder Rechtsanwälte zu vermieten. Schließlich sollte man nie eine ganze Be-

rufsgruppe über einen Kamm scheren und so typischem Schubladendenken Vorschub leisten.
Ihre Mieter sind – fast ohne Ausnahme – zahlungswillig, vertragstreu und auf ein gutes Einvernehmen mit Ihnen bedacht. Bewährte Grundsätze wie »Mietschulden sind Ehrenschulden«, »Verträge sind einzuhalten« und »Kooperation statt Konfrontation« tragen zu einem entspannten Verhältnis zwischen Mietern und Vermietern bei.
Umfragen belegen im übrigen, daß über 80 Prozent der Mieter mit ihren Vermietern zufrieden sind. Das Forschungsinstitut ipos aus Mannheim hat in den alten Bundesländern folgende Antworten von Mietern erhalten:

Mieterspiegel

Sind Sie mit Ihrer Wohnung zufrieden?	85 % Ja	15 % Nein
Ist die Miete angemessen?	85 % Ja	15 % Nein
Hatten Sie im letzten Jahr Schwierigkeiten mit dem Hauswirt?	10 % Ja	90 % Nein

Quelle: ipos-Mannheim

Sind Vermieter besser als ihr Ruf in der Öffentlichkeit? Ich bin sicher, daß das Negativimage des Vermieters nur von einigen schwarzen Schafen herrührt. Der typische private Wohnungsvermieter hat mit Mietwucherern, Spekulanten und Ausbeutern nichts gemein. Nach einer Allensbach-Umfrage hält es jeder dritte Deutsche für unseriös, mit Aktien Geld zu verdienen. Ich bin sicher, bei einer Meinungsumfrage zum Geldverdienen mit vermieteten Wohnungen würde schon jeder zweite Befragte von Unseriösität sprechen.
Rein rational ist diese Abwehrhaltung kaum zu begründen. Als Vermieter müssen Sie sich aber von vorn-

herein darauf einstellen, daß Sie die veröffentlichte Meinung nicht auf Ihrer Seite haben. Insbesondere Massenmedien stellen immer wieder »den Vermieter« an den Pranger.

➡ Bauen Sie ein entspanntes und offenes Verhältnis zu Ihrem Mieter auf, und pfeifen Sie auf völlig unsachliche Vorwürfe.

»Im vereinten Deutschland wird zur Jagd geblasen – auf die Vermieter«, so beginnt ein Leserbrief in der Düsseldorfer Haus- und Grundbesitzerzeitung von September 1993. Der Ansicht des Leserbriefschreibers, daß »angesichts der Jagd auf Hauseigentümer und ihre Rechte kein vernünftiger Mensch mehr sein Geld in den Mietwohnungsbau steckt«, muß ich mich schon widersetzen, weil ich mir ungern unvernünftiges Verhalten vorhalten lasse. Übertriebenes Wehgeschrei von Vermietern erinnert mich allzusehr an Dauerklagen von Unternehmern.

Starke Worte findet auch der »markt-intern«-Verlag aus Düsseldorf: »Hauseigentümer sind keine Verbrecher, sondern wichtige Eckpfeiler unserer (sozialen) Marktwirtschaft«, heißt es in einer Zeitungsanzeige »an die Adresse aller Politiker, Richter, (Steuer-)Beamten und Mieter«. Mit der Eckpfeiler-These kann ich mich gut anfreunden. Auf die Idee, daß Hauseigentümer Verbrecher sind, bin ich als stolzer Besitzer eines Eigenheims und mehrfacher Wohnungsvermieter bis heute noch nicht gekommen.

Wer Menschenkenntnis besitzt, wird bestätigen, daß ein Partnerschaftsverhältnis zwischen Vermietern und Mietern für beide Seiten mehr bringt als ein Spannungsverhältnis, das sich in Dauerkonflikten entlädt. Setzen Sie als Menschenkenner daher auf Kooperation statt auf Konfrontation.

4. Fachkenntnis: Von echten Profis profitieren

Sind Sie ein Profi aus der Immobilienszene? Nein? Ich auch nicht, bin weder Architekt noch Makler. Dies hindert mich jedoch nicht, Geld in vermieteten Wohnungen anzulegen. Eine Ausbildung zum Vermieter habe ich ebenfalls nicht genossen, wo auch? Genausowenig bin ich zum Vermieter »geboren«.
Wenn es Ihnen ebenso geht wie mir, rate ich Ihnen, von den Kenntnissen und Erfahrungen kompetenter Profis zu profitieren.

Sieben Berufsgruppen

Mindestens sieben Berufsgruppen stehen Ihnen zu Diensten. Diese »glorreichen Sieben« können Sie in folgenden Teilbereichen zu Rate ziehen:

1. bauliche Planung, Prüfung und Abwicklung (Architekten)
2. Vermittlung bei Kauf, Vermietung und Verkauf (Immobilienmakler)
3. Ermittlung von Verkehrs- und Mietwerten (Gutachter)
4. Verwaltung von Häusern und Eigentumswohnungen (Hausverwalter)

5. Prüfung von Kauf-, Miet- und Darlehensverträgen (Rechtsanwälte)
6. steuerliche Planung, Beratung und Abwicklung (Steuerberater)
7. Finanzierung mit Entschuldung (Banker, Finanzierungsberater)

Möglicherweise kommen noch drei weitere Fachleute hinzu: Versicherungsmakler bei Abschluß einer Tilgungsversicherung, gewerbliche Zwischenvermieter bei Vermietung durch Dritte mit Mietgarantie und Handwerker bei notwendigen Instandsetzungs- und Modernisierungsarbeiten. Sie haben dann schon eine Zehnergruppe von Experten um sich geschart.
Selbstverständlich müssen Sie nicht alle Spezialisten um Rat fragen. Andererseits werden Sie einen Immobilienberater, der sich in allen Bereichen auskennt, vergeblich suchen. »Allround-Spezialisten« gibt es im Geschäft mit Wohnimmobilien nicht.

Ihre persönliche Stärke-Schwäche-Analyse

Doch es gibt einen Ausweg aus der Misere fehlender eigener Fachkenntnisse. Besinnen Sie sich auf Ihre eigenen Stärken, und schalten Sie Fachleute nur dort ein, wo Sie sich unsicher fühlen. Nach dieser persönlichen Stärke-Schwäche-Analyse suchen Sie sich dann Ihre Profis aus und profitieren von deren Rat.
Viele Vermieter üben in ihrem Hauptberuf eine kaufmännische oder technische Tätigkeit aus. Was liegt für einen Kaufmann näher, als sich eingehend mit den

wirtschaftlichen Fragen wie Finanzierung, Steuern und Versicherungen zu befassen? Dem Ingenieur wiederum liegen bautechnische Gebiete wie Qualitätsprüfung bei bestehenden Objekten oder Prüfung der Bauunterlagen bei Neubauten. Der Jurist tut sich mit grundbuch- und mietrechtlichen Fragen leicht und findet sich schnell im Wohneigentumsrecht für Eigentumswohnungen zurecht.

Als gelernter Volks- und Betriebswirt habe ich mich bisher immer auf die wirtschaftlich-rechtlichen Dinge konzentriert. So nehme ich beispielsweise Vermietung, Finanzierung und Steuersparstrategien selbst in die Hand. Bei Bau- und Bewertungsfragen schalte ich Architekten und Gutachter ein. Da ich keine Berührungsängste mit wirklich kompetenten Immobilienmaklern habe, kaufe ich Mietobjekte gelegentlich auch über Makler oder lasse die Vermietung durch sie abwickeln. Jeder wird seinen eigenen Weg finden. Sie sollten sich nur die Spezialbereiche zutrauen, von denen Sie wirklich etwas verstehen. Falls Sie genügend Zeit aufbringen können, werden Sie sich möglicherweise zusätzliche Fachkenntnisse selbst aneignen. Vielleicht wird es Ihnen als Amateur sogar gelingen, besser als die Profis zu handeln. Dazu paßt der schöne Spruch von Dean Cromwell: »Viele Amateure können getrost schwören, keine Profis zu werden – sie sind es bereits.«

Wie sich Rendite-Immobilien richtig rechnen

»Vermietete Immobilien müssen sich rechnen lassen«, lautet das Credo der aktiven Investoren. Leider rechnen jedoch die meisten Anleger falsch. Wohl in keiner anderen Branche werden so häufig Fehlkalkulationen aufgestellt wie im Geschäft mit Wohnimmobilien. Mißtrauen Sie vor allem Renditeversprechen von Anbietern und Vermittlern.

Der häufigste Fehler besteht darin, Liquidität mit Rentabilität zu verwechseln. In Muster- oder Prospektrechnungen werden Sie fast nur reine Liquiditätsrechnungen mit Zahlungsströmen für die ersten Vermietungsjahre finden. Ein Überschuß nach Steuern in einer kurzen Vermietungsphase von vier oder fünf Jahren besagt für sich allein überhaupt nichts. Noch gefährlicher ist es, auf hohe Verlustzuweisungen und entsprechende Steuerersparnisse in der Investitionsphase zu bauen.

Wenn schon Zahlungseingänge wie Mieteinnahmen und Steuerersparnisse den laufenden Zahlungsausgängen wie Zins- und Bewirtschaftungskosten sowie Tilgungsleistungen gegenübergestellt werden sollen, dann muß dies über mindestens zehn Jahre erfolgen. Am besten fahren Sie, wenn die langfristige Liquiditätsrechnung bis zur völligen Entschuldung durchgeführt wird, also über einen Zeitraum von beispielsweise 20 oder 25 Jahren.

Von der Einnahme-Ausgabe-Rechnung ist die Renditekalkulation streng zu unterscheiden. Jeder Kapitalanleger, der mit seiner vermieteten Immobilie die Erwerbs-, Vermietungs- und Verkaufsphase einmal durchlaufen hat, kennt die drei Renditequellen:

- Mieteinnahmen,
- Steuerersparnisse und
- Veräußerungsgewinne.

Eine Investition in Mietobjekte lohnt sich dann, wenn die tatsächliche Endrendite nach Verkauf über einer vergleichbaren Rendite für festverzinsliche Wertpapiere liegt, und zwar nach Steuern.
Bei der Vorauswahl von Mietobjekten dient die Berechnung der anfänglichen Mietrendite dazu, überteuerte oder vom Preis-Miet-Verhältnis her ungünstige Immobilien auszuscheiden. Im Einkauf liegt der Gewinn. Wer zu teuer einkauft, muß sich mit Mini-Renditen unter 4 Prozent bei Neubauten und unter 5 Prozent bei Immobilien aus zweiter Hand begnügen.
Bezeichnenderweise erhalten Sie als Anleger auf die Frage nach der Mietrendite von Anbietern und Vermittlern selten eine Antwort. Viel häufiger ist von Überschüssen nach Steuern im ersten vollen Vermietungsjahr und sogenannten »Eigenkapitalrenditen nach Steuern im ersten Jahr«, die Rede. Dies bedeutet jedoch nichts anderes als Augenwischerei, da Nach-Steuer-Eigenkapitalrenditen in der Vermietungsphase mit Finanzierungstricks wie hohem Fremdkapitalanteil und hohem Disagio beliebig nach oben manipuliert werden können.
Noch bedenklicher ist es, eine angenommene Wertsteigerung von beispielsweise 4 oder 5 Prozent auf den Kaufpreis hochzurechnen und dann utopische Verkaufspreise nach zehn oder 20 Jahren auszuweisen. Um einen Neubau-Kaufpreis in Höhe der 20fachen Neubau-Jahresmiete überhaupt nach zehn Jahren vom späteren Käufer wiederzubekommen, bedarf es einer durchschnittlichen Mietsteigerung von 3 Prozent pro Jahr. Denn der Käufer einer Gebrauchtimmobilie wird bei seinen Kaufpreisüberlegungen beispielsweise nur die 15fache Jahresmiete zugrunde legen.

Der richtigen Kalkulation habe ich in diesem Buch ein besonderes Kapitel (Kalkulation: 7-Punkte-Rechnung für Ihr Mietobjekt) gewidmet. Hier finden Sie eine 7-Punkte-Rechnung, mit der Sie die Wirtschaftlichkeit von vermieteten Wohnimmobilien überprüfen können. Trotz relativ vorsichtiger Annahmen hinsichtlich der künftigen Miet- und Wertsteigerung komme ich in meinen Beispielkalkulationen auf eine Endrendite von über 10 Prozent nach Steuern. Dabei habe ich eine nur dreiprozentige Mietsteigerung pro Jahr sowie den Verkauf zur 15fachen Jahresnettokaltmiete unterstellt. Wer immer noch behauptet, daß sich vermietete Wohnimmobilien für den Anleger grundsätzlich nicht rechnen, beweist nur seine eigene Unkenntnis.

Mietrechtliche Rahmenbedingungen

Sie können sich als privater Wohnungsvermieter über das komplizierte Mietrecht ärgern, sooft Sie wollen. An einer Beschäftigung mit diesem Spezialgebiet führt kein Weg für Sie vorbei. Es sei denn, daß Sie jede mietrechtliche Frage mit Ihrem Anwalt besprechen wollen. Allen Unkenrufen zum Trotz: Das am 1.9.1993 in Kraft getretene vierte Mietrechtsänderungsgesetz erleichtert die Mietpreiskalkulation für Mieter und Vermieter. Neuerdings ist die Vereinbarung einer Indexmiete möglich, wonach die Miete von Jahr zu Jahr entsprechend der Inflationsrate, gemessen am offiziellen Lebenshaltungskostenindex, steigt. Allerdings muß der Mietvertrag bei einer solchen Indexmietvereinbarung über mindestens zehn Jahre laufen. Oder das Kündigungsrecht des Vermieters muß für mindestens zehn

Jahre ausgeschlossen werden. Außerdem dürfen in diesem Zeitraum keine Mieterhöhungen aus anderen Gründen erfolgen.
Weiterhin möglich sind Staffelmietvereinbarungen. Dabei erhöht sich die Miete laut Mietvertrag oder besonderer Vereinbarung innerhalb eines Zeitraums von höchstens zehn Jahren staffelmäßig um festgelegte Beträge. Entweder wird die jeweilige Miete Jahr für Jahr oder die jeweilige Erhöhung der Miete betragsmäßig ausgewiesen.
Die vermeintlich schlechten Nachrichten betreffen nur Vermieter, die besonders hoch pokern. Falls die geforderte Miete mehr als 20 Prozent über der ortsüblichen Vergleichsmiete liegt, kann der Vermieter wegen Mietpreisüberhöhung mit einer Geldstrafe bis zu 100 000 DM belegt werden. Dies gilt jedoch nicht für nach dem 1.1.1991 fertiggestellte Wohnungen, bei denen der Vermieter die hohe Miete zur Deckung seiner laufenden Kosten benötigt. Strafbarer Mietwucher liegt in diesem Fall erst vor, wenn die Miete mehr als 50 Prozent über der ortsüblichen Vergleichsmiete liegt.
Bei bestehenden Mietverhältnissen darf die Miete ab 1.9.1993 nur um 20 Prozent innerhalb von drei Jahren steigen bis zur ortsüblichen Vergleichsmiete, sofern die Wohnung vor 1981 gebaut wurde und die Nettokaltmiete 8 DM pro Quadratmeter Wohnfläche im Monat übersteigt. In allen anderen Fällen bleibt es bei der alten Kappungsgrenze von 30 Prozent im Laufe von drei Jahren.
Mieterschutz wird insbesondere im Kündigungsrecht groß geschrieben. Der Vermieter kann das Mietverhältnis in der Praxis fast nur bei nachgewiesenem Eigenbedarf für sich oder seine engeren Familienan-

gehörigen kündigen. Fristlose Kündigungen bei Mietrückständen im Umfang von zwei Monatsmieten führen nicht automatisch zur Räumung. Der Mieter kann die fristlose Kündigung sogar rückgängig machen, falls er spätestens einen Monat nach Zustellung der Räumungsklage sämtliche Mietrückstände begleicht. Mit anderen Worten: Ein säumiger Mieter kann in aller Ruhe die Räumungsklage abwarten und hat dann noch eine Schonfrist von vier Wochen, um seine rückständige Miete zu bezahlen. Allerdings kann er diese Hinhaltetaktik nur einmal innerhalb von zwei Jahren anwenden. Aus meiner Sicht ist der gesetzliche Kündigungsschutz für säumige Mieter völlig überzogen.

Mit langfristig kalkulierbaren Rahmenbedingungen im Mietrecht könnten Vermieter und Mieter sicherlich gut leben. Leider beherrschen aber politische Dauerdiskussionen das Mietrecht. Wird ein Gesetz gerade einmal geändert, denkt man bereits über weitere Neuerungen nach. Als Vermieter sind Sie daher gut beraten, sich auf dem laufenden zu halten und sämtliche Änderungen zu kennen. Eine Garantie auf jahrelang gleichbleibende mietrechtliche Vorschriften gibt es leider nicht. Mit einem dauernden Stop-and-Go müssen Sie wohl auch in Zukunft rechnen.

Steuersparkonzepte mit vermieteten Immobilien

»Nicht nur nach Steuern steuern« – diese Warnung sollten alle Kapitalanleger ernst nehmen, die als alleiniges Motiv für den Erwerb eines Mietobjekts die

Steuerersparnis kennen. Oft erfolgt das Steuernsparen auf Kosten der Mietrendite, was besonders häufig bei überteuerten und überfinanzierten reinen Steuersparmodellen vorkommt.

Andererseits sollten Sie »nicht ohne Steuern steuern«, denn ein renditestarkes Objekt zu marktgerechten Preisen wird erst durch die Steuerersparnis richtig schön. Schließlich zählt die vermietete Immobilie in Deutschland noch zu den Steueroasen, denn mit kaum einer anderen Kapitalanlage können Sie so große Steuervorteile einheimsen.

Falls Sie sich das komplexe Thema des Steuersparens mit Immobilien nicht selbst erarbeiten wollen oder können, sind Sie auf den Rat eines kompetenten Steuerberaters unbedingt angewiesen. Dabei geht es weniger darum, die notwendigen Formulare zur Steuererklärung auszufüllen, als vielmehr um die Umsetzung sicherer und wirtschaftlich vernünftiger Steuersparkonzepte in die Praxis.

Steuern können Sie in allen drei Phasen sparen – beim Erwerb, in der Vermietungsphase und beim Verkauf. In der Investitions- und Vermietungsphase drücken Sie Ihr zu versteuerndes Einkommen durch steuerliche Verluste aus Vermietung und Verpachtung nach unten und zahlen damit weniger Einkommensteuer. Die steuerlichen Verluste entstehen als »negative Einkünfte« dadurch, daß die Mieteinnahmen in aller Regel von den Werbungskosten weit übertroffen werden.

Besonders angenehm sind abzugsfähige Werbungskosten in Form der Gebäudeabschreibungen, die gar nicht zu Ausgaben und damit zu einem Liquiditätsentzug führen. Je höher der Anteil der Gebäudekosten an den gesamten Investitionskosten und je höher die Abschreibungssätze, desto höher fallen die jährlichen Abschreibungsbeträge aus. Neubauten lassen sich mit insgesamt 58 Prozent der Gebäudekosten in den ersten zehn Jahren abschreiben, falls es sich um Wohnimmobilien im Westen handelt. Bei vermieteten Neubauwohnungen im Osten, die bis Ende 1996 fertiggestellt werden, sind bereits in den ersten fünf Jahren 60 Prozent der Gebäudekosten abschreibbar. Allerdings sinkt der Abschreibungssatz ab dem sechsten Jahr auf magere 0,89 Prozent pro Jahr.

Weitere Werbungskosten sind insbesondere Schuldzinsen sowie Verwaltungs- und Instandhaltungskosten. Um den Schuldzinsenabzug steuerlich zu optimieren, empfiehlt es sich, ein Festdarlehen ohne regelmäßige Tilgung aufzunehmen. Beispiel: Festdarlehen mit Tilgungsaussetzung durch eine Kapital-Lebensversicherung, die am Ende der Versicherungsdauer das Darlehen auf einen Schlag tilgt.

Beim Verkauf lockt die Aussicht auf steuerfreie Veräußerungsgewinne. Steuerfrei bleibt der Gewinn jedoch nur dann, wenn der Verkauf im Rahmen der privaten Vermögensverwaltung erfolgt und mehr als zwei Jahre seit dem Kauf verstrichen sind. Werden in einem Zeitraum von fünf Jahren mehr als drei Objekte verkauft, wird das Finanzamt von einem gewerblichen Grundstückshandel ausgehen und die Gewinne der Einkommen- und Gewerbesteuer unterwerfen. Ratsam ist es daher, vermietete Wohnimmobilien grundsätzlich im Privatvermögen zu halten und nur unter Beachtung der 3-Objekte-Grenze zu veräußern.

Noch profitieren Haus- und Grundbesitzer von den künstlich niedrig gehaltenen Einheitswerten, die als Grundlage für die Berechnung der Vermögens-, Erb-

max. 3 Objekte / 5 Jahre !!

schafts- und Schenkungssteuer genommen werden. Auch wenn in absehbarer Zeit eine Erhöhung der Einheitswerte ansteht, ist eine völlige Anpassung an die tatsächlichen Marktwerte der Immobilien nicht zu befürchten. Das heißt: Vererben und Verschenken von Grundvermögen ist unter steuerlichen Gesichtspunkten günstiger als ein reiner Geldtransfer auf Erben oder Beschenkte. Wer mit seinem Vermögen die Freibeträge bei der Vermögensteuer deutlich überschreitet, kann mit der Umwandlung von Geld- in Grundvermögen die laufende Vermögensteuer reduzieren.

Da das Steuerrecht dauernd in Bewegung ist, sind künftige Einschränkungen der großzügigen steuerlichen Förderung von vermieteten Immobilien nicht auszuschließen. Wahrscheinlich gilt hier der Grundsatz: »Wer zu spät kommt, den bestraft die Steuer.«

2 Ihr Kurs: 4-Phasen-Fahrplan für erfolgreiche Vermieter

Damit Sie als privater Vermieter wirtschaftlichen Erfolg erzielen, müssen Sie den richtigen Weg einschlagen. Sie kennen sicherlich den Spruch: »Der Weg ist das Ziel.« Es kommt also darauf an, Stück für Stück dem Ziel einer hohen sicheren Rendite näher zu kommen. In diesem Kapitel möchte ich Sie auf dem Weg zum erfolgreichen Vermieter von Anfang bis Ende begleiten und Ihnen nützliche Ratschläge in jeder Phase erteilen.

Am Anfang steht die Investition selbst, also die Geldanlage in ein Mietobjekt. In dieser ersten Phase werden die häufigsten Fehler gemacht. Um Fehler zu vermeiden, müssen Sie vor allem Lage, Qualität und Preis der Immobilie genauestens überprüfen.

Vermietung und Verwaltung schließen sich der Investitionsphase zwangsläufig an. Sie sollten eine Vermietungsphase von mindestens zehn Jahren von vornherein einplanen, da vermietete Wohnimmobilien zu den langfristigen Geldanlagen zählen.

Finanzierung und Besteuerung stellen praktisch eine Daueraufgabe dar. Nach Ablauf der ersten Zinsbindungsfrist erfolgt beispielsweise die Anschlußfinanzierung mit veränderten Zinskonditionen.

Falls Sie sich von Ihrer vermieteten Wohnung in Zu-

kunft trennen wollen, stellen Verkaufen, Verschenken oder Vererben die letzte Phase in Ihrem Vermieterdasein dar. Gerade hinsichtlich eines geplanten Verkaufs gilt das Sprichwort: »Was du auch tust, bedenke das Ende.« Nur realisierte Veräußerungsgewinne sind echte Gewinne, von bloßen Wertzuwachsberechnungen auf dem Papier haben Sie nichts.
Insgesamt bestimmen also vier Phasen Ihren Vermieter-Fahrplan. Wenn ein Teil des Veräußerungserlöses wieder in ein neues Mietobjekt gesteckt wird, beginnt der Kreislauf von neuem – erst investieren, dann vermieten und finanzieren, und schließlich wieder verkaufen.

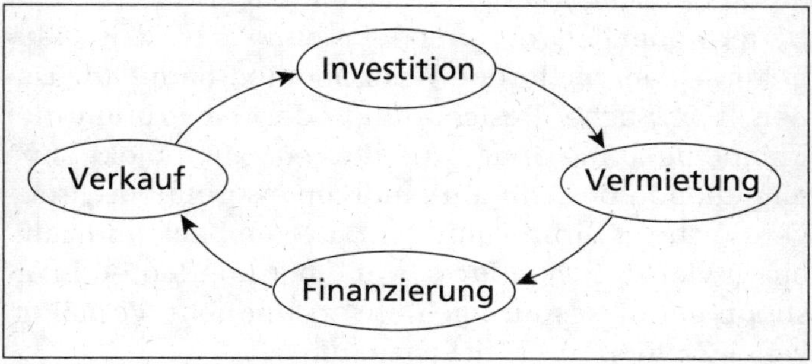

1. Investition: Das richtige Objekt am richtigen Platz

Den schlechtesten Weg zum Immobilienerwerb kenne ich nur von enttäuschten Anlegern, die ihren Kauf ohne jede Information abwickeln. Sie zeichnen in blindem Vertrauen auf die Steuerspar-Versprechungen des angeblichen Beraters ein völlig überteuertes Bauträger- oder Erwerbermodell, ohne sich das Baugelände oder die fertige Wohnung überhaupt anzusehen. Von Suche, Besichtigung oder gar Prüfung der Immobilie keine Spur. Wer aber ein Mietobjekt ohne eingehende Besichtigung und ohne sorgfältige Preisvergleiche erwirbt, kauft die Katze im Sack und zahlt einen viel zu hohen Preis. Mit einer überlegten Investition hat dieses für mich unverständliche Verhalten vieler Zeitgenossen nichts zu tun.

Anzapfen von Informationsquellen

Wenn Sie die typischen Fehler der Zeichner von reinen Steuersparmodellen vermeiden wollen, müssen Sie selbst die Initiative ergreifen. Lassen Sie sich nicht eine Immobilie verkaufen, die Sie gar nicht kennen, sondern suchen Sie Ihr Objekt selbst aus. Wer sucht, der findet auch ein geeignetes Mietobjekt.

»Erst informieren, dann investieren« – dies sollte Ihr Grundsatz sein. Als beste Informationsquelle dient immer noch die Tageszeitung. Anzeigen im Immobilienteil der Samstagsausgabe helfen Ihnen bei der Suche. Dort inserieren Bauträger oder Immobilienmakler und bieten vorzugsweise Eigentumswohnungen an. Zumindest Lage und Kaufpreis können Sie den Annoncen entnehmen.
Ihr Vorgehen ist nun einfach: Schneiden Sie sich einige Anzeigen aus, und rufen Sie die Anbieter oder Vermittler an. Lassen Sie sich Unterlagen wie Prospekte, Pläne oder Exposés schicken. Vergleichen Sie die Objekte zu Hause von der »Papierform« her. So bekommen Sie einen ersten Marktüberblick.
Zuweilen wird in der Annonce gleich ein Termin zur Besichtigung eines Musterhauses oder zur Information im Bauwagen angegeben. Nutzen Sie diese Besichtigungstermine, um alle notwendigen Informationen über das Objekt einzuholen. Das intensive Studium des Immobilienteils von Tageszeitungen ist weder ungewöhnlich noch besonders originell. Oft stehen Ihnen aber andere Informationsquellen nicht zur Verfügung, wenn Sie beispielsweise eine Immobilie außerhalb Ihres Wohnortes suchen.
Wohnen Sie in München oder Stuttgart, werden Ihnen die dort angebotenen Mietobjekte in der Regel zu teuer und die erzielbaren Mietrenditen mit weniger als 4 Prozent zu niedrig sein. Möchten Sie zum Beispiel in der Rhein-Ruhr-Region investieren, kaufen Sie sich am Wochenende am Hauptbahnhof-Kiosk ein Exemplar einer großen Tageszeitung dieser Region.
Vielleicht wollen Sie Ihr Geld in den neuen Bundesländern anlegen und dort vermietete Wohnimmobilien

erwerben. In diesem Falle sollten Sie einen Blick in überregionale Tageszeitungen werfen, sofern Sie in Westdeutschland wohnen. Als Informationsquellen bieten sich die Immobilienteile in der FAZ (Frankfurter Allgemeine Zeitung) am Freitag, in der SZ (Süddeutsche Zeitung) am Samstag oder in der WamS (Welt am Sonntag) am Sonntag an.
Bei der Suche nach Mietobjekten in der Nähe Ihres Wohnortes sollten Sie jedoch auch andere Quellen anzapfen. Dazu zählen:

- Einprägen von Bauschildern beim Vorbeifahren mit Ihrem Auto
- Besuch von Immobilienausstellungen bei Banken
- Aushänge über Zwangsversteigerungen beim Amtsgericht
- Umhören bei Kollegen, Bekannten und Freunden

Dazu mein eigenes Beispiel

Die vier Neubau-Eigentumswohnungen, die ich in der Zeit von Herbst 1992 bis Herbst 1993 in drei verschiedenen Städten im Köln-Düsseldorfer Raum sowie in Leipzig erwarb, lernte ich auf unterschiedlichen Wegen kennen – zweimal »klassisch« (Zeitungsannoncen), einmal beim Vorbeifahren (Bauschild) und schließlich durch einen Bekannten, der selbst eine Wohnung in dem Haus kaufen wollte und mich um Rat fragte.
Bekanntlich führen viele Wege nach Rom. Mitte der 80er Jahre führte mich der Weg oft in die Gerichtssäle, wo ich angesichts des völlig eingebrochenen Marktes für Gebrauchtimmobilien manches Schnäppchen durch preisgünstiges Ersteigern machte. Ich bin sicher,

daß die Schnäppchenzeiten wiederkommen, wenn die Kaufpreise für gebrauchte Eigentumswohnungen oder Einfamilienhäuser abbröckeln sollten und die Versteigerungstermine weiterhin zunehmen.

Geschickte Vorauswahl

Um nicht von der Fülle der Immobilienangebote erschlagen zu werden, empfehle ich Ihnen dringend, eine Vorauswahl zu treffen. Falls Sie sich für frei finanzierte, also weder mietpreis- noch belegungsgebundene Wohnimmobilien entscheiden, sollten Sie in der folgenden Reihenfolge vorgehen:

1. Objekttyp: Mietwohnhaus, vermietetes Ein- oder Zweifamilienhaus oder vermietete Eigentumswohnung
2. Objektalter: Neubau oder Gebrauchtimmobilie
3. Lage: nähere Umgebung oder überregional
4. Mietrendite: Jahresnettokaltmiete in Prozent des Kaufpreises

Beispiel

Sie suchen eine vermietete Neubau-Eigentumswohnung in der Nähe Ihres Wohnortes. In diesem Falle sollten Sie die Angebote von örtlichen Bauträgern und Immobilienmaklern genauestens unter die Lupe nehmen und mit Hilfe der Mietrendite miteinander vergleichen.
Wenn Sie nicht mehr als das 20fache der Jahresnettokaltmiete bezahlen wollen, erwarten Sie eine anfäng-

liche Mietrendite von mindestens 5 Prozent. Und so sieht Ihre Rechnung aus:

$$\text{Mietrendite} = \frac{\text{Jahresnettokaltmiete x 100}}{\text{Kaufpreis}}$$

Eine im Frühjahr 1993 gekaufte Neubau-Eigentumswohnung in Erkrath bei Düsseldorf kostete mich beispielsweise einschließlich Außenstellplatz 254 000 DM. Nach erfolgter Fertigstellung konnte ich die 67 m^2 große Wohnung für 16,50 DM pro m^2 im Monat plus Stellplatzmiete in Höhe von monatlich 30 DM vermieten. Die Jahresnettokaltmiete errechnet sich dann wie folgt:

67 m^2 x 16,50 DM =		1 105 DM	Monatsmiete Wohnung
	+	30 DM	Monatsmiete Stellplatz
		1 135 DM	monatliche Nettokaltmiete
	x	12	x 12 Monate
		13 620 DM	Jahresnetto-kaltmiete

Die anfängliche Mietrendite beträgt dann 5,4 Prozent, wie leicht zu errechnen ist:

$$\text{Mietrendite} = \frac{13\,620 \times 100}{254\,000} = 5{,}4\ \%$$

Das Preis-Miet-Verhältnis lautet 254 000 : 13 620 = 18,65 (= Kaufpreis : Jahresnettokaltmiete). Ich mußte also das knapp 19fache der Jahresmiete als Kaufpreis bezahlen. Damit blieb ich meinem selbstgesteckten Anlageziel treu, nie mehr als das 20fache der Jahresmiete bei Neubauten in unmittelbarer Umgebung meines Wohnortes aufzuwenden.
Nach dem gleichen einfachen Muster habe ich 1992 und 1993 noch zwei andere Neubau-Eigentumswohnungen in Frechen bei Köln (Wohnfläche 77 m^2, Kaufpreis 260 000 DM, Jahresnettokaltmiete 16 000 DM, Mietrendite 6,2 Prozent) und Mettmann bei Düsseldorf (Wohnfläche 80 m^2, Kaufpreis 308 000 DM, geplante Jahresnettokaltmiete mindestens 16 800 DM, voraussichtliche Mietrendite 5,5 Prozent) gekauft. In allen drei Fällen legte ich eine monatliche Nettokaltmiete von 16,50 DM pro m^2 Wohnfläche im Monat zugrunde und einen Kaufpreis, der unter 4 000 DM pro m^2 betrug.
Als »Wiederholungstäter« bei der Investition in Neubau-Eigentumswohnungen wurde ich im Herbst 1993 schließlich noch in Leipzig fündig. Eine 50 m^2 große Wohnung kostete mich einschließlich Tiefgaragen-Stellplatz immerhin 220 000 DM. Um auch hier eine Mietrendite von 5 Prozent zu erreichen, muß die Nettokaltmiete mindestens 11 000 im Jahr oder 920 DM pro Monat einschließlich Stellplatz ausmachen. Falls der Wohnungsmarkt in Leipzig diese Miete bei Fertigstellung und Erstvermietung meines Objekts im

Herbst 1994 nicht hergibt, wird der Nachteil der geringeren Mietrendite durch hohe Steuerersparnisse infolge von Sonderabschreibungen für Ost-Immobilien ausgeglichen.
Eine Warnung sei aber gleich angefügt: Hohe Neubau-Abschreibungen sollten Sie nicht dazu verführen, mehr als die 25fache Jahresmiete als Kaufpreis zu zahlen und damit eine anfängliche Mietrendite von weniger als 4 Prozent in Kauf zu nehmen. Mir sind Neubau-Angebote bekannt, die sogar zur 30fachen Jahresmiete problemlos vermarktet werden. Eins ist klar: Je höher der Kaufpreis im Vergleich zur Miete, desto höher die Gebäudeabschreibung und die damit einhergehende Steuerersparnis. Es nimmt daher nicht wunder, daß überteuerte Objekte typischerweise im Gewand eines reinen Steuersparmodells daherkommen. Ein zu teurer Einkauf zahlt sich aber letztlich nie aus, auch nicht nach Steuern.

Objektbesichtigung mit den Augen eines Mieters

»Ohne Besichtigung kein Kauf.« Diese Regel gilt grundsätzlich für die Immobilienauswahl. Auch wenn Sie in München wohnen und ein Mietobjekt in Düsseldorf oder Leipzig erwerben wollen, müssen Sie sich einen Tag oder ein Wochenende Zeit nehmen, um vor Ort Lage und Qualität von Haus und Wohnung zu erkunden.
Nehmen Sie bei der Besichtigung den Standpunkt eines Mieters ein, denn die nachhaltige Vermietbarkeit Ihres Objekts muß Ihr Ziel sein. Hier hilft ein psy-

chologischer Trick: Tun Sie so, als ob Sie selbst einziehen würden, und sehen Sie daher alles mit den Augen eines Mieters.

Bewohnen Sie bereits ein Eigenheim, gebe ich Ihnen noch folgenden Ratschlag: Erinnern Sie sich an alles, worauf Sie damals bei der Auswahl Ihres Eigenheims geachtet haben. Spontan werden Ihnen so wichtige Gesichtspunkte wie Wohnlage, Verkehrsverbindungen, Haus- oder Wohnungsgröße, äußerer Zustand des Objekts, Raumaufteilung und Grundrißlösung sowie Innenausstattung einfallen.

Ihr künftiger Mieter wird ähnliche Überlegungen anstellen, da er sich in der Umgebung und in der Wohnung wohl fühlen will. Nur eins unterscheidet ihn vom Eigentümer, der selbst einzieht: Statt auf den Kaufpreis achtet er auf die geforderte Miete. Ansonsten wird der Mieter bei der Besichtigung in vergleichbarer, wenn auch nicht so strenger Weise vorgehen wie ein künftiger Eigenheimer.

Der »Als-ob-Eigenheimer«-Standpunkt besitzt für Sie noch einen weiteren Vorteil. Falls Sie Ihr Mietobjekt später einmal nach Auszug Ihres Mieters verkaufen wollen, erzielen Sie bei potentiellen Selbstnutzern einen höheren Preis.

Vermietete Wohnungen sprechen nur die Zielgruppe der Kapitalanleger und Vermieter an. Leerstehende oder bald freiwerdende Wohnungen sind jedoch auch für Eigenheimer interessant. Erfahrungsgemäß sind Selbstnutzer bereit, bis zu 30 Prozent mehr zu bezahlen als reine Kapitalanleger. Machen Sie sich diese Erfahrung zunutze, und denken Sie schon beim Kauf an den späteren Wiederverkauf.

Ihr Mieter und seine Nachbarn

Bei noch im Bau befindlichen Eigentumswohnungen sollten Sie den Bauträger oder den von ihm beauftragten Makler fragen, wie hoch der Anteil der Selbstnutzer unter den bisherigen Käufern ist. Das Verhältnis von Selbstnutzern zu Mietern sollte etwa 60 : 40 oder 70 : 30 sein. Begründung: Bei einem hohen Selbstnutzeranteil erhöhen Sie Ihre Chance, die vermietete Wohnung nach Auszug Ihres Mieters später ebenfalls an einen Selbstnutzer verkaufen und dadurch einen höheren Preis erzielen zu können. Vielleicht entpuppt sich Ihr eigener Mieter sogar als künftiger Wohnungseigentümer.
Hat mehr als die Hälfte gekauft, um selbst als Eigentümer einzuziehen, wird das Gesamtobjekt nach aller Erfahrung besser »in Schuß gehalten«. Viele Wohnungseigentümer, die ihre selbstgenutzte Wohnung wie ihren Augapfel hüten, kümmern sich als »Reserve-Hausmeister« auch um das gesamte Haus und nehmen Funktionen eines Hausinspekteurs wahr. Sie sollten daher immer den Kontakt zu Miteigentümern, die im Objekt selbst wohnen, suchen.
Die Struktur der Bewohner darf Ihnen nicht gleichgültig sein. Eine Großwohnanlage mit Nur-Mietern beschert Ihnen auf Dauer mehr Probleme als eine überschaubare Wohnanlage, in der eine gesunde Mischung von Mietern und Eigentümern vorhanden ist. Je größer die Wohnanlage, desto größer die Anonymität und desto geringer die Wohnqualität. Daher ist es besser, eine Eigentumswohnung in einer Kleinwohnanlage mit drei bis vier Häusern und jeweils sechs bis acht Wohnungen zu kaufen, als sich in eine Großwohn-

anlage mit über 100 Wohneinheiten einzukaufen. Vermeiden Sie zu große Wohnkomplexe, die schnell den Ruf eines »Wohnsilos« mit der Gefahr einer gewissen Ghettobildung erhalten.

Wollen Sie eine gebrauchte Eigentumswohnung erwerben, sollten Sie Ihren künftigen Wohnungsmieter auf jeden Fall selbst aufsuchen und sich seinen Mietvertrag zeigen lassen. Schließlich treten Sie als neuer Vermieter in alle Rechte und Pflichten aus dem bestehenden Mietvertrag ein. Sie übernehmen quasi den Mieter von Ihrem Vorgänger nach dem Rechtsgrundsatz »Kauf bricht nicht Miete«. Auch das Ersteigern von vermieteten Wohnungen durchbricht diesen Grundsatz entgegen landläufiger Meinung nicht. Sie erlangen als Ersteher nur einen zeitlichen Vorteil im Falle einer Kündigung aus berechtigtem Interesse, denn statt der vertraglich vereinbarten Mietdauer zählen beim Erwerb durch Zwangsversteigerung nur die gesetzlichen Kündigungsfristen. Den grundsätzlich bestehenden Kündigungsschutz für Mieter können Sie damit aber nicht aushebeln.

Es lohnt sich, auch die Wohnungsnachbarn über den Zustand des Hauses und insbesondere das tägliche Zusammenleben darin zu befragen. Von Streitigkeiten zwischen einzelnen Bewohnern erfahren Sie ebenso schnell wie von Mängeln in Haus und Wohnung. Erkundigen Sie sich auch nach dem Hausmeister, der für die laufende technische Betreuung der Gebäude und Außenanlagen zuständig ist, und fragen Sie ihn, welche Probleme er zur Zeit mit der Wohnanlage und ihren Bewohnern hat.

Bei Eigentumswohnungen führt kein Weg am Hausverwalter vorbei, an den Sie später Haus- oder Wohngeld Monat für Monat überweisen müssen. Lassen Sie sich die letzte Jahresabrechnung und den laufenden Wirtschaftsplan zeigen, fragen Sie nach dem Verwaltungsbeirat, und nehmen Sie Einsicht in die Protokolle der letzten Wohnungseigentümerversammlungen. Beim Erwerb von Eigentumswohnungen aus zweiter Hand können Sie praktisch alles über die derzeitigen Bewohner in Erfahrung bringen, und zwar durch Eigeninitiative. Geben Sie sich nie mit Auskünften der Verkäufer, Makler oder Vertriebsunternehmen zufrieden. Allzuoft erhalten Sie Falschinformationen über die Höhe der Miete, der Nebenkosten und des Hausgeldes sowie Zustand und Ausstattung von Haus und vermieteter Wohnung. Besorgen Sie sich die für Sie als Investor unbedingt notwendigen Informationen selbst, und handeln Sie nach dem Grundsatz »Vertrauen ist gut, Kontrolle ist besser«. Gerade im Geschäft mit Gebrauchtimmobilien ist ein gesundes Mißtrauen angebracht. Dies gilt vor allem für ehemals mietpreis- und belegungsgebundene Sozialwohnungen der 50er und 60er Jahre, die nach Umwandlung in Eigentumswohnungen an gutgläubige Kapitalanleger verkauft werden.

Ihr Verkäufer und seine Vermittler

Dubiose Vertriebsgesellschaften haben sich insbesondere auf den Markt für vermietete Eigentumswohnungen aus zweiter Hand spezialisiert. Oft handelt es sich jedoch um minderwertige und überteuerte »Schrottimmobilien«, die Sie tunlichst meiden sollten. Die Vermittler sind fachlich meist völlig unbeleckt und allein auf die hohe Provision von 10 Prozent des Kaufpreises und mehr fixiert.

Wenden Sie sich beim Kauf von betagten Mietwohnhäusern oder gebrauchten Eigentumswohnungen besser an qualifizierte Immobilienmakler, oder melden Sie sich auf Zeitungsinserate »Von Privat an Privat«. Klar, daß auch der Makler an Ihnen verdienen will, das ist sein gutes Recht. Seine Provision – Maklercourtage genannt – erhält er entweder direkt von Ihnen als Käufer oder vom Verkäufer. Der Hinweis »für den Käufer provisionsfrei« bedeutet lediglich, daß die Vermittlungsprovision bereits in den Kaufpreis eingerechnet wurde.

Für die direkt oder indirekt bezahlte Provision können Sie auch eine entsprechende Dienstleistung des Maklers oder Vermittlers verlangen. Fordern Sie daher vollständige Objektunterlagen an, und geben Sie sich auf keinen Fall mit einem Exposé zufrieden. Verlangen Sie Grundrißzeichnung, Wohnflächenberechnung und Grundbuchauszug, bei Eigentumswohnungen auch die Teilungserklärung.

Eine Reservierungsvereinbarung gegen Zahlung einer auf die Provision anzurechnenden Gebühr sollten Sie nur zahlen, wenn Sie die Wohnung auch wirklich kaufen wollen und den Kaufvertragsentwurf bereits in Händen halten.

Ist Ihr Verkäufer ein privater Eigentümer, müssen Sie sicherstellen, daß Sie als Übernehmer nicht für die Ansprüche seiner Gläubiger haften. Lassen Sie daher in den notariellen Kaufvertrag die Klausel aufnehmen, daß es sich bei der verkauften Immobilie nicht um das gesamte Vermögen des Verkäufers handelt, und sprechen Sie zur Sicherheit mit den Gläubigern, deren

Namen – Banken oder Versicherungen – Sie dem aktuellen Grundbuchauszug entnehmen können.
Bei Neubauten wird fast immer ein Bauträger oder ein Bauunternehmen als Verkäufer fungieren. Bei der Auswahl des Anbieters von im Bau befindlichen Wohnimmobilien sollten Sie langjährig erfahrene und wirtschaftlich gesunde Unternehmen bevorzugen. Pfusch am Bau oder gar eine Baupleite des Bauträgers sind immer mit Mehrkosten, zusätzlichem Zeitaufwand und erheblichem Ärger für Sie verbunden.
Die Qualität des Anbieters von Neubauten können Sie anhand folgender Punkte überprüfen:

- Erfahrung (wie lange am Markt?)
- Referenzobjekte (welche bereits fertiggestellten Objekte können besichtigt werden?)
- Auskünfte (wie sieht die Bankauskunft oder die von einer speziellen Auskunftei erteilte Auskunft aus? Liegt Ihnen ein Handelsregisterauszug vor?)
- Presseberichte (in welchen Zeitungen, Wirtschaftszeitschriften oder Brancheninformationsdiensten wurde das Unternehmen erwähnt?)

Arbeiten Sie nur mit absolut zuverlässigen Anbietern und Vermittlern zusammen, die in der »heißen« Immobilienbranche einen tadellosen Ruf genießen. Je mehr Informationen Ihnen über das Objekt oder die Struktur der Bewohner vorenthalten werden, desto vorsichtiger sollten Sie sein. Ein kompetenter und seriöser Vertragspartner hat nichts zu verbergen und fordert Sie geradezu zur Besichtigung an Ort und Stelle auf, damit Sie sich von der Richtigkeit seiner Angaben per Augenschein überzeugen können.

Objektprüfung mit Fachleuten

Gehen Sie bei der Besichtigung Ihres Mietobjekts wie ein Profi vor, und prüfen Sie – am besten mit Fachleuten – vor allem drei Dinge:

- Lage,
- Qualität und
- Preis.

Über die Wohn- und Verkehrslage können Sie sich bei der Ortsbesichtigung selbst ein Urteil bilden, vor allem nach Befragung der Bewohner in der näheren Umgebung. Die Bauqualität kann ein erfahrener Architekt beurteilen, die Angemessenheit des Kaufpreises ein vor Ort ansässiger Immobilienmakler. Sie sollten sich auch nicht scheuen, mangels eigener Fachleute ein Gutachten von einem öffentlich bestellten und vereidigten Sachverständigen erstellen zu lassen. Die Kosten für das Gutachten sollten Sie nicht als herausgeschmissenes Geld betrachten.
Der Prüfungskatalog umfaßt folgende drei Bereiche:

Lage	*Qualität*	*Preis*
• Makrolage (Region) • Mikrolage (Wohn- und Verkehrslage innerhalb des Ortes) • Umgebung	• Wohnungsgröße • Zuschnitt (Grundrißlösung, Raumaufteilung) • Ausstattung der Wohnung • äußerer Zustand des Hauses mit Baujahr	• reiner Kaufpreis • Kaufnebenkosten (Maklercourtage u.a.) • Vergleichspreise vor Ort • Verkehrswert laut Gutachten

Einen guten Anhaltspunkt für die Prüfung eines Mietobjekts geben die örtlichen Mietspiegel, die als Maßstab für die Vergleichsmiete vier Merkmale unterscheiden:

1. Wohnlage (gute/mittlere bzw. normale/einfache)
2. Wohnungsgröße (unter 40 m^2/ 40 bis 90 m^2 / über 90 m^2)
3. Ausstattung (komfortabel/gut/mittel/einfach)
4. Baujahr (bis 1948, 1949–1959, 1960–1969, 1970–1979, 1980–1989, ab 1990)

Je nach Lage, Wohnungsgröße, Ausstattung und Baujahr werden dann monatliche Nettokaltmieten in DM pro m^2 Wohnfläche angegeben. Als Investor wäre Ihnen zwar mit einem örtlichen Preisspiegel, der in Abhängigkeit von den genannten Merkmalen den jeweiligen Kaufpreis in DM pro m^2 Wohnfläche angibt, mehr geholfen. Leider existieren solche Preisspiegel noch nicht. Als potentieller Vermieter sollten Sie daher auf die Mietspiegel zurückgreifen und den marktgerechten Kaufpreis für gebrauchte Mietobjekte durch »Hochrechnen« der Nettokaltmiete gewinnen.

Beispiel

Mietspiegel für Erkrath bei Düsseldorf, gute Wohnlage, 40 bis 90 m² große vermietete Eigentumswohnung, gute Ausstattung, Baujahr 1980-1989

monatliche Nettokaltmiete DM/m²	13,60 bis 14,70 DM
x 12 Monate	x 12
= Jahresnettokaltmiete DM/m²	= 163 bis 176 DM
x 15fach (Vervielfältiger)	x 15
= möglicher Kaufpreis DM/m²	= 2 450 bis 2 650 DM

Laut Preisspiegel des RDM werden im Jahr 1993 beim Verkauf von gebrauchten Eigentumswohnungen in Erkrath (Kreis Mettmann) bei gutem Wohnwert im Mittel 2 900 DM/m² erzielt. Das wäre etwa die 16- bis 18fache Jahresnettokaltmiete.

Auf die Lage kommt es an

Sie kennen sicher den Maklerspruch, wonach es beim Erwerb einer Wohnung auf drei Dinge ankommt: erstens die Lage, zweitens die Lage, drittens die Lage … So richtig dieser Spruch ist, so sehr artet er in eine bloße Phrase aus, wenn die Lage nicht im einzelnen analysiert wird.

Unter Lage verstehen Immobilienexperten sowohl die Makrolage, also die Region wie beispielsweise Rhein-Main- oder Rhein-Ruhr-Gebiet, als auch die Mikrolage, also die Wohn- und Verkehrslage innerhalb des Ortes.

Haben Sie sich als regionaler Anleger für ein Objekt in Ihrer Nähe entschieden, können Sie die Mikrolage

ohne größeren Zeitaufwand selbst überprüfen. Bei überregionalen Angeboten sollten Sie die Fahrt nicht scheuen und sich die Wohn- und Verkehrslage Ihres gewünschten Objekts vor Ort buchstäblich vor Augen führen.
Ideal ist eine ruhige Wohnlage mit günstigen Verkehrsverbindungen wie S-Bahn-Nähe oder Bushaltestelle. Eine Autobahn in der Nähe stellt nur dann einen Vorteil dar, wenn von ihr keine Lärmbelästigung für die angrenzenden Bewohner ausgeht.
Einkaufs- und Erholungsmöglichkeiten lassen sich bei einem kurzen Streifzug durch die nähere Umgebung erkunden. Achten Sie auf die Nähe zu Kinderspielplätzen, Kindergärten, Grundschulen und weiterführenden Schulen. Verbuchen Sie Pluspunkte wie gemütliche Cafés und Kneipen, kulturelle Angebote am Ort und schnell erreichbare Grünanlagen oder Wälder.
Versetzen Sie sich in die Lage Ihrer Mieter, die dort eine Weile wohnen möchten, und fragen Sie sich selbst, ob auch Sie dort wohnen könnten. Sie wissen ja: Als Vermieter sollten Sie alles mit den Augen eines Mieters betrachten.
Als Investor sind Sie gut beraten, nur Wohnungen in guter oder zumindest normaler Wohnlage zu erwerben. Als normale Wohnlage gelten laut Mietspiegel »dicht bebaute Wohnviertel ohne besondere Vor- und Nachteile innerhalb des städtischen Bereichs«.
Besser vermietbar sind selbstverständlich Wohnungen in guter bis sehr guter Wohnlage. Top-Lagen müssen es nicht unbedingt sein, denn dort müssen Sie auch Spitzenpreise bezahlen. Setzen Sie eher auf gute Wohn- und Verkehrslagen. Im Originalton des Miet-

spiegels heißt es dazu: »Gute Wohnlagen weisen eine aufgelockerte Bebauung mit Vorgärten oder eine Bepflanzung im beruhigten, öffentlichen Verkehrsbereich ohne wohnbeeinträchtigende Einrichtungen aus. Die Verbindung zur Innenstadt mit öffentlichen Verkehrsmitteln ist günstig. Es herrscht im wesentlichen Anliegerverkehr.«

Qualität macht sich bezahlt

Vor allem bei Neubauobjekten sollten Sie sich auf mittelgroße, komfortable Wohnungen in guter Wohnlage konzentrieren. 2- bis 3-Zimmer-Wohnungen mit einer Wohnfläche von 60 bis 80 m^2 werden in der Zukunft besonders begehrt sein. Übergroße Wohnungen mit mehr als 100 m^2 sprechen nur eine kleine Schicht gut verdienender Mieter an. Kleinstwohnungen unter 40 m^2 kommen nur für Studenten und Singles mit geringen Einkommen in Frage.
Aus Sicht Ihrer Mieter muß die Wohnung »gut geschnitten« sein. Dazu zählen eine überzeugende Grundrißlösung und eine optimale Raumaufteilung (Anzahl der Zimmer, Küche, Diele, Bad, evtl. Gäste-WC, Terrasse/Balkon/Loggia). Von der Ausstattung der Wohnung können Sie sich bei bestehenden Objekten selbst überzeugen. Bei in Bau befindlichen Wohnungen sollten Sie die Baubeschreibung genauestens lesen.
Um den Wohnwert und das Wohngefühl für Ihren Mieter zu steigern, lassen Sie ihn bei der Auswahl von Teppichböden, Küchen- und Badfliesen sowie Tapeten ruhig mitbestimmen, sofern die Neubauwohnung

noch nicht fertiggestellt ist und Sie Ihren künftigen Mieter schon gefunden haben.

Auch scheinbare Kleinigkeiten wie Waschküche, Trockenraum, Fahrradraum und zur Wohnung gehörender Kellerraum müssen Sie sich »mit den Augen eines Mieters« ansehen. Außerdem will Ihr zukünftiger Mieter wissen, ob zur Wohnung eine Garage oder ein Stellplatz gehört und wo die Mülltonne steht.

Überfordert sind Sie bei der Beurteilung der eigentlichen Bauqualität, sofern Sie nicht selbst vom Baufach sind. Lassen Sie daher einen Fachmann die »Außenhaut« des Gebäudes sowie wichtige Bauteile (Dach, Fassade, Keller, Fundament) überprüfen. Innerhalb der Wohnung kommt es auf die Qualität der Elektro-, Sanitär- und Heizungsinstallation ebenso an wie auf die Beschaffenheit von Fenstern und Türen.

Baumängel oder Bauschäden lassen sich in der Rohbauphase am besten erkennen. Daher sollten Sie bei Neubauten schon frühzeitig einen Architekten oder Bauingenieur zu Rate ziehen. Wollen Sie ein älteres Mietwohnhaus oder eine gebrauchte Eigentumswohnung erwerben, muß eine gründliche Prüfung von Zustand des Hauses und Ausstattung der Wohnung erfolgen. Eine flüchtige 5-Minuten-Besichtigung reicht in keinem Falle aus, da Sie die wirklichen Problemstellen nicht erkennen.

Alles, was Sie selbst besichtigen oder bei in Bau befindlichen Gebäuden teilweise nur erahnen können, werden Sie später Ihren Mietinteressenten zeigen. Insofern erleichtert eine richtige Immobilienauswahl auch die spätere Suche und Auswahl von geeigneten Mietern.

Qualität hat ihren Preis. Es ist deshalb nur logisch,

wenn sich eine höhere Bauqualität und eine höherwertige Ausstattung im Kaufpreis, aber eben auch in der erzielbaren Miete, niederschlagen. Sofern sich das Preis-Miet-Verhältnis dadurch nicht verschlechtert und die Mietrendite demzufolge nicht sinkt, sind Komfortobjekte durchaus den üblichen Standardausführungen vorzuziehen.

Es ist müßig, darüber zu streiten, ob die Lage oder die Qualität des Objektes wichtiger ist. Gehen Sie salomonisch vor, und entscheiden Sie sich für Qualität von Lage *und* Objekt. Generell kann allerdings festgestellt werden, daß Selbstnutzer mehr Wert auf eine gute Lage legen als Mieter. Aber auch für vermietete Wohnungen gilt der Grundsatz, daß sich Raumaufteilung und Ausstattung nachträglich noch verändern lassen, die Lage aber nicht. Erfahrene Immobilien-Spezialisten kaufen daher lieber ein schlechtes Objekt in guter Lage als ein gutes Objekt in schlechter Lage. Nach grundlegender Modernisierung ihres anfangs heruntergekommenen Objekts können sie dann stolz eine Qualitätsimmobilie in guter Lage präsentieren.

Der Preis ist heiß

Die Kaufpreise pro m² Wohnfläche hängen vom Baujahr, der Bauqualität und der Lage ab. Bei Neubauten wurden im Jahr 1992 durchschnittlich 2 240 DM/m² an reinen Baukosten veranschlagt, wie der Zentralverband des Deutschen Baugewerbes in seinem Jahrbuch berichtet.

Legt man eine durchschnittliche Baukostensteigerung von jeweils 5 Prozent für die beiden folgenden Jahre

zugrunde, ist im Jahr 1994 mit knapp 2 500 DM/m² an reinen Baukosten zu rechnen. Hinzu kommt ein Zuschlag von etwa 20 Prozent für die Baunebenkosten wie Architektenleistungen hinzu, so daß insgesamt rund 3 000 DM/m² für anteilige Gebäudekosten anzusetzen sind.
Eine andere Kontrollrechnung liefert ein ähnliches Ergebnis. Gutachter kalkulieren den Raummeterpreis zur Zeit mit 500 DM/m³. Da im Durchschnitt pro m² Wohnfläche etwa 5 m³ umbauter Raum benötigt werden, ergibt sich ein reiner Baupreis von 2 500 DM/m². Einschließlich Baunebenkosten ergibt dies dann ebenfalls 3 000 DM/m².
Der Neubau-Kaufpreis enthält jedoch zusätzlich einen Grundstückskostenanteil. Je nach Lage macht dieser Anteil an Grund und Boden zwischen 10 und 30 Prozent des gesamten Kaufpreises aus. Eine Musterkalkulation für neugebaute Eigentumswohnungen in Mittelstädten könnte dann 1994 wie folgt aussehen:

reine Baukosten	2 500 DM/m²	Wohnfläche
+ 20 % reine Baunebenkosten	+ 500 DM	"
= Gebäudekosten	= 3 000 DM/m²	Wohnfläche
+ 20 % Grundstückskosten	+ 600 DM	"
= Neubau-Kaufpreis	= 3 600 DM/m²	Wohnfläche

Diese überschlägige Ermittlung von Neubaupreisen findet ihre Stütze in einem Gutachten, das von einer elfköpfigen Expertengruppe im September 1992 für das nordrhein-westfälische Bauministerium erstellt wurde. Danach liegen die Neubau-Kaufpreise für eine 70 m² große frei finanzierte Eigentumswohnung je nach Lage zwischen 2 790 und 4 050 DM pro m² Wohnfläche. Zwei Jahre später kann man sicherlich von einer Spanne zwischen 3 100 und 4 500 DM/m² ausgehen.

Neubau-Kaufpreise pro m² Wohnfläche in 1992				
	Ballungskern mit hohem Preisniveau	Ballungskern mit mittlerem Preisniveau	Ballungsrand	ländliche Zone
Gebäudekosten	3 000 DM	2 730 DM	2 660 DM	2 590 DM
+ Grundstückskosten	+ 1 050 DM	+ 700 DM	+ 450 DM	+ 200 DM
= Neubau-Kaufpreis	= 4 050 DM	= 3 430 DM	= 3 110 DM	= 2 790 DM

Quelle: Beratergruppe freifinanzierter Wohnungsbau, Gutachten vom 3.9.1992 für das Ministerium für Bauen und Wohnen des Landes NRW

Warum dieser Zahlensalat? Die Antwort ist einfach: Sie sollten als Neubaukäufer nur marktgerechte Preise zahlen, um nicht übervorteilt zu werden. Als Orientierung können die obigen Preise für Neubauwohnungen in Nordrhein-Westfalen eine gute Hilfe sein. Meine drei Immobilienkäufe im September 1992, März 1993 und Oktober 1993 bestätigen im übrigen die Erfahrung, daß gut gelegene und komfortabel ausgestattete Neubau-Eigentumswohnungen im Köln-Düsseldorfer Raum keineswegs deutlich über 4 000 DM pro m² Wohnfläche kosten müssen. Hier die nackten Zahlen:

Neubau-ETW in	Kaufpreis lt. Kaufvertrag incl. Stellplatz	Kaufpreis ohne Stellplatz und ohne Maklerprovision
Frechen bei Köln	3 400 DM/m²	3 200 DM/m²
Erkrath bei Düsseldorf	3 800 DM/m²	3 600 DM/m²
Mettmann bei Düsseldorf	3 850 DM/m²	3 600 DM/m²

Wohlgemerkt: Es handelt sich um marktgerechte Preise, nicht um ausgesprochene Schnäppchen oder Sonderpreise. Verwundert reibe ich mir die Augen, wenn ich höre, daß diese Neubau-Kaufpreise viel zu niedrig seien. Die Gegenfrage sei erlaubt: Warum sollten Sie und ich überhöhte Kaufpreise zahlen? Wer zuviel bezahlt, den bestraft der Markt. Selbstverständlich ist mir bekannt, daß gut 80 Prozent aller Angebote für Neubau-Wohnimmobilien preislich überhöht sind. Auch völlig überteuerte Neubauwohnungen finden erstaunlicherweise ihre Käufer. Offenbar haben die Anbieter und Vermittler von hochpreisigen Objekten den folgenden Spruch des englischen Romanciers William Somerset Maugham, auf ihre Fahnen geschrieben: »Menschenkenner haben immer gewußt, daß man den Leuten eine teure Sache leichter verkaufen kann als eine billige.«
Meine eigene Preispolitik beim Kauf von Neubau-Eigentumswohnungen geht den Weg »von der Miete zum Preis«. Zunächst mache ich mir eine klare Vorstellung über die erzielbare Marktmiete, gemessen an der monatlichen Nettokaltmiete pro m^2 Wohnfläche. Sowohl in Frechen als auch in Erkrath konnte ich problemlos für 16,50 DM/m^2 einen geeigneten Mieter finden. Für die erst im zweiten Halbjahr 1994 fertiggestellte Neubauwohnung in Mettmann kalkulierte ich ein Jahr vorher ebenfalls nur mit 16,50 DM/m^2 Monatsmiete.
Zum Vergleich: Der für die Städte Erkrath und Mettmann gültige Mietspiegel vom 1.2.1994 weist bei komfortablen Wohnungen in guter Wohnlage mit Baujahr ab 1990 die Mietspanne von 16,60 bis 18,40 DM aus. Die marktgerechte monatliche Nettokaltmiete von

16,50 DM/m² rechne ich nun auf den marktgerechten Kaufpreis hoch.

Beispiel

monatliche Nettokaltmiete	16,50 DM/m²
x 12 Monate	x 12
= Jahresnettokaltmiete	= 198 DM/m²
x 18- bis 20fach	x 18–20
= marktgerechter Neubau-Kaufpreis	3 564–3 960 DM/m²

Die absolute Obergrenze stellt in diesem Beispiel ein Neubau-Kaufpreis von 4 000 DM pro m² Wohnfläche dar, da ich im Rhein-Ruhr-Raum nicht bereit bin, mehr als die 20fache Jahresnettokaltmiete für eine Neubau-Eigentumswohnung zu bezahlen. Wie Sie leicht nachrechnen können, habe ich mein Kaufpreisziel mit 3 600 DM/m² bei den Wohnungen in Erkrath und Mettmann erreicht. In Frechen bei Köln zahlte ich sogar nur 3 200 DM/m² und damit nur die 16fache Jahresmiete.

Andersherum: Anfängliche Mietrenditen von 5,5 Prozent (siehe Beispiele Erkrath und Mettmann) und 6,2 Prozent (Beispiel Frechen) sind bei vermieteten Neubau-Eigentumswohnungen durchaus erzielbar. Wetten, daß?

Ältere Eigentumswohnungen sind bis zu 50 Prozent billiger als Neubauwohnungen. Zurückzuführen ist dies auf drei Gründe: Alterswertminderung, Wegfall der hohen Neubau-Abschreibung und Übernahme bestehender Mietverträge. Bei vor 1981 fertiggestellten Wohnungen mit einer monatlichen Nettokaltmiete von mehr als 8 DM/m² darf die Miete nur um 20 Prozent innerhalb von drei Jahren angehoben werden, und zwar nur bis zur ortsüblichen Vergleichsmiete laut Mietspiegel.

Auch hierzu ein Beispiel

Komfortable Wohnungen in guter Wohnlage mit Baujahr 1970 bis 1979 dürfen laut Mietspiegel in Erkrath und Mettmann zwischen 11,90 und 12,90 DM pro m² Wohnfläche im Monat an Miete kosten. Meine persönliche Hochrechnung sieht dann wie folgt aus:

monatliche Nettokaltmiete	12 DM/m²
x 12 Monate	x 12
= Jahresnettokaltmiete	= 144 DM/m²
x 13- bis 15fach	x 13–15
= marktgerechter Altbau-Kaufpreis	= 1 870–2 160 DM/m²

Bei gebrauchten Wohnimmobilien wähle ich einen geringeren Mietenmultiplikator als bei Neubauten – maximal 15fach statt höchstens 20fach –, da ich den geringen Abschreibungssatz von 2 Prozent der Gebäudekosten pro Jahr sowie bereits anfallende Instandhaltungskosten in Kauf nehmen muß. Ich erwarte also eine anfängliche Mietrendite von 7 bis 8 Prozent.

Das Problem: In den vergangenen Jahren waren diese

Mietrenditen kaum zu erzielen, da vermietete Objekte aus zweiter Hand mit Marktabschlägen von nur 20 bis 30 Prozent gegenüber Neubauten angeboten wurden. Da die Anzahl der notleidenden Gebrauchtimmobilien zur Zeit wieder zunimmt und die Nachfrage potentieller Erwerber möglicherweise nachläßt, sind erhebliche Preiszugeständnisse Mitte der 90er Jahre zu erwarten. Vielleicht rollt eine neue Welle von Zwangsversteigerungen mit einem Überangebot von »Discountimmobilien« auf uns zu, ähnlich wie Mitte der 80er Jahre. Mein erster Ersteigerungsfall im Juni 1985 bescherte mir zum Beispiel eine Mietrendite von 8,5 Prozent (Ersteigerungspreis 1 100 DM/m², monatliche Nettokaltmiete 7,80 DM/m² in 1985, 3-Zimmer-Eigentumswohnung mit Baujahr 1973).
Falls Sie zu den Zweiflern zählen: Ersteigerung, Vermietung und Finanzierung habe ich in meinem Buch »Wie ersteigere ich ein Haus oder eine Wohnung?« dokumentiert. Damals handelte ich nach dem frechen Motto: »Ersteigern mit Lust ist besser als Bauen mit Frust.«
Sie sehen, Kaufpreise sind relativ, sie reichen von 1 000 DM/m² für günstig ersteigerte Altobjekte im Jahr 1985 bis zu 4 000 DM/m² für Neubauten des Jahrgangs 1993. Bei Bauträgermodellen mit Full-Service (Investition einschließlich Mietervermittlung, Mietgarantie, Finanzierungsvermittlung, steuerliche Beratung, treuhänderische Abwicklung) müssen Sie Service-Zuschläge von 25 bis 50 Prozent auf den üblichen Neubau-Kaufpreis einkalkulieren. Ein marktüblicher Preis von 4 000 DM/m² kann sich dann leicht auf einen Gesamtaufwand von 5 000 bis 6 000 DM/m² hochschaukeln. Als Dank dafür, daß Sie sich um nichts zu küm-

mern brauchen, zahlen Sie teilweise Phantasiepreise von 7 000 bis 8 000 DM/m².
Wenn Sie bei der Preisfindung auf Nummer Sicher gehen wollen, müssen Sie den lokalen Immobilienmarkt genau beobachten und aktuelle Vergleichspreise ermitteln. Dabei können Ihnen erfahrene und kompetente Immobilienmakler helfen. Entscheiden Sie sich für ein Objekt durch die Vermittlung eines Maklers, kommen auf Sie meist 3,45 Prozent Maklercourtage, berechnet vom Kaufpreis, zu. Bei einem Preis von 4 000 DM/m² sind dies gerade einmal 138 DM/m².
Eine andere Möglichkeit besteht darin, ein Verkehrswertgutachten von kompetenten Gutachtern erstellen zu lassen. Dieser Weg empfiehlt sich besonders beim Kauf von gebrauchten Mietobjekten und kostet Sie etwa 0,5 bis 1 Prozent des Kaufpreises. Wenn es sich nur um ein Formulargutachten für Finanzierungszwecke nach Vorlage von Banken oder Versicherungen handelt, sinkt das Honorar, das Sie in diesem Fall als Finanzierungsnebenkosten steuerlich sofort absetzen können.
Gezahlte Honorare für reine Verkehrswertgutachten zählen hingegen zu den Kaufnebenkosten genauso wie Maklercourtage, Grunderwerbsteuer oder Notar- und Grundbuchgebühren für die Eigentumsumschreibung.
Dabei gilt die Gleichung:

Reiner Kaufpreis + Kaufnebenkosten
= Anschaffungs- bzw. Investitionskosten

Vorsicht Falle

Gut gelegene und komfortable Wohnungen zu marktgerechten Preisen zu erwerben sollte Ihr Investitionsziel sein. Viele private Kapitalanleger verfehlen dieses Ziel, da sie den falschen Weg einschlagen.
Dies sind die größten Fehler, die von Laien immer wieder gemacht werden:
- zu hohe Kaufpreise und damit überteuerte Objekte
- minderwertige Wohnungen mit hohen Folgekosten
- schlecht gelegene Wohnungen mit hohen Vermietungsrisiken.

Im Vergleich zu Nachbarländern ist Bauen in Deutschland viel zu teuer. Die Klagen über hohe Neubaupreise und hohe Neubaumieten sind sicherlich berechtigt. Für Sie als Kapitalanleger kommt es aber ganz entscheidend auf das Preis-Miet-Verhältnis und damit auf die anfängliche Mietrendite für Ihr Neubauobjekt an. Für marktgerecht im Rhein-Ruhr-Raum halte ich aus eigener Erfahrung folgende Zahlen:

- Neubau-Kaufpreis 3 600 DM/m^2,
- monatliche Neubau-Nettokaltmiete 16,50 DM/m^2,
- anfängliche Neubau-Mietrendite 5,5 Prozent.

Der Marktführer im freifinanzierten Mietwohnungsbau bietet Neubau-Eigentumswohnungen im Großraum Düsseldorf auf einem höheren Preis-Miet-Niveau an. Bei Kaufpreisen von 5 200 DM/m^2 und Endmieten von monatlich 20 DM/m^2 errechnet sich eine Mietrendite von 4,6 %, wie der Marktführer in großformatigen Zeitungsannoncen offen bekennt. Hohe

Bauqualität und eine 20jährige Gewährleistung in Verbindung mit einem Wartungsvertrag sind typisch für seine Objekte. Risiken hinsichtlich Wohnlage, Ausstattung und äußerem Zustand geht der Neubaukäufer dabei wohl kaum ein. Auch die Qualität des Anbieters läßt nichts zu wünschen übrig.
Um nicht in den Verdacht zu geraten, an dieser Stelle eine Werbekampagne für die Objekte des Marktführers zu starten, darf ich auf einen Kritikpunkt hinweisen. Die angebotenen Neubau-Eigentumswohnungen sind nach meiner Ansicht schlicht zu teuer.
Preisaufschläge in Höhe von fast 40 Prozent kann ich trotz höherer Bauqualität dann nicht akzeptieren, wenn die geforderte Neubaumiete nur um knapp 20 Prozent über der Miete bei vergleichbaren Neubauwohnungen liegt. Per Saldo sind die Objekte um etwa 20 Prozent zu teuer. Als Erwerber zahlen Sie immerhin die 22fache Jahresendmiete, erhalten aber dafür auch eine Qualitätsimmobilie eines zuverlässigen Anbieters.
Zu teuer werden beispielsweise auch Neubauobjekte eines anderen Bauträgers vertrieben. Beispiel Köln-Porz: In einer Großwohnanlage mit über 100 Wohnungen werden 5 200 DM/m² als Kaufpreis angesetzt. Die mit dem Vertrieb beauftragte Firma will dem Käufer weismachen, daß 1 200 DM/m² für Bauträgerrisiken und -gewinn, Vertrieb, Treuhandschaft, Rechts- und Steuerberatung erforderlich seien. Der eigentliche Substanzwert von 4 000 DM/m², der sich in 3 000 DM/m² Gebäudekosten und 1 000 DM/m² anteilige Grundstückskosten aufteilt, macht bei diesem Preisaufblähungsmodell nur 77 Prozent des geforderten Kaufpreises aus. Selbst die für die ersten zwei Jahre garan-

tierte Miete von monatlich 19 DM/m² kann die ab 1995 erzielbare Mietrendite nur auf 4,4 Prozent liften.
Noch viel teurer kommt den Erwerber eine im Bau befindliche und erst ab 1996 vermietete Eigentumswohnung in Darmstadt zu stehen. 5 000 DM/m² Kaufpreis sowie 21 DM/m² garantierte Monatsmiete klingen noch gerade angemessen. Der Hammer kommt jedoch: Da der Käufer als Erbbauberechtigter nur den Gebäudeanteil für 5 000 DM/m², aber nicht das anteilige Grundstück kauft, muß er noch monatliche Erbbauzinsen von 9 DM/m² an den Grundstückseigentümer zahlen. Nach Abzug der Erbbauzinsen verbleiben ihm gerade einmal 12 DM/m² im Monat und damit eine Mini-Mietrendite von knapp 3 Prozent.
Mein Urteil: Viel zu teuer und daher renditeschwach.
Zur größten Fehlinvestition zählen jedoch »Schrottimmobilien« in schlechter Wohnlage. Oft werden völlig heruntergekommene ehemalige Sozialwohnungen nach Umwandlung in Eigentumswohnungen und notdürftiger »Pinselsanierung« an ahnungslose Blindkäufer verhökert. Eine Besichtung des Objekts vor Ort sowie ein Gespräch mit dem Mieter würden dem kritischen Kaufinteressenten die Augen öffnen.
Verkauft werden diese Altobjekte meist als Erwerber- oder Liquiditätsmodelle. Während bei Erwerbermodellen seit eh und je die Steuerersparnis im Vordergrund der Prospektbeschreibung steht, locken über hundert Vertriebsgesellschaften per Zeitungsanzeigen mit Bargeldversprechen zum Kauf einer Eigentumswohnung. Kaum zu glauben, aber wahr: Da kaufen vermögenslose Leute Wohnungen, die sie gar nicht haben wollen, um so schnell wie möglich an Bargeld zu kommen.

»Willst du Geld, mußt du nur eine Eigentumswohnung kaufen« – perverser kann eine Immobilieninvestition nicht sein. Der Trick mit den dubiosen Liquiditätsmodellen ist ebenso einfach wie betrügerisch: Der notariell beurkundete und von einer Bank voll finanzierte Kaufpreis von beispielsweise 200 000 DM für eine 67 m^2 große, aber minderwertige Wohnung liegt mit 3 000 DM/m^2 bis zu 70 Prozent über dem aktuellen Marktwert. Nach Auszahlung des Hypothekendarlehens soll der gutgläubige Käufer vom Verkäufer oder direkt vom Notar 10 Prozent des Kaufpreises als »Kick-back« zurückerhalten.

Selbst wenn das Geld als »Aufwandszuschuß« oder »Eigenprovision« an den Käufer zurückfließen sollte, begeht der Erwerber Kreditbetrug und Steuerhinterziehung, wenn er Bank und Finanzamt den vereinbarten Liquiditätsrückfluß verschweigt. Es handelt sich um nichts anderes als ein Scheingeschäft oder um einen »Schwarzkauf«, da höhere Kaufpreise notariell beurkundet und finanziert werden als vereinbart.

Beim Kauf von Gebrauchtobjekten können Sie Fallstricke nur vermeiden, indem Sie die vermietete Wohnung von einem versierten Fachmann begutachten lassen. Zusätzliche Modernisierungskosten kommen zum Kaufpreis hinzu, und hohe laufende Instandhaltungskosten können die Mieteinnahmen radikal mindern. Ohne Orts- und Objektbesichtigung werden Sie mit Sicherheit nicht das richtige Objekt am richtigen Platz erwerben.

2. Vermietung und Verwaltung: Wie Sie Ärger vermeiden

Nichts fürchten Kapitalanleger in vermietete Wohnimmobilien so sehr wie den täglichen Kleinkram und den möglichen Ärger mit renitenten Mietern. Sie möchten am liebsten nur Miete kassieren und gleichzeitig unnötige Kosten vermeiden, ohne sich um die Vermietung selbst zu kümmern.
Beides zugleich – Vermeidung von Kosten und Zeitaufwand – wird Ihnen aber nicht gelingen. Sie haben die Wahl: Entweder Sie bezahlen als passiver Anleger den Full-Service von professionellen Vermietungsunternehmen, oder Sie nehmen alles selbst in die Hand, wobei Sie kostbare Zeit investieren müssen.

Full-Service für passive Anleger

Der passive Anleger tritt gar nicht mehr als Wohnungsvermieter gegenüber den Mietern auf. Er beauftragt einen gewerblichen Zwischenvermieter, der wiederum einen Mietvertrag mit dem Endmieter abschließt. Von der Endmiete behält der Zwischenvermieter beispielsweise 10 Prozent ein und überweist den Rest als zumeist auf fünf Jahre garantierte Miete an den Eigentümer.

Beispiel

Über 90 Prozent der Kapitalanleger nehmen bei Neubau-Eigentumswohnungen eines großen Bauträgers die Mietgarantie für zehn Jahre in Anspruch. Ab dem sechsten Jahr erhöht sich die im Prospekt genannte Garantiemiete, die nach Angaben des Bauträgers bei 90 Prozent der Endmiete liegt, um 20 Prozent. Zusätzlich ist für die Übernahme der Mietgarantie eine einmalige Gebühr in Höhe von vier Monatsmieten zu zahlen.

Scharfe Rechner werden abwägen müssen zwischen den Kosten für die Mietgarantie und den gebotenen Leistungen. Zunächst zu den Kosten: Die Endmiete von beispielsweise 20 DM/m² sinkt auf eine Garantiemiete von 18 DM/m² in den ersten fünf Jahren und vermindert die anfängliche Mietrendite um knapp einen halben Prozentpunkt auf 4,1 Prozent. Vom sechsten bis zehnten Jahr steigt die Mietrendite auf knapp 5 Prozent. Wird die einmalige Mietgarantiegebühr rechnerisch auf zehn Jahre verteilt, errechnet sich eine durchschnittliche Mietrendite von 4,4 Prozent pro Jahr im Laufe der ersten zehn Vermietungsjahre.
Bei Verzicht auf die Mietgarantie und eigener Vermietung zu 20 DM/m² mit jährlich 3 Prozent Mietsteigerung steigt die Mietrendite von anfangs 4,6 Prozent auf 6 Prozent im zehnten Jahr. Im Durchschnitt können Sie demnach 5,3 Prozent erzielen. Dies ist knapp ein Prozentpunkt mehr als bei Inanspruchnahme der Mietgarantie.
Oder in DM ausgedrückt: Bei einer 75 m² großen Wohnung können Sie bei eigener Vermietung gut 206 000

DM an Mieteinnahmen in zehn Jahren erzielen. Schalten Sie einen gewerblichen Zwischenvermieter mit zehnjähriger Mietgarantie ein, werden Ihnen 173 000 DM unter Berücksichtigung von 20 Prozent Mietsteigerung nach Ablauf von fünf Jahren und Abzug einer einmaligen Mietgarantiegebühr garantiert.

Für rund 33 000 DM deckt der Bauträger auf die Dauer von zehn Jahren sämtliche Mietausfallrisiken wegen Leerstands oder Mietrückständen ab und übernimmt Zusatzleistungen wie Mieterauswahl bei Erst- und Folgevermietung, Mietverwaltung und Reparaturarbeiten innerhalb der Wohnungen, Mieterbetreuung und Rechtsberatungskosten beim Eintreiben von Mietrückständen.

Eine Garantie ist selbstverständlich nur soviel wert, wie der Garantiegeber wert ist.

Apropos Garantie: Bei Bauträgern sollten Sie darauf achten, ob die gebotenen Festpreis-, Fertigstellungs- und Gewährleistungsgarantien auch das Papier wert sind, auf dem sie geschrieben sind. Langjährig bestehende Bauträger mit hoher Kapitalausstattung bieten eine größere Sicherheit als junge blühende Bauträger-GmbHs mit nur 50 000 DM Stammkapital.

Ein Marktführer hat den Full-Service für passive Kapitalanleger fast schon zur Perfektion entwickelt. Im relativ hohen Kaufpreis von 5 200 DM/m² sind eine 20jährige Gewährleistungsgarantie, eine fünfjährige Risikoabsicherung für den Käufer sowie eine wirtschaftliche und steuerliche Beratung enthalten. In der Vermietungsphase tritt neben die angebotene Mietgarantie noch ein 20jähriger Wartungs- und Instandhaltungsvertrag, der praktisch auf eine Instandhaltungskostengarantie in Höhe von 9 DM/m² pro Jahr

während der ersten zehn Jahre und 22 DM/m² im folgenden Jahrzehnt hinausläuft.
Im kostenträchtigen Service-Paket sind außerdem enthalten: Verwaltungskosten von 380 DM pro Jahr sowie 100 DM nicht umlagefähige Betriebskosten pro Jahr für Verwaltung und Wartung von Wohnung und Stellplatz, Vermittlungsgebühr in Höhe von 2 Prozent der Darlehenssumme bei Vermittlung der Endfinanzierung einschließlich Übernahme einer Zinsgarantie und schließlich Bauzeitzinsen für die Zeit bis zur Erstvermietung.
Full-Service rund um die »Sorglos-Immobilie« hat bekanntlich seinen Preis. Als Anleger, der sich um nichts kümmert, zahlen Sie einen höheren Kaufpreis sowie zusätzliche Service-Kosten in der Investitions- und Vermietungsphase. Bei Inanspruchnahme aller angebotenen Dienstleistungen und nach Berücksichtigung aller Zusatzkosten rutscht die durchschnittliche Mietrendite auf unter 4 Prozent. Ob dies ein zu hoher Preis angesichts erzielbarer Mietrenditen von 5 Prozent für weitgehend selbst gemanagte Neubau-Immobilien ist, überlasse ich Ihrer eigenen Entscheidung. Immerhin macht ein Prozentpunkt mehr bei Investitionskosten von 400 000 DM genau 4 000 DM pro Jahr aus.

Do-it-yourself für aktive Anleger

Ein völlig anderes Konzept verfolgen aktive Anleger, die selbst als Vermieter auftreten und im Do-it-yourself-Verfahren Mieter auswählen und betreuen. Höhere Chancen, aber auch höhere Risiken sind ihnen gewiß. Auch für vermietete Wohnimmobilien gilt der

klassische Anlagegrundsatz: »Je höher die Rendite, desto höher das Risiko.«
Die laufende Mietrendite können Sie am besten durch Einsparen von Kosten erhöhen. Dies beginnt schon in der Investitionsphase. Eine »schlanke« Immobilie mit maximal 4 300 DM/m² Neubaupreis ohne Zusatzkosten wird sich bei gleicher Bauqualität besser rechnen als ein reines Steuersparmodell mit 5 600 DM/m² Gesamtaufwand einschließlich Gebühren für Mietgarantie und Vermittlung der Endfinanzierung. Immer unter der Voraussetzung, daß die Objekte von Lage, Zustand und Ausstattung her miteinander vergleichbar sind. Im Einkauf liegt bekanntlich der Gewinn.
Falls Sie auf die Mietgarantie verzichten und selbst vermieten, wird Ihre Endmiete um 10 Prozent über der Garantiemiete liegen. Statt der Preis-Miet-Kombination 5 200 DM/m² Kaufpreis mit 18 DM/m² monatlicher Garantiemiete bei Bauträgermodellen wählen Sie ein günstiges Preis-Miet-Verhältnis von 4 300 DM/m² Kaufpreis und 20 DM/m² Endmiete. Folge: Ihre anfängliche Mietrendite vor Berücksichtigung von laufenden Kosten steigt von 4,2 auf 5,6 Prozent. Bei einer jährlichen Mietsteigerung von 3 Prozent erreichen Sie dann im Durchschnitt der ersten zehn Vermietungsjahre bereits eine Mietrendite von 6,3 Prozent. Da kann ein Full-Service-Objekt mit Garantiemiete verständlicherweise nicht mithalten.
Die höhere Rendite erkaufen Sie jedoch mit höheren Risiken und mit mehr Zeitaufwand. Außer Zeit verlieren Sie außerdem noch Nerven, wenn Sie bei jedem noch so kleinen Ärger gleich in die Luft gehen. Insofern eignet sich die Do-it-yourself-Vermietung nur für Anleger, denen der Umgang mit Mietern leichtfällt

und die durch einen unerwarteten Mietausfall nicht gleich in finanzielle Bedrängnis geraten. Vermieten kann andererseits sogar Spaß machen, falls Sie ein ungezwungenes und entspanntes Mieter-Vermieter-Verhältnis aufbauen können.
Fünf Aufgabenbereiche müssen Sie als aktiver Vermieter erfüllen:

1. Mieterauswahl (evtl. Mietervermittlung durch Makler)
2. Mietverwaltung und laufende Instandhaltung
3. Mieterbetreuung
4. Mietpreiskalkulation und
5. Begrenzung von Vermietungsrisiken

Vorbeugen ist besser als Heilen. Den größten Ärger können Sie schon mit einer sorgfältigen Mieterauswahl und einem für beide Seiten fairen Mietvertrag vermeiden. Je besser Sie die laufende Verwaltung, Instandhaltung und vor allem Betreuung Ihres Mieters managen, desto einfacher gelingt Ihnen eine gerade auch für Ihren Mieter einsichtige Mietpreiskalkulation. Kooperation statt Konfrontation sollte Ihre Leitlinie sein. Das Risiko eines Mietausfalls wird außerordentlich gering bleiben, wenn Sie von Anfang an auf eine verläßliche Partnerschaft setzen.

Mieterauswahl und Mietervermittlung

In Zeiten großen Wohnungsmangels wie seit Anfang der 90er Jahre fällt die Suche nach Mietern nicht schwer. Auf eine Zeitungsannonce unter der Rubrik

»Mietangebote« melden sich Dutzende von Mietinteressenten. Geben Sie gar eine Annonce »Von Privat an Privat« auf, können Sie sich vor Anrufen nicht retten, und Ihr Telefon steht tagelang nicht still.
Fast alle privaten Wohnungsvermieter schalten Immobilienmakler ein, um geeignete Mieter zu suchen. Dieser Weg ist für Sie als Vermieter kostenlos, da der Makler üblicherweise nur dem Mieter eine Provision von meist zwei Monatsmieten in Rechnung stellt.
Der fachlich qualifizierte Makler kann Ihnen eine Menge Arbeit abnehmen. Er gibt unter seinem Namen Anzeigen auf, vereinbart mit den Anrufern Besichtigungstermine, holt Selbst- oder Kreditauskünfte über die Mieter ein und setzt Mietverträge auf. Vor allem bei Neubauten empfiehlt es sich, den vom Bauträger mit dem Alleinvertrieb beauftragten Makler gleich auch bei der Mietervermittlung einzuschalten.

Vorteil

Der Makler kennt das Objekt genau, und auf Grund seiner Ortskenntnis sowie bereits erfolgter Vermietungen weiß er recht gut über die erzielbaren Neubaumieten Bescheid.

! Auch wenn Sie einen Makler mit der Suche nach Mietinteressenten beauftragen, sollten Sie die Auswahl Ihres Mieters immer selbst vornehmen. Lassen Sie sich vom Makler mehrere zahlungsfähige Interessenten nennen, und vereinbaren Sie einen persönlichen Besprechungstermin, an dem Sie, der Makler und der potentielle Mieter teilnehmen.
Im Vorfeld dieses Dreiergesprächs sollte der Makler

bereits eine Selbstauskunft des Mietinteressenten eingeholt und eine Auskunftei zwecks Überprüfung der Bonität eingeschaltet haben. Sie als Vermieter müssen sich schließlich davon überzeugen können, daß Ihr späterer Mieter ein ausreichendes Einkommen erzielt und nicht überschuldet ist.
Die Überprüfung der Zahlungsfähigkeit kann auch durch Sie selbst erfolgen. So können Sie beim zuständigen Amtsgericht kostenlos Einsicht in die Schuldnerliste nehmen, in der Negativeintragungen wie eidesstattliche Versicherung (früher Offenbarungseid), Wechselprotest oder eingeleitetes Konkursverfahren verzeichnet sind. Wenn Sie Vermieter mehrerer Wohnungen sind, kann es sich für Sie auch lohnen, über eine örtliche Auskunftei Kreditauskünfte gegen eine Gebühr einzuholen. Adressen finden Sie im Branchen-Fernsprechbuch.
Der einfachste und schnellste Weg geht immer noch über eine Selbstauskunft des Mietinteressenten. Üblicherweise lassen Sie oder Ihr Makler einen Mieterfragebogen ausfüllen. Jeder solvente Wohnungssuchende wird dafür Verständnis aufbringen, daß Sie sich vor Abschluß eines Mietvertrages über die persönlichen und wirtschaftlichen Verhältnisse des neuen Mieters informieren müssen. Eventuell ist der Mietinteressent auch bereit, eine Gehaltsbescheinigung vorzulegen oder eine schriftliche Selbstauskunft bei der örtlichen Schufa (Schutzgemeinschaft für allgemeine Kreditsicherung) zu besorgen.
Wie ein Mieterfragebogen aussehen kann, zeigt das Muster auf der folgenden Seite. Achten Sie darauf, daß Sie keine Fragen zur Mitgliedschaft in Parteien oder zum Mieterverein, zum früheren Mietverhältnis oder zu Vorstrafen stellen. Diese unzulässigen Fra-

Mieterfragebogen / Selbstauskunft

Ich/wir bekunde(n) mein/unser Interesse an folgender Wohnung:

Objekt: ....

1. Name/Vorname: ....
   geboren am: ....
   Familienstand: ....
   Beruf: ....
   Arbeitgeber: ....
   Anschrift und Tel.Nr.: ....

   Nettoeinkommen monatlich: ....

2. Name/Vorname: .... (Ehegatte/Partner)
   geboren am: ....
   Familienstand: ....
   Beruf: ....
   Arbeitgeber: ....
   Anschrift und Tel.Nr.: ....

Nettoeinkommen monatlich: ....

3. weitere Bewohner: .... (z.B. Kinder)
   ....

4. Vermögensverhältnisse (Fragen an 1. und 2.):
   Haben Sie die eidesstattliche Versicherung
   (Offenbarungseid) geleistet? Ja/Nein
   Bestehen Pfändungen? Ja/Nein
   Sind Mahnbescheide ergangen? Ja/Nein
   Ist ein Wechsel geplatzt? Ja/Nein
   Ist ein Konkursverfahren gegen
   Sie eingeleitet worden? Ja/Nein

Ich versichere, obige Angaben nach bestem Wissen und Gewissen gemacht zu haben, und versichere ausdrücklich, daß meine Angaben auf Wahrheit beruhen. Mir ist bekannt, daß diese Erklärung vom Vermieter zur Grundlage eines Mietvertragsabschlusses gemacht wird. Gegen die Einholung einer Auskunft habe ich nichts einzuwenden.

....

(Datum/Unterschrift zu 1.) (Datum/Unterschrift zu 2.)

<u>Anlage</u>
Verdienstbescheinigung(en)

gen kann der Mietinteressent ohne juristische Folgen falsch beantworten. Beschränken Sie sich daher auf Fragen zur Person, zu Beruf und Arbeitgeber sowie insbesondere zu den Einkommens- und Vermögensverhältnissen.
Zahlungsfähigkeit und vor allem Zahlungswilligkeit sind nicht alles. Sie wollen vor allem auch einen Mieter, der die Wohnung hegt und pflegt. »Der richtige Mieter für die richtige Wohnung« ist gefragt. Je mehr sich Ihr Mieter mit der Wohnung identifiziert und sich darin wohl fühlt, desto schonender wird er damit umgehen.
Besonders geeignet sind Mieter, die auch an einem späteren Erwerb der Wohnung interessiert sind. Ein künftiger Eigentümer wird »seine« Wohnung besonders gut in Schuß halten.
Dazu eine kleine Anekdote: Vier Wochen nach dem Einzug eines Mieters, mit dem ich Ende 1992 einen fünfjährigen Staffelmietvertrag abgeschlossen hatte, fragte mich dieser, ob er die Wohnung nach Ablauf der fünf Jahre von mir kaufen könne. Der Grund: Er fühle sich mit seiner Partnerin rundum wohl in der Wohnung, und außerdem würde er bald heiraten. Da wunderte es mich nicht mehr, daß ich als Vermieter sogar eine Einladung zur Hochzeitsfeier erhielt.

Mietverwaltung und Instandhaltung

Viele Wohnungsvermieter scheuen die laufende Verwaltung ihres Mietobjekts. Zumindest bei vermieteten Eigentumswohnungen ist diese Scheu ziemlich unbegründet, da der pflichtgemäß eingesetzte Hausverwalter Ihnen viel Arbeit abnimmt.

Der Hausverwalter erstellt einen jährlichen Wirtschaftsplan und eine jährliche Hausgeldabrechnung, zieht das monatlich zu zahlende Hausgeld ein und beruft die Eigentümerversammlung einmal pro Jahr ein. Nach der Übersendung der Hausgeldabrechnung für das zurückliegende Jahr können Sie als Wohnungseigentümer Ihrem Mieter die Betriebskostenabrechnung aufmachen.
Wie einfach dies in der Praxis vor sich geht, zeigt ein eigenes Beispiel: Für eine 68 m² große Eigentumswohnung mit Baujahr 1973 erhielt ich im Mai 1993 die Abrechnung des Hausverwalters über 2 689 DM Bewirtschaftungskosten im Jahr 1992. In diesen Bewirtschaftungskosten sind die Kosten für Müllabfuhr, Kanalisation, Straßenreinigung, Gebäudeversicherung, Kaltwasser, Hausmeister, Gartenpflege, Verwalter und Instandhaltung enthalten, nicht jedoch die Grundsteuer sowie die vom Mieter direkt zu zahlenden Heiz- und Warmwasserkosten.
Meinem Mieter erteilte ich nun folgende Betriebskostenabrechnung:

Ausgaben lt. Hausgeldabrechnung vom 14.5.93 für die Zeit vom 1.1.-31.12.92 (siehe Beleg Hausverwalter)		2 689 DM
– nicht umlagefähige Bewirtschaftungskosten:		
Verwaltergebühren	–	274 DM
Instandhaltungsrücklage	–	680 DM
= umlagefähiger Teil des Hausgelds	=	1 735 DM
+ Grundsteuer (siehe Rechnung der Stadtkasse)	+	248 DM
= umlagefähige Betriebskosten insgesamt 1992	=	1 983 DM
– Ihre Vorauszahlungen in 1992	–	1 650 DM
= Nachzahlungsbetrag zu meinen Gunsten	=	333 DM

Da der Mieter ohnehin das Recht hat, die entsprechenden Kostenbelege einzusehen, übersende ich ihm mit der Betriebskostenabrechnung gleichzeitig die Hausgeldabrechnung des Hausverwalters sowie die Grundsteuerrechnung der Stadtkasse in Kopie. Unter Berufung auf den Wirtschaftsplan, den ich ebenfalls in Kopie beifüge, bitte ich ihn um Anpassung der monatlichen Vorauszahlung für Betriebskosten.

Halten wir fest

Für die bereits 20 Jahre alte Eigentumswohnung sind laut Hausgeldabrechnung tatsächlich nur 614 DM Instandhaltungskosten (= 9 DM/m² pro Jahr und 1 DM/m² weniger als die Rücklage) und 274 DM Verwaltungskosten von mir allein zu tragen. Meine »private« Rechnung sieht nun wie folgt aus:

	Jahresnettokaltmiete:		
	68 m² x 10 DM x 12 Monate	=	8 160 DM
–	Verwaltungskosten	–	274 DM
–	Instandhaltungskosten	–	614 DM
=	Jahresreinertrag	=	7 272 DM

Gekostet hat mich diese Wohnung beim Erwerb in 1985 einschließlich Kaufnebenkosten gerade mal 77 000 DM. Es ist also ein Irrglaube, daß preisgünstig erworbene Wohnungen immer besonders hohe laufende Kosten verursachen. Die konkurrenzlos niedrigen Verwaltungskosten von 274 DM für die Wohnung (ohne Garage) sowie die geringen Instandhaltungskosten von 9 DM/m² pro Jahr bei einem 20 Jahre alten Gebäude sprechen eindeutig dagegen.

Um sich von der Qualität des Hausverwalters zu überzeugen, sollten Sie die jährlich einberufenen Eigentümerversammlungen besuchen oder zumindest deren Protokolle eingehend studieren. Schon vor dem Kauf einer gebrauchten Eigentumswohnung stellen Sie die richtigen Weichen, wenn Sie Teilungserklärung, Gemeinschaftsordnung und Versammlungsprotokolle unter die Lupe nehmen. Gespräche mit dem Hausverwalter, dem Hausmeister, dem Verwaltungsbeirat und mit Wohnungseigentümern, die in dem Haus wohnen, runden das Bild ab.
Eine vermietete Eigentumswohnung erweist sich dann als besonders pflegeleicht, wenn keine zusätzlichen Instandhaltungskosten in der Wohnung selbst anfallen. Schließlich beziehen sich die vom Hausverwalter berechneten Kosten nur auf das Gemeinschaftseigentum und damit auf die Anlage insgesamt. Kosten, die nur Ihre Wohnung als Sondereigentum betreffen, müssen Sie zusätzlich tragen oder im Rahmen mietvertraglicher Vereinbarungen auf Ihren Mieter abwälzen.

➡ Lassen Sie kleinere Schäden in der Wohnung unbürokratisch und schnell erledigen. Ein Streit, wer nun die Kleinreparaturen zu bezahlen hat, lohnt sich nicht. Seien Sie bei Bagatellbeträgen großzügig, und übernehmen Sie die Kosten. Ihr Mieter wird es Ihnen hoffentlich mit einer besonders pfleglichen Behandlung Ihrer Wohnung danken.

Mieterbetreuung und Sozialpartnerschaft

Einmal im Jahr sollten Sie Ihre Mieter nach telefonischer Voranküdigung besuchen. Der Anlaß kann beispielsweise die Übergabe der Betriebskostenabrechnung mit Erläuterung der einzelnen Ausgabenposten sein. Bei dieser Gelegenheit werden Sie dezent die Wohnung besichtigen, um sich vom ordnungsgemäßen Zustand zu überzeugen.
Fragen Sie Ihren Mieter offen, welche Mängel ihn stören und ob er eine Modernisierung (z.B. Austausch der Fenster) wünscht. Auch auf Probleme mit Wohnungsnachbarn sollten Sie ihn ansprechen. Fragen Sie ihn außerdem, ob er sich wohl fühlt oder ob er in absehbarer Zeit ausziehen möchte. Bei vorzeitiger Beendigung eines zeitlich befristeten Mietverhältnisses sollte über einen Mietaufhebungsvertrag gesprochen werden.
Benutzen Sie den jährlichen Besuch nicht allein dazu, um eine Mieterhöhung zu fordern. Ihr Mieter merkt sehr schnell Ihre Absicht und ist verstimmt. Wenn Sie Ihren Mieter nur anläßlich geplanter Mieterhöhungen aufsuchen, wird er dies kaum als Betreuung, sondern eher als raffinierte Vermietermasche ansehen. Förmliche Mieterhöhungen unter Hinweis auf den örtlichen Mietspiegel oder vergleichbare Wohnungen bereiten Mietern erfahrungsgemäß besonders viel Verdruß. Sie können einem Streit um die Anhebung der Miete an die ortsübliche Vergleichsmiete vorbeugen, wenn Sie schon bei Abschluß des Mietvertrages eine Staffelmietvereinbarung treffen.
Ihren Mieter sollten Sie ermuntern, wichtige Dinge wie Schäden in der Wohnung sofort schriftlich mitzuteilen.

Nur wenn Not am Mann ist, sollte er bei Ihnen anrufen. Ansonsten können Sie ihm raten, sofort den Hausmeister zu benachrichtigen. Die berühmten Telefonanrufe am Wochenende wie »Der Wasserhahn tropft«, »Das Klo ist verstopft« oder »Der Rolladengurt ist gerissen« können Sie damit vermeiden. Im übrigen schadet ein bißchen Selbsthilfe von handwerklich versierten Mietern oder deren Bekannten nichts.
Falls Sie kein Handwerker sind, sollten Sie im Laufe der Vermietungsphase eine Handwerkerliste erstellen, um bei Bedarf den Heizungs- und Sanitärinstallateur, den Elektromeister oder den Tischler anzufordern.
Ein gutes Vermieter-Mieter-Verhältnis geht jedoch über das Beheben von Wohnungsmängeln hinaus. Als Vermieter sollten Sie eine echte menschliche Partnerschaft anstreben, die den Mieter nicht nur als Geschäfts- und Vertragspartner, sondern eben auch als gleichberechtigten Sozialpartner begreift. Wenn Ihr Mieter Sie als »netten Vermieter« bei seinen Wohnungsnachbarn lobt, wird er Ihre Wohnung in aller Regel hegen und pflegen. Um so eher wird der zufriedene Mieter eine marktgerechte Miete akzeptieren und Mietschulden als Ehrenschulden ansehen.
Kleine Geschenke erhalten bekanntlich die Freundschaft. Dies gilt auch für die Partnerschaft zwischen Ihnen und Ihrem Mieter. Aufgrund des ausgefüllten Mieterfragebogens kennen Sie den Geburtstag Ihres Mieters. Was spricht eigentlich dagegen, eine Geburtstagskarte an Ihren Mieter und seinen Ehegatten zu versenden? Lassen Sie sich vor allem über bevorstehende familiäre Veränderungen informieren. Selbstverständlich finde ich es völlig normal, ein Hochzeitsgeschenk oder einen Strampelanzug anläßlich

der Geburt eines Kindes zu übersenden. Und bei Trauerfällen in der Familie des Mieters spreche ich mein Beileid aus.
Persönlichen Einladungen zu Kaffee und Kuchen sollten Sie vor allen Dingen dann nicht ausweichen, wenn sie von Ihrem Mieter ausgesprochen werden. Mit einer Gegeneinladung können Sie sich dann nach einiger Zeit revanchieren.
Keiner verlangt von Ihnen, Freundschaft mit Ihrem Mieter zu schließen. Andererseits sind mir Fälle bekannt, wo eine besonders gute Partnerschaft zu einer langjährigen Freundschaft zwischen Vermietern und Mietern führte, die auch nach dem Auszug des Mieters anhielt.
Wenn Sie meine Schilderungen ungewöhnlich finden, liegt dies mit Sicherheit an dem verzerrten Bild über *den* Vermieter in der Öffentlichkeit. *Den* Vermieter gibt es ebenso wenig wie *den* Mieter. Wenn es auf beiden Seiten schwarze Schafe gibt, reicht dies noch lange nicht zur Verteufelung und Pauschalverurteilung einer ganzen Gruppe aus. Tun Sie als privater Vermieter alles, um Ihren Mieter als König Kunde anzusehen und als einen verläßlichen Partner zu gewinnen. Vielleicht können Sie mir dann zustimmen, wenn ich behaupte: »Ich bin stolz, Vermieter zu sein.«

Mietpreiskalkulation und Mietrendite

Eine vermietete Wohnung ist nicht nur ein wirtschaftliches, sondern auch ein soziales Gut. Reine Marktmieten, die sich nur nach dem Gesetz von Angebot und Nachfrage bilden, gibt es in der sozialen Markt-

und Wohnungswirtschaft Deutschlands nicht. Auch im sogenannten frei finanzierten Mietwohnungsbau können Sie nicht fordern, was der Markt hergibt.
Zwar ist laut § 565 des Bürgerlichen Gesetzbuches zunächst einmal alles klar: »Der Mieter ist verpflichtet, dem Vermieter den vereinbarten Mietzins zu entrichten.« Die Zahlung des vereinbarten Mietzinses, wie der Gesetzgeber den Mietpreis nennt, richtet sich jedoch nach der ortsüblichen Vergleichsmiete, also dem Mietpreis für vergleichbare Wohnungen in der Gemeinde laut Mietspiegel, der Benennung von drei Vergleichswohnungen oder einem Sachverständigengutachten.
Absolute Obergrenze ist die ortsübliche Vergleichsmiete plus 50 Prozent. Wer diese 150 Prozent überschreitet, macht sich wegen Mietwuchers strafbar. Liegt die Miete mehr als 20 Prozent, aber weniger als 50 Prozent über der Vergleichsmiete, handelt es sich um eine ordnungswidrige Mietpreisüberhöhung, sofern die Wohnung vor 1991 fertiggestellt wurde. Bei nach dem 1.1.1991 errichteten Wohnungen darf die Grenze von 120 Prozent überschritten werden, sofern der geforderte Mietpreis nur die laufenden Aufwendungen des Vermieters deckt und unter der Wuchergrenze bleibt.
Beide Grenzen – Wuchergrenze und Mietpreisüberhöhungsgrenze – sind bei der Erst- oder Wiedervermietung zu beachten. Das heißt, eine Neubaumiete kann sehr wohl die ortsübliche Vergleichsmiete um bis zu 20 Prozent übersteigen, bei Nachweis einer kostendeckenden Miete sogar um bis zu 50 Prozent.
Beispiel: Eine 77 m^2 große Neubauwohnung in guter Wohnlage am Stadtrand von Köln habe ich ab 1.12.1992

für 1 265 DM netto kalt im Monat vermietet. Die monatliche Nettokaltmiete beträgt somit 16,50 DM/m². Laut Mietspiegel beläuft sich die höchstzulässige Vergleichsmiete für bestehende Wohnungen auf 14 DM/m². Da die geforderte Neubaumiete »nur« 18 Prozent über der ortsüblichen Vergleichsmiete liegt, kann mir kein Vorwurf der Mietpreisüberhöhung gemacht werden. Da allein die Zins- und Verwaltungskosten 16 000 DM im Jahr oder 1 333 DM monatlich ausmachen, wäre auch eine monatliche Nettokaltmiete von 17,30 DM/m² im erlaubten Rahmen geblieben.
Es macht jedoch wenig Sinn, die maximal mögliche Miete mit allen Mitteln durchzusetzen. Ich kalkuliere daher lieber eine marktgerechte Anfangsmiete ein und versuche, meinem Mieter ein moderate Staffelmietvereinbarung schmackhaft zu machen. Im Mietvertrag für obengenannte Wohnung steht daher, daß die Grundmiete (mit Garage, ohne Nebenkosten) während der fünfjährigen Mietzeit in folgenden Schritten steigt:

Monatliche Staffelmiete

ab	1.12.1992:	monatlich	1 335 DM
(= 1 265 DM Wohnung + 70 DM Tiefgaragen-Stellplatz)			
ab	1.12.1993:	monatlich	1 375 DM
ab	1.12.1994:	monatlich	1 415 DM
ab	1.12.1995:	monatlich	1 455 DM
ab	1.12.1996		
bis	30.11.1997:	monatlich	1 500 DM

Bei Staffelmietvereinbarungen müssen Sie die jeweils

geltende Grundmiete oder die betragsmäßige Erhöhung in DM angeben. Die Nennung von prozentualen Zuschlägen ist nicht zulässig.
Rechnen Sie aber bitte nach: Die genannten Staffelmieten entsprechen einer jährlichen Mietsteigerung von rund 3 Prozent. Jedem verständigen Mietinteressenten leuchtet ein, daß damit nur ein Inflationsausgleich für den Vermieter und damit die Vermeidung eines Kaufkraftverlustes geschaffen wird. Von Übervorteilung des Mieters kann dabei sicher keine Rede sein.
Neuerdings sind auch Indexmietklauseln möglich, wonach die Miete entsprechend dem Lebenshaltungskostenindex steigt. Bei einer solchen Mietanpassungsvereinbarung bleibt für Sie als Vermieter aber die ordentliche Kündigung auf die Dauer von zehn Jahren ausgeschlossen. Zudem müssen Sie – anders als bei der Staffelmiete – die jährliche Mietsteigerung durch schriftliche Erklärung gegenüber dem Mieter geltend machen und dabei auch auf die Steigerung des Lebenshaltungskostenindex Bezug nehmen. Da Sie die Erklärung frühestens nach einem Jahr abschicken können, Ihr Mieter aber erst vom Beginn des auf die Erklärung folgenden übernächsten Monats die erhöhte Miete bezahlen muß, vergehen praktisch 14 Monate von der alten Mietzahlung bis zur Zahlung der erhöhten Miete. Bei angenommen 3 Prozent Inflationsrate pro Jahr und 10 Jahren Mietdauer beträgt die Miete am Ende des 10. Jahres nur knapp 27 Prozent mehr als die Anfangsmiete.
Die Erlaubnis zu Indexmieten bei nach dem 1.9.1993 abgeschlossenen Wohnungsmietverträgen ist sicher ein Schritt in die richtige Richtung. Beide Vertrags-

partner – Vermieter und Mieter – können ihre Mietpreiskalkulation damit auf ein sicheres Fundament stellen. Das umständliche Verfahren wird dennoch viele Vermieter abschrecken und sie nur dann zu Indexmietklauseln greifen lassen, wenn Staffelmietvereinbarungen vom Mieter nicht akzeptiert werden.

Das förmliche Mieterhöhungsverfahren mit Anpassung der Miete an die ortsübliche Vergleichsmiete gestaltet sich noch komplizierter und verursacht vor allen Dingen häufig Streit. Bei bestehenden Mietverhältnissen können Sie die Miete für ab 1981 fertiggestellte Wohnungen innerhalb von drei Jahren bis zu 30 Prozent anheben, jedoch nur bis zur ortsüblichen Vergleichsmiete und frühestens nach einem Jahr mit unveränderter Miete. Wurde Ihre Wohnung vor dem 1.1.1981 fertiggestellt und liegt die monatliche Nettokaltmiete über 8 DM/m², beträgt die sogenannte Kappungsgrenze ab dem 1.9.1993 nur noch 20 Prozent.

Vermeiden Sie, wenn möglich, das umständliche Vergleichsmietenverfahren. Allzuoft scheitert die Mietanpassung an die ortsübliche Vergleichsmiete, weil formale Mängel beim Mieterhöhungsschreiben auftreten oder weil die Einordnung der Wohnung in die Merkmalsgruppen laut Mietspiegel (gute oder normale Wohnlage, besondere oder mittlere Ausstattung) zwischen Vermieter und Mieter umstritten ist.

Eine fast völlig unbekannte Form der Mieterhöhung könnten Sie dann praktizieren, wenn die Anschlußfinanzierung nach Ablauf der Zinsbindung zu höheren Zinskosten führt. Es handelt sich um die in § 5 des Miethöheregelungsgesetzes (MHG) vorgesehene

Mieterhöhung wegen gestiegener Kapitalkosten. Sinn dieser Vorschrift: Höhere Hypothekenzinsen können Sie bei frei finanzierten Wohnungen auf den Mieter überwälzen, falls bestimmte Voraussetzungen formeller Art von Ihnen erfüllt werden. So müssen Sie beispielsweise auf Anfrage des Mieters die Höhe der dinglich gesicherten Darlehen (Grundschuld oder Hypothek) offenlegen. Im Gegensatz zu den meisten Wohnungsvermietern habe ich hierbei keine falschen Hemmungen. So ist es mir in der Hochzinsphase 1990 problemlos gelungen, die Zinserhöhung bei Anschlußfinanzierungen an meine Mieter weiterzugeben. Unaufgefordert übersandte ich meinen Mietern zusammen mit der Mieterhöhungserklärung alle für die Berechnung der Zinserhöhung erforderlichen Belege wie Zinsbescheinigungen der Bank mit Angabe der jeweiligen Restschulden sowie eine Kopie des Grundbuchauszuges.

Vorteil der Mieterhöhung wegen gestiegener Hypothekenzinsen: Die neue Miete kann die ortsübliche Vergleichsmiete bis zu 20 Prozent überschreiten. Dem steht der Nachteil gegenüber, daß Sie die Miete bei später wieder gesunkenen Hypothekenzinsen wieder herabsetzen müssen, höchstens aber um die vorangegangene Mieterhöhung. Während Staffelmietvereinbarungen und Mieterhöhungen wegen gestiegener Kapitalkosten gleichzeitig möglich sind, schließt eine Indexmietklausel eine solche »Zins-Miet-Spirale« aus. Gestiegene Zinskosten können Sie bei mietpreisgebundenen Wohnungen nicht auf Ihre Mieter abwälzen.

Eine völlig andere Mietpreiskalkulation gilt für Sozialwohnungen und für Mietwohnungen, die im zweiten oder dritten Förderungsweg errichtet werden. Die

ortsübliche Vergleichsmiete wird bei diesen mietpreis- und belegungsgebundenen Wohnungen ersetzt durch eine behördlich festgelegte Kosten- oder Bewilligungsmiete. Alle bisher genannten Möglichkeiten der Mietsteigerung entfallen hierbei. Als Ausgleich für die geringere Anfangsmiete und die fehlenden Mieterhöhungen laut MHG erhält der Bauherr nicht rückzahlbare Zuschüsse, zinsgünstige Landesdarlehen oder Aufwendungsdarlehen. Im Prinzip wird also die Mindermiete durch Zinsersparnisse ausgeglichen.
Während Ihre Mietpreiskalkulation dem Mieter mehr oder weniger transparent gemacht wird, bleibt die Berechnung der Mietrendite Ihnen ganz allein überlassen. Eine Reihe von Vermietern verzichtet ganz darauf oder kalkuliert mit geschönten Zahlen. Am Beispiel meiner in der Nähe von Köln vermieteten Neubauwohnung möchte ich die beiden Grundformen der Mietrendite erklären.
1 335 DM anfängliche Nettokaltmiete im Monat führen zu 16 020 DM Jahresnettokaltmiete im ersten Vermietungsjahr. Bezogen auf den Neubau-Kaufpreis von 260 000 DM, ergibt dies eine Mietrendite von brutto 6,2 Prozent im ersten Jahr. Hier die Formel mit der entsprechenden Berechnung:

$$\text{Mietrendite brutto (im 1. Jahr)} = \frac{\text{Jahresnettokaltmiete} \times 100}{\text{Kaufpreis}}$$

$$= \frac{16\,020 \times 100}{260\,000} = 6{,}2\ \%$$

Wie Sie leicht ausrechnen können, steigt die Brutto-Mietrendite aufgrund der getroffenen Staffelmietvereinbarung auf 6,9 Prozent im fünften Jahr, in dem 18 000 DM Jahresmiete erzielt werden können.

Aussagekräftiger ist jedoch die Mietrendite netto. Hierbei wird ausgerechnet, was unter Berücksichtigung von einmaligen Kaufnebenkosten und laufenden Nebenkosten der Bewirtschaftung unter dem Strich an Rendite übrigbleibt. Dazu zwei Nebenrechnungen:

Kaufpreis	260 000 DM	Jahresnettokaltmiete	16 020 DM
+ Maklerprovision	8 900 DM	– Verwaltungskosten	410 DM
+ sonst.	8 100 DM	– Instandhaltungsk.	690 DM
Anschaffungskosten	277 000 DM	Jahresreinertrag	14 920 DM

Der Jahresreinertrag in Prozent der Anschaffungskosten ergibt nun die wirkliche Mietrendite netto in Höhe von 5,4 Prozent im 1. Jahr.

$$\text{Mietrendite netto (im 1. Jahr)} = \frac{\text{Jahresreinertrag x 100}}{\text{Anschaffungskosten}}$$

$$= \frac{\text{14 920 x 100}}{\text{277 000 DM}} = 5{,}4\ \%$$

Bei gleichbleibenden Verwaltungs- und Instandhaltungskosten wird die Netto-Mietrendite infolge der auf 18 000 DM steigenden Jahresnettokaltmiete auf 6,1 Prozent im fünften Jahr steigen. Dies setzt natürlich voraus, daß das Mietverhältnis fünf Jahre bestehenbleibt und der Mieter keine Mietrückstände auflaufen läßt. Ob sich dieses Mietobjekt letztlich rechnet, hängt nicht nur von der laufenden Mietrendite, sondern auch von der Finanzierung und Besteuerung sowie einem möglichen Verkauf nach Ablauf von fünf oder zehn Jahren ab.

Risikobegrenzung und Vorsorge

Mietpreiskalkulation und Mietrenditeberechnungen gehen nur auf, wenn die Mieteinnahmen in der erwarteten Höhe fließen und die Bewirtschaftungskosten nicht über Gebühr steigen. Das größte Vermietungsrisiko besteht immer noch im Mietausfall.
Wer als aktiver Anleger das Mietausfallwagnis mindern will, muß schon bei der Objekt- und Mieterauswahl Vorsorge treffen. Gut gelegene und komfortabel ausgestattete Wohnungen mit marktgerechten Mieten werden auch in schlechten Zeiten kaum von Leerständen betroffen sein. So standen beispielsweise in der Immobilienkrise Mitte der 80er Jahre hauptsächlich minderwertige Wohnungen in mittlerer oder schlechter Wohnlage vorübergehend leer. Es zahlt sich letztlich immer aus, auf Qualität hinsichtlich Zustand und Ausstattung der Wohnimmobilie sowie auf eine gute Wohnlage zu setzen.
Das Risiko des Mietausfalls infolge von Mietrückständen läßt sich durch eine sorgfältige Suche und Auswahl von Mietern zwar nicht gänzlich vermeiden, aber doch weitestgehend eingrenzen. Gerade hinsichtlich zahlungsunfähiger oder zahlungsunwilliger Mieter gilt der Grundsatz: Vorbeugen ist besser als Klagen.

Selbst nach fristloser Kündigung wegen Rückstands von zwei Monatsmieten kann der Mieter vorläufig wohnen bleiben. Erst wenn nach Zustellung der Räumungsklage ein voller Monat verstrichen ist, ohne daß die Mietrückstände ausgeglichen wurden, wird die fristlose Kündigung endlich wirksam. Falls im Räumungsprozeß jedoch dem säumigen Mieter aus sozialen Gründen noch Räumungsschutz gewährt wird, kann der Mietausfall bis zu einer Jahresmiete gehen. Sie sollten das Mietausfallrisiko infolge von Mietrückständen jedoch auch nicht überschätzen. Fachleute der Wohnungswirtschaft kalkulieren es mit 2 Prozent der Jahresnettokaltmiete ein. Nur bei einem meiner Mietobjekte blieb ich oberhalb dieses Satzes, da ich das seltene Pech hatte, gleich zweimal hintereinander mit meinen Mietern »hereinzufallen«. Auf drei Monatsmieten mußte ich im Laufe von zehn Jahren bei diesem Mietobjekt verzichten, was einer Ausfallquote von 2,5 Prozent entspricht. Ein doppelter Trost blieb mir – im ersten Fall konnte ich von meinem Vermieterpfandrecht Gebrauch machen und acht Gegenstände sicherstellen, die ich heute noch besitze. Im anderen Fall erwirkte ich einen Vollstreckungstitel, der erst nach Ablauf von 30 Jahren verjährt. Anwalts- und Gerichtskosten streckte meine Rechtsschutzversicherung vor, da die »beklagten« und im Prozeß unterlegenen Mieter auch diese Kosten nicht bezahlten.

Dennoch: Ein gewonnener Mietprozeß gerät fast immer zu einem Pyrrhussieg. Besser wäre es gewesen, wenn ich beide Mieter schon bei der Vorauswahl genauer unter die Lupe genommen hätte. Seit diesem doppelten Reinfall habe ich es mir angewöhnt, von Mietinteressenten schriftliche Selbstauskünfte über

ihre Einkommens- und Vermögensverhältnisse zu verlangen und mögliche Negativeintragungen bei der Schufa (Schutzgemeinschaft für allgemeine Kreditsicherung) mit Hilfe einer örtlichen Auskunftei aufzuspüren. Vertrauen ist gut, Kontrolle ist besser – besonders vor Abschluß eines Mietvertrages. Sie können Ihrem Mietinteressenten eben doch nur bis vor den Kopf schauen. Wie heißt es schon in der Operette: »Und wie's da drinnen aussieht, geht niemand was an.«
Das Risiko von hohen Instandhaltungskosten gehen Sie bei schlechter Bauqualität ein. Gerade bei gebrauchten Eigentumswohnungen sollten Sie daher einen Baufachmann zu Rate ziehen, der die Secondhand-Immobilie auf Herz und Nieren prüft. Schließlich wollen Sie keine Schrottimmobilie haben, die immens hohe Folgekosten nach sich zieht.
Großes Pech haben Sie, wenn Ihr Mieter die Wohnung nach seinem Auszug wie einen Schweinestall hinterläßt und keine Renovierung vornimmt. Es ist daher ratsam, in regelmäßigen Abständen von beispielsweise einem Jahr die Wohnung zu besichtigen. Sie werden dann schnell feststellen, ob Ihr Mieter auf eine Pflege der Wohnung völlig verzichtet oder möglicherweise zum Randalieren und Demolieren neigt. Auch in diesem Fall können hohe Instandhaltungskosten für die Wohnung auf Sie zukommen.
Am schwersten einzuschätzen ist das Risiko eines Veräußerungsverlustes im Falle eines Verkaufs. Zwar wird der Wert Ihres Mietobjekts mit der Miete im Laufe der Jahre steigen. Falls Sie jedoch einen viel zu hohen Preis beim Kauf gezahlt haben und gezwungen sind, in einer Zeit geringer Nachfrage und steigenden An-

gebots zu verkaufen, können Sie sehr wohl echte Wertverluste erleiden. Die Zeichner von Bauherrenmodellen, die sich um 1985 von ihren Fehlinvestitionen trennten, können davon ein Lied singen.

3. Finanzierung und Besteuerung: Am Gelde hängt fast alles

Eine Mietrendite von netto 5,4 Prozent bei Neubauten reißt zunächst einmal keinen privaten Anleger vom Hocker. Müßte der Mietreinertrag noch voll versteuert werden bei einer Steuerprogression von angenommen 40 Prozent, bliebe gerade einmal 3,2 Prozent nach Steuern übrig. Zu wenig zum Geldverdienen mit Vermieten.
Steuerersparnisse infolge Gebäudeabschreibung und Schuldzinsenabzug sowie niedrige Hypothekenzinsen bei Aufnahme eines Darlehens in einer Tiefzinsphase hebeln jedoch die laufende Rendite auf 8 Prozent und mehr hoch. Idealer als in den Jahren 1993/1994 kann die Konstellation für Kapitalanleger in vermietete Wohnimmobilien kaum sein: Hohe Neubau-Abschreibungen und Tiefzinsphase bescheren attraktive Zusatzrenditen.

Steuerliche Zusatzrendite durch Abschreibungen

Zur Mieteinnahme gesellt sich bei Neubauten eine hohe Steuerersparnis durch Ansatz der Neubau-Abschreibung auf die Gebäudekosten.

= degressive Abschreibung

Beispiel

Meine Eigentumswohnung bei Köln: Mein Finanzamt hat pauschal 85 Prozent der Anschaffungskosten von 277 000 DM als anteilige Gebäudekosten anerkannt, dies sind 235 450 DM. In den ersten vier Jahren kann ich nun 7 Prozent der Gebäudekosten, also 7 Prozent von 235 450 DM gleich 16 482 DM, steuerlich absetzen. Bei einem zu versteuernden Einkommen von angenommen 162 000 DM bei Verheirateten errechnet sich eine Steuerersparnis von 6 592 DM.
Der persönliche Grenzsteuersatz beträgt in diesem Falle 40 Prozent, denn 6 592 DM machen 40 Prozent der steuerlich abzugsfähigen Gebäudeabschreibung von 16 482 DM aus, und zwar ohne Berücksichtigung von Kirchensteuer und dem ab 1995 geltenden Solidaritätszuschlag von 7,5 Prozent auf die Einkommensteuer.
Auf die Anschaffungs- oder Investitionskosten bezogen, machen 6592 DM in den ersten vier Jahren etwa 2,4 Prozent steuerliche Zusatzrendite aus.
Berechnung:

$$\text{steuerliche Zusatzrendite} = \frac{\text{Steuerersparnis x 100}}{\text{Anschaffungskosten}}$$

$$= \frac{\text{6 592 DM x 100}}{\text{277 000 DM}} = 2{,}4\ \%$$

Ab dem fünften Jahr sinkt die steuerliche Zusatzrendite auf 1,7 Prozent, ab dem elften Jahr auf 0,7 Prozent und für das 17. bis 40. Jahr auf 0,4 Prozent jährlich, was auf das Fallen der Abschreibungssätze für Neubau-Mietobjekte in Westdeutschland zurückzuführen ist.

Jahre	Abschreibungssatz in % der Gebäudekosten bei Neubau West	steuerliche Zusatzrendite bei 85 % Gebäudekostenanteil und 40 % Grenzsteuersatz
1– 4	je 7 %	je 2,4 %
5–10	je 5 %	je 1,7 %
11–16	je 2 %	je 0,7 %
17–40	je 1,25 %	je 0,4 %

Die steuerliche Zusatzrendite kann auch nach folgender Kurzformel berechnet werden:

steuerliche Zusatzrendite =
(Gebäudekostenanteil x Abschreibungssatz
x Grenzsteuersatz) x 100

Dazu mein eigenes Beispiel für das Jahr der Fertigstellung und gleichzeitig erste Vermietungsjahr:

$$\text{steuerliche Zusatzrendite} = \left(\frac{85}{100} \times \frac{7}{100} \times \frac{40}{100}\right) \times 100$$

$$= (0{,}85 \times 0{,}07 \times 0{,}40) \times 100$$

$$= 0{,}0238 \times 100 = 2{,}38\ \% \approx 2{,}4\ \%$$

Im Herbst 1993 erwarb ich eine vermietete Neubau-Eigentumswohnung in Leipzig. Meine Abschreibungs- und Zusatzrenditerechnung sieht bei gleicher

Verteilung der Abschreibungen von insgesamt 60 Prozent der Gebäudekosten für die ersten fünf Jahre wie folgt aus:

Jahre	Abschreibungssatz in % der Gebäudekosten bei Neubau Ost	steuerliche Zusatzrendite bei 85 % Gebäudekostenanteil und 40 % Grenzsteuersatz
1– 5	je 12 %	je 4,1 %
6–50	je 0,89 %	je 0,3 %

Die hohe Sonderabschreibung Ost mit einer hohen steuerlichen Zusatzrendite im ersten bis fünften Jahr wird also mit einer dürftigen Zusatzrendite ab dem sechsten Jahr erkauft. Im Prinzip findet nur eine Verlagerung der Steuerersparnisse in die ersten fünf Jahre statt, denn mehr als 100 Prozent der Gebäudekosten können bekanntlich nicht abgeschrieben werden.

Ganz mager sehen die Abschreibungssätze und Zusatzrenditen in den ersten Jahren beim Kauf von vermieteten Gebrauchtimmobilien aus, die nach dem 31.12.1924 fertiggestellt wurden. Ein Abschreibungssatz von einheitlich 2 Prozent führt bei einem Gebäudekostenanteil von 85 Prozent und einem Grenzsteuersatz von 40 Prozent nur zu einer gleichbleibenden Zusatzrendite von 0,7 Prozent.

Jahre	Abschreibungssatz in % der Gebäudekosten bei Gebrauchtobjekten	steuerliche Zusatzrendite bei 85 % Gebäudekostenanteil und 40 % Grenzsteuersatz
1–50	je 2 %	je 0,7 %

Vermietete Neubauwohnungen eignen sich wegen des steuerlichen Vorzieheffektes besonders für Anleger, die sich in den nächsten fünf Jahren (bei Ostobjekten) oder zehn Jahren (bei Westobjekten) mit einer hohen Steuerprogression ab 40 Prozent herumplagen. Mietobjekte aus zweiter Hand können sich auch für niedriger besteuerte Anleger rechnen, sofern die Netto-Mietrendite mindestens 6 Prozent ausmacht und keine gravierenden Bau- oder Ausstattungsmängel vorliegen.

Nach-Steuer-Mietrendite

Ihr Ziel sollte es sein, eine Mietrendite nach Berücksichtigung von Gebäudeabschreibungen und Steuern von mindestens 5 Prozent im langfristigen Durchschnitt zu erreichen. Eine Nach-Steuer-Mietrendite von 5 Prozent ist vergleichbar mit einem festverzinslichen Wertpapier, das bei Versteuerung der Zinseinnahmen mit einem Steuersatz von 30/40/50 Prozent einen Zinsertrag von 7,1/8,3/10 Prozent abwirft. Mit anderen Worten: Vermietete Wohnimmobilien lohnen sich vor allem für hochbesteuerte Anleger, die ihre Zinsfreibeträge von 6 100/12 200 DM im Jahr (Ledige/Verheiratete) bereits ausgeschöpft haben.
Die Nach-Steuer-Mietrendite wird wie folgt berechnet:

	Mietrendite netto vor Steuern z.B.		5,4 %
–	anteilige Steuern bei z.B. 40 % Grenzsteuersatz (= 5,4 x 0,4)		– 2,2 %
=	Mietrendite netto nach Steuer	=	3,2 %
+	steuerliche Zusatzrendite z.B.	+	2,4 %
=	Nach-Steuer-Mietrendite im 1. Jahr z.B.	=	5,6 %

In der Beispielrechnung bin ich von meinem Neubauobjekt bei Köln ausgegangen. Wird eine jährliche Steigerung des Mietreinertrags um 3 Prozent unterstellt und das Sinken der Abschreibungssätze in späteren Jahren berücksichtigt, entwickelt sich die Nach-Steuer-Mietrendite bei einem gleichbleibend hohen Grenzsteuersatz von 40 Prozent in folgenden Etappen:

Jahre	Nach-Steuer-Mietrendite bei Neubau West und 40 % Grenzsteuersatz
1– 4	von 5,6 % bis 5,9 %
5–10	von 5,3 % bis 5,9 %
11–16	von 5,1 % bis 5,7 %
17–25	von 5,6 % bis 7,0 %

Die in Leipzig gelegene Neubau-Eigentumswohnung (Wohnfläche 50 m², Kaufpreis 220 000 DM plus 3 Prozent Kaufnebenkosten, kalkulierte Anfangsmiete 10 800 DM im 1. Jahr, nicht umlagefähige Bewirtschaftungskosten 850 DM pro Jahr) bringt es anfangs nur auf eine Mietrendite von brutto 4,9 Prozent und netto 4,4 Prozent. Die hohe steuerliche Zusatzrendite für die ersten fünf Jahre hebelt die Nach-Steuer-Mietrendite jedoch auf über 6 Prozent hoch. Das Renditeloch ab dem sechsten Jahr muß von vornherein einkalkuliert werden, zum Beispiel durch eine private

Jahre	Nach-Steuer-Mietrendite bei Neubau Ost und 40 % Grenzsteuersatz (Mietrendite netto 4,4 %, Mietsteigerung 3 % pro Jahr, Gebäudekostenanteil 85 %)
1– 4	von 6,7 % bis 7,1 %
5–10	von 3,4 % bis 3,8 %
11–25	von 3,9 % bis 5,7 %

»Steuerausgleichsrücklage«. Wer keine finanzielle Vorsorge durch teilweise Rücklage der hohen ersparten Steuern trifft, darf sich über die deutlich geringeren finanziellen Mittel nach Auslaufen der Sonderabschreibung Ost nicht wundern.

Neubau-Mietobjekte im Osten Deutschlands bieten hohe Überschüsse in den ersten fünf Jahren. Eine sinnvolle Anlage dieser Überschüsse trägt dazu bei, die finanzielle Durststrecke im fünften bis zehnten Jahr durchzustehen. Vorsorge tut not bei der Investition in Ost-Immobilien.
Vermietete Wohnimmobilien aus zweiter Hand erwerbe ich grundsätzlich nur, wenn die tatsächliche Mietrendite netto über einer vergleichbaren Neubau-Mietrendite liegt. Das Rendite-Plus bei der Miete soll den Steuernachteil der geringeren Altbau-Abschreibung wettmachen.

Beispiel

Mietrendite 6,7 Prozent bei einem Kaufpreis in Höhe der 15fachen Jahresnettokaltmiete. Unter Berücksichtigung von Kaufnebenkosten und nicht umlagefähigen Verwaltungs- und Instandhaltungskosten rutscht die Netto-Mietrendite dann auf 6 Prozent. Bei im übrigen gleichbleibenden Annahmen im Vergleich zu Neubauten entwickelt sich die Nach-Steuer-Mietrendite wie folgt:

Jahre	Nach-Steuer-Mietrendite bei Altbau West/Ost und 40 % Grenzsteuersatz (Mietrendite netto 6 %, Mietsteigerung 3 % pro Jahr, Gebäudekostenanteil 85 %)
1–10	von 4,3 % bis 5,4 %
11–25	von 5,5 % bis 8,0 %

Bei mietpreisgebundenen Wohnungen fällt die Nach-Steuer-Mietrendite durchweg gering aus. Dieser Renditenachteil wird jedoch durch Zinsvorteile bei der Finanzierung mehr oder weniger ausgeglichen. Um einen fairen Vergleich zu freifinanzierten Mietwohnungen zu ziehen, müßte die Zinsersparnis durch zinslose oder zinsgünstige Landesmittel mit berücksichtigt werden.

Nach-Steuer-Hypothekenzins

Eine Finanzierung ohne Fremdkapital ist beim Erwerb von Mietobjekten kaum denkbar und wirtschaftlich gesehen auch wenig sinnvoll. Besonders bei niedrigen Hypothekenzinsen von 7 bis 8 Prozent effektiv mit zehnjähriger Zinsbindung lohnt es sich für hochbesteuerte Anleger, möglichst viel Fremdkapital einzusetzen.
Als Vermieter profitieren Sie vom steuerlichen Schuldzinsenabzug. Anders als beim selbstgenutzten Eigenheim können Sie die gezahlten Hypothekenzinsen unbefristet und unbegrenzt steuerlich absetzen, wenn Sie vermietete Eigentumswohnungen oder Mietwohnhäuser besitzen.
Das heißt: Nicht nur für ein Mietobjekt, sondern auch

für mehrere vermietete Wohnungen können Sie den steuerlichen Schuldzinsenabzug genauso nutzen wie die steuerlich abzugsfähige Gebäudeabschreibung. Und zwar so lange, wie Sie das Mietobjekt besitzen. Da Mieteinnahmen monatlich zufließen, sollten Sie auf der anderen Seite mit monatlichen Zinskosten rechnen. Lassen Sie sich daher ein Finanzierungsangebot mit monatlicher Zinszahlung und Verrechnung unterbreiten, und zwar auf jeden Fall mit zwei Varianten – ohne Disagio und mit Disagio.

Beispiel

Bei einem Neubau-Kaufpreis von 260 000 DM für meine Eigentumswohnung bei Köln konnte ich im Herbst 1992 zwischen den beiden folgenden Varianten wählen:

Nichtdisagiovariante	*Disagiovariante*
8,45 % Nominalzins bei 100 % Auszahlung und 5 Jahren Zinsbindung, Effektivzins 8,79 % bei monatlicher Zinszahlung und Tilgungsaussetzung Darlehenssumme 234 000 DM (= Auszahlungssumme)	6 % Nominalzins bei 90 % Auszahlung und 5 Jahren Zinsbindung, Effektivzins 8,80 % bei monatlicher Zinszahlung und Tilgungsaussetzung Darlehenssumme 260 000 DM (= Bruttodarlehen) Auszahlungssumme 234 000 DM (= Nettodarlehen)

Ein Disagio ist nichts anderes als ein vorweggenommener Zins. Die auf 6 Prozent sinkenden Nominalzinsen bei der Disagiovariante werden also erkauft durch einen Auszahlungsverlust von 26 000 DM gleich 10 Prozent von 260 000 DM. Um diese 26 000 DM liegt

die Restschuld nach Ablauf von fünf Jahren höher im Vergleich zur Nichtdisagiovariante.
Für die Berechnung des Nach-Steuer-Hypothekenzinses kommt es allein auf den Nominalzins bei 100 Prozent Auszahlung an. Der Effektivzins ist ein Maßstab für den tatsächlichen Preis des Kredits, aber nicht für die laufende monatliche Zinszahlung. Ein Nominalzins bei einer Auszahlung unter 100 Prozent täuscht andererseits über die wirkliche Zinsbelastung hinweg, denn tatsächlich müssen Sie die laufenden Nominalzinsen und das einmalige Disagio zahlen.
Bei einem Grenzsteuersatz von 40 Prozent errechnet sich für die ersten fünf Jahre dann folgender Nach-Steuer-Hypothekenzins:

$$\text{Nach-Steuer-Hypothekenzins} = \text{Nominalzins} \times \left(1 - \frac{\text{Grenzsteuersatz}}{100}\right)$$

$$= 8{,}45 \times \left(1 - \frac{40}{100}\right)$$

$$= 8{,}45 \times 0{,}6 = 5{,}07 \approx 5{,}1\ \%$$

Zugegeben, auch nach Steuern fällt dieser Hypothekenzins noch relativ hoch aus. Doch schon im März 1993 konnte ich mir für eine vermietete Neubau-Eigentumswohnung in Erkrath bei Düsseldorf folgende Konditionen sichern:

Nichtdisagiovariante	*Disagiovariante*
7,33 % Nominalzins bei 100 % Auszahlung und 10 Jahren Zinsbindung Effektivzins 7,59 %	5,92 % Nominalzins bei 90 % Auszahlung und 10 Jahren Zinsbindung Effektivzins 7,60 %

Und im Herbst 1993 sahen die Zinskonditionen für meine Leipziger Neubauwohnung noch besser aus: 7 Prozent Nominalzins bei 100 Prozent Auszahlung und 10 Jahren Zinsbindung mit einem Effektivzins von 7,23 Prozent konnte ich mit der Hypothekenbank aushandeln.

Innerhalb eines Jahres waren die Hypothekenzinsen um mehr als einen Prozentpunkt gesunken. Dies führte bei 40 Prozent Grenzsteuersatz zu folgenden Nach-Steuer-Hypothekenzinsen:

Herbst 1992	Frühjahr 1993	Herbst 1993
8,45 x 0,6	7,33 x 0,6	7,00 x 0,6
= 5,1 %	= 4,4 %	= 4,2 %
für 5 Jahre	für 10 Jahre	für 10 Jahre

Hebelwirkung bei hoher Fremdfinanzierung

Es ist der Traum eines jeden Kapitalanlegers, mehr Rendite mit der Geldanlage zu erwirtschaften, als an Zinsen für den Kredit zu zahlen ist. Bei vermieteten Wohnimmobilien geht dieser Traum meist nur nach Steuern auf.

Das heißt: Liegt die Nach-Steuer-Mietrendite über dem Nach-Steuer-Hypothekenzins, hebelt dies die Eigenkapitalrendite hoch. In diesem Falle lohnt sich ein hoher Fremdkapitalanteil.

Wie dies im einzelnen funktioniert, möchte ich Ihnen an den drei von mir erworbenen Mietobjekten bei Köln, Düsseldorf und in Leipzig demonstrieren. Nicht nur auf dem Papier, sondern gerade auch in der Realität errechnet sich für das erste Vermietungsjahr eine Eigenkapitalrendite nach Steuern von 8 bis über 10 Prozent.

Rendite-Vergleich bei Neubau-Mietobjekten

	Köln	Düsseldorf	Leipzig
Mietrendite netto	5,4 %	4,8 %	4,4 %
Nach-Steuer-Mietrendite 1. Jahr	5,6 %	5,4 %	6,7 %
Nach-Steuer-Hypothekenzins	5,1 %	4,4 %	4,2 %
Eigenkapitalrendite bei 20 % Eigenkapital	7,4 %	8,8 %	14,4 %

Dieses Rendite-Tableau hat jedoch einen Haken, da es nur das erste Vermietungsjahr berücksichtigt. Es ist daher sinnvoll, die Renditerechnung für mehr als zehn Jahre anhand von Annahmen über die jährliche Mietsteigerung und die Höhe der Hypothekenzinsen nach Ablauf der Zinsbindung fortzuführen.
Wie eine Langfristrechnung über 20 Jahre aussieht, werde ich im III. Kapitel anhand einer 7-Punkte-Rechnung für meine Neubau-Eigentumswohnung nahe Düsseldorf zeigen. An dieser Stelle kommt es nur auf die wahrscheinlich wichtigste Erkenntnis bei der Kapitalanlage in vermietete Wohnimmobilien an, daß ein vermehrter Einsatz von Fremdkapital zu einer Renditesteigerung führt, falls die Nach-Steuer-Mietrendite den Nach-Steuer-Hypothekenzins auf Dauer übersteigt.
Beim Vergleich der drei Mietobjekte fällt auf, daß ein Sinken der Netto-Mietrendite durch ein Fallen der Hypothekenzinsen mehr als ausgeglichen werden kann.

So rechnet sich die Düsseldorfer Neubauwohnung nach Zinsen und Steuern besser als das Neubauobjekt nahe Köln, obwohl das Preis-Miet-Verhältnis etwas ungünstiger ist. Als »Wiederholungstäter« in Sachen Rendite-Immobilien habe ich das niedrige Zinsniveau im Jahr 1993 für Käufe mit hoher Kreditfinanzierung genutzt. In Wirklichkeit lag der Eigenkapitalanteil in allen Fällen unter den oben angegebenen 20 Prozent. Wie sich beim Düsseldorfer Mietobjekt eine Eigenkapitalrendite von 11,5 Prozent nach Steuern errechnet, erfahren Sie im 3. Kapitel. Dort können Sie auch die Formel zur Berechnung der Eigenkapitalrendite kennenlernen, die für mich seit Jahren Richtschnur bei meinen Immobilienentscheidungen darstellt.

Das richtige Finanzierungskonzept

Viele Kapitalanleger scheitern an der Hürde der Finanzierung. Auch eine angeblich »gesicherte« Finanzierung laut Auskunft des Kreditberaters bei der Bank kann zum wirtschaftlichen Mißerfolg führen, wenn ein schlüssiges Finanzierungskonzept fehlt oder eine individuell falsche Finanzierung gewählt wird.
Finanzierung ist, so die allgemeingültige Erklärung, die Beschaffung von Geld. Im engeren Sinne wird darunter die spezielle Kredit- oder Fremdfinanzierung verstanden. Fremdfinanzierung bedeutet die Beschaffung von Fremdkapital, das verzinst und getilgt werden muß.
Drei Bausteine bestimmen somit das Finanzierungskonzept.

- Fremdkapital,
- Zinsen und
- Tilgung

Bei der Finanzierung von Mietobjekten benötigen Sie daher drei Teilkonzepte:

Finanzierungskonzept für Mietobjekte

Fremdkapitalkonzept	Zinskonzept	Tilgungskonzept
Höhe des Fremdkapitals (Fremdkapitalanteil) Art des Fremdkapitals (Bank-, Versicherungshypothek oder Bauspardarlehen)	Zinsbindungsdauer Höhe des Disagios Effektivzinsen und Kreditnebenkosten	regelmäßige Tilgung (Annuitätendarlehen) Tilgungsersatz mit Kapital-Lebensversicherung oder befristete Tilgungsaussetzung

Fremdkapitalkonzept

Bei vermieteten Wohnimmobilien gilt im Gegensatz zu Eigenheimen das Prinzip »Soviel Fremdkapital wie möglich, soviel Eigenkapital wie nötig«. Ein hoher Fremdkapitalanteil kann besonders bei Darlehensaufnahme in einer Tiefzinsphase die Hebelwirkung verstärken.
Als Obergrenze für die Darlehenssumme sollten Sie den reinen Kaufpreis ansehen, eventuell noch Kaufpreis plus feststehende Kaufnebenkosten wie Grunderwerbsteuer und Gebühren für die Eigentumsumschreibung. Liegt Ihr Fremdkapital über dem Kaufpreis, begeben Sie sich in eine Überfinanzierung.

Gewarnt sei hier in erster Linie vor Überfinanzierungen, bei denen zusätzlich zu den Anschaffungskosten noch Bauzeitzinsen, Finanzierungsvermittlungs- und Mietgarantiegebühren aus der Investitionsphase mitfinanziert werden. Diese bei vielen Bauträgermodellen übliche Praxis läuft immer auf eine anfängliche Überschuldung hinaus. Sofern auch noch ein zehnprozentiges Disagio mitfinanziert wird, macht das Bruttodarlehen bis zu 125 Prozent des Kaufpreises aus. Aus steuerlichen Gründen wählte ich bei der Finanzierung der Neubauwohnung bei Köln zwar ebenfalls ein Disagio in Höhe von 10 Prozent. Das Bruttodarlehen begrenzte ich jedoch auf den reinen Kaufpreis, wie die folgende Rechnung zeigt:

	reiner Neubau-Kaufpreis		260 000 DM
	Bruttodarlehen		260 000 DM
–	10 % Disagio	–	26 000 DM
=	Nettodarlehen	=	234 000 DM

Mein Eigenkapitalanteil macht dann 43 000 DM vor Steuern aus:

	Anschaffungskosten insgesamt:		277 000 DM
–	Nettodarlehen (Auszahlungssumme)	–	234 000 DM
	Eigenkapital		43 000 DM

Praktisch zahle ich also das Disagio in Höhe von 26 000 DM sowie die Kaufnebenkosten von 17 000 aus eigener Tasche. Das eingesetzte Eigenkapital vor

Steuern beträgt gut 15 Prozent der gesamten Investitionskosten.

Geht Ihr Fremdkapital deutlich über den reinen Kaufpreis hinaus, steigen auch die Risiken einer zu hohen Fremdfinanzierung. Bedenken Sie daher vor allem die folgenden Risiken:

- Zinsänderungsrisiko: Nach Ablauf der Zinsbindung können die effektiven Hypothekenzinsen höher liegen als bisher, was eine teurere Anschlußfinanzierung nach sich zieht
- Vermietungsrisiko: Mögliche Mietausfälle treffen den extrem kredit- und zinsabhängigen Vermieter stärker
- Steuerrisiko: Geringere Steuerersparnisse bei sinkendem Einkommen führen zu Zahlungsengpässen
- Preisrisiko: Mögliche Veräußerungsverluste bei späterem Verkauf führen zu hohen Restschulden.

Zwar gelten die genannten Risiken für jede Art der Fremdfinanzierung. Allerdings wird der Anleger mit einer extrem hohen Fremdfinanzierung bei Eintritt dieser Risiken sehr viel stärker gebeutelt. Die geplatzten Bauherrenmodelle der 80er Jahre haben diese typischen Risiken besonders deutlich gemacht.

Wenn ein hoher Fremdkapitaleinsatz bis zur Höhe des Kaufpreises von Ihnen gewünscht wird, scheidet eine reine Versicherungshypothek aus. Lebensversicherer bieten Hypothekendarlehen zwar meist bis zu einem halben Prozentpunkt billiger an als Banken, gehen im erstrangigen Teil jedoch nur bis 45 Prozent des Beleihungswertes. Der Beleihungswert wiederum macht meist 80 Prozent des Kaufpreises aus.

Das heißt: Gerade einmal 36 Prozent des Kaufpreises

werden zinsgünstig vergeben, der nachrangige Teil des Fremdkapitals muß mit einem Zinszuschlag bis zu einem vollen Prozentpunkt rechnen.
Bauspardarlehen sollten zur Finanzierung von Mietobjekten aus zwei Gründen nicht eingesetzt werden: Eine hohe Belastung von 12 Prozent für Zins und Tilgung vermindert die laufende Liquidität beträchtlich, und vor allem bewirkt die hohe und schnelle Tilgung ein rapides Sinken der Zinskosten und damit der steuerlich abzugsfähigen Schuldzinsen.
Mit klassischen Bankhypotheken fahren Sie besser. Aus steuerlichen Gründen sollten Sie ein Festdarlehen mit befristeter Tilgungsaussetzung oder Tilgungsersatz durch eine Kapital-Lebensversicherung wählen. Hypothekenbanken rücken im Erstrang bis zu 80 oder gar 90 Prozent des Beleihungswertes heraus. Mit Zusatzsicherheiten können Sie auch den vollen Kaufpreis zu den Zinskonditionen im erstrangigen Teil finanziert bekommen. Wenn Sie eine Kapital-Lebensversicherung zur Sicherung und Tilgung des Hypothekendarlehens einsetzen wollen, lohnt sich auch ein Gespräch mit der Versicherung. Vielleicht kann Ihnen der Lebensversicherer neben der zinsgünstigen ersten Hypothek noch eine nachrangige Hypothek von einer kooperierenden Hypothekenbank mit einem geringen Zinszuschlag besorgen.

Zinskonzepte

Nichts ist einfacher, als in einer Tiefzinsphase wie 1993/94 zu finanzieren. Nach der eisernen Regel »Tiefe Zinsen – lange Zinsbindung« sollten Sie sich die niedrigen Hypothekenzinsen möglichst lange sichern und daher mindestens zehn Jahre lang festschreiben. Sogar Zinsbindungen von 15 Jahren und mehr können bei Effektivzinsen von nur 7,5 Prozent in Erwägung gezogen werden.

Ihr Vorteil

Nach zehn Jahren können Sie dennoch aussteigen, ohne mit Vorfälligkeitsentschädigungen von seiten der Bank rechnen zu müssen.
Die sinnvolle Zinsbindungsdauer für Ihr Hypothekendarlehen hängt ab von der Art der Zinsphase.

Beispiel

In der Tiefzinsphase des Jahres 1993 konnte ich drei Neubau-Mietobjekte mit Effektivzinsen zwischen 7,2 und 7,6 Prozent bei zehnjähriger Zinsbindung fremdfinanzieren. Bei meinem im Herbst 1992 erworbenen Objekt legte ich mich hingegen bei 8,8 Prozent effektiven Hypothekenzinsen nur für fünf Jahre fest. In Hochzinsphasen wie 1990/91 sollten Sie nach Möglichkeit keine Erstfinanzierung tätigen. Wenn doch, empfiehlt sich ein Zinsbindungs-Splitting in einen Darlehensteil mit maximal fünf Jahren Zinsbindung und einen Teil mit variablen Hypothekenzinsen.
Falls nach Ablauf der Zinsbindung eine Hochzinsphase mit mehr als 9 Prozent Hypothekenzinsen besteht, sollten Sie ebenfalls nur eine verhältnismäßig kurze Zinsbindung eingehen. Es sei denn, Sie können die Zinserhöhung auf Ihre Mieter abwälzen, wie ich dies 1990 bei meinen Anschlußfinanzierungen getan habe.

Die Höhe des Disagios wird bei vielen Bankern und freien Anlageberatern fast schon zur Glaubensfrage. Grundsätzlich stellt ein hohes Disagio bis zu 10 Prozent der Darlehenssumme kein Geschenk dar, auch wenn ein Disagio steuerlich abzugsfähig ist und die laufend gezahlten Nominalzinsen nach unten drückt. Schließlich müssen Sie eine höhere Summe zurückzahlen im Vergleich zur Finanzierung ohne Disagio. Ein Disagio als vorweggenommener Zins lohnt sich für Kapitalanleger nur, wenn die höhere Restschuld nach Ablauf der Zinsbindung ebenso verkraftet werden kann wie die dann mit Sicherheit höheren Nominalzinsen bei 100 Prozent Auszahlung. Denn keine Bank wird bei der Anschlußfinanzierung erneut ein hohes Disagio anbieten, da dies die zurückzuzahlende Darlehenssumme aufs neue erhöht.
Nur wenn die Zinsbelastung auch ohne Aufnahme eines Disagios für Sie tragbar ist und die Disagiovariante vom Effektivzins her nicht teurer als die Nichtdisagiovariante ausfällt, sollten Sie sich von Fall zu Fall für ein hohes Disagio entscheiden.

Beispiel

Bei drei meiner vier Neubau-Mietobjekte wählte ich ein Disagio von 10 Prozent, das bei mindestens fünf-

Jahr	Darlehenssumme	10 % Disagio	Objekte
1992	260 000 DM	26 000 DM	1 (Frechen)
1993	250 000 DM	25 000 DM	2 (Erkrath)
1994	300 000 DM	30 000 DM	3 (Mettmann)
	810 000 DM	81 000 DM	

jähriger Zinsbindung vom Finanzamt als sofort abzugsfähiger Posten anerkannt wird.

Das Neubau-Mietobjekt in Leipzig finanzierte ich völlig ohne Disagio (Kaufpreis = Darlehenssumme = Auszahlungssumme = 220 000 DM).
Meine Disagioplanung stellt lediglich einen Teil meiner privaten Steuerplanung dar, in die ich die steuerlich abzugsfähigen Gebäudeabschreibungen selbstverständlich mit einfließen lasse. Bis zum Ablauf der hohen Sonderabschreibung für das Leipziger Mietobjekt im Jahr 1998 ergibt sich somit der folgende 7-Jahres-Plan:

Jahr	Disagio für Obj. 1) bis 3)	Abschreibungen für Objekte 1) bis 4)	steuerlicher Verlust insgesamt	Objekte 1) bis 4)
1992	26 000	16 500 1)	42 500	1)
1993	25 000	33 000 1)2)	58 000	1)2)
1994	30 000	52 000 1)2)3)	82 000	1)2)3)
1995	–	81 000 1)2)3)4)	81 000	1)2)3)4)
1996	–	76 000 1)2)3)4)	76 000	1)2)3)4)
1997	–	72 000 1)2)3)4)	72 000	1)2)3)4)
1998	–	66 000 1)2)3)4)	66 000	1)2)3)4)
	81 000	396 500	477 500	

Im Laufe von sieben Jahren kann das zu versteuernde Einkommen somit allein durch den steuerlichen Abzug von Disagien und Gebäudeabschreibungen um insgesamt 477 500 DM nach unten gedrückt werden. Dabei ist es von Vorteil, daß die hohen Sonderabschreibungen für das Ost-Objekt auf die vier Jahre ab 1995, dem Jahr des einsetzenden Solidaritätszuschlags von 7,5 Prozent auf die zu zahlende Einkommensteuer, gleichmäßig verteilt werden.

Die laufenden Hypothekenzinsen sollten weitgehend durch den Jahresreinertrag gedeckt werden. Dies wird mir ab 1995 bis auf 5 000 DM im Jahr gelingen. Ganz drastisch drückt dies eine Hypothekenbank in ihren Richtlinien aus: »Zinsen und Tilgung der Fremdmittel müssen mindestens aus der Nettomiete zu bedienen sein.« Bei konsequenter Anwendung dieses strengen Grundsatzes wären wohl auch in der Tiefzinsphase 1993/94 die meisten Finanzierungen von Neubau-Mietobjekten undurchführbar.
Als Richtschnur eignet sich das Verhältnis von Zinskosten und Mieteinnahmen dennoch. Liegen die Zinskosten beispielsweise mehr als 50 Prozent über den Mieteinnahmen, lassen Sie besser die Finger von dem angebotenen Neubauobjekt oder der empfohlenen Finanzierung. Bei vermieteten Wohnungen aus zweiter Hand sollten Sie darauf achten, daß die Hypothekenzinsen möglichst vollständig durch die Mieteinnahmen gedeckt werden, und zwar auch bei einer Finanzierung ohne Disagio.
Wenn Sie ein Hypothekendarlehen aufnehmen wollen, kommen Sie an einem Vergleich der Zinskonditionen nicht vorbei. Den günstigsten Anbieter von Baugeld zu erwischen gelingt nur den wenigsten Darlehensnehmern. Zwar veröffentlichen beispielsweise »Wirtschaftswoche« und »Handelsblatt« in regelmäßigen Abständen Zinsspiegel, an denen Sie sich gut orientieren können. Dennoch gilt leider, daß die Zinskonditionen nach Veröffentlichung schon wieder überholt sein können. Ein Anruf bei den Baukreditabteilungen der Geldinstitute ist daher unerläßlich. Einen Vorteil haben die veröffentlichten Zinsspiegel dennoch: Die Rangfolge der Banken oder

Versicherungen bleibt erfahrungsgemäß in etwa gleich.
Am besten gehen Sie von der einfachen Formel aus:

> Pfandbriefrendite plus maximal 1 Prozentpunkt
> = Effektivzins für Hypothekendarlehen bei gleicher Laufzeit.

Der Grund: Hypothekenbanken besorgen sich die an Bau- und Kaufwillige ausgeliehenen Gelder durch die Ausgabe von Pfandbriefen und legen ihrer Kalkulation eine Zinsspanne von 0,75 bis 1,25 Prozentpunkte zugrunde.

! Die aktuellen Pfandbriefrenditen für Restlaufzeiten von vier bis zehn Jahren können Sie tagesaktuell aus der FAZ (Frankfurter Allgemeine Zeitung) erfahren. Vergleichen Sie dann den geforderten Effektivzins mit der jeweiligen Pfandbriefrendite. Darüber hinaus müssen Sie die Effektivzinsen von mehreren Banken vergleichen, um die richtige Wahl zu treffen.
Die beste Bank muß nicht die Bank mit dem geringsten Effektivzins sein. Es kann sein, daß die genannte Zinskondition nur für den erstrangigen Bereich bis zu 60 Prozent des Beleihungswertes gilt und bei Überschreiten ein saftiger Zinszuschlag von einem halben Prozentpunkt und mehr verlangt wird. Möglicherweise kommen noch Kreditnebenkosten hinzu, die nicht im Effektivzins enthalten sind.
Zu den Kreditnebenkosten zählen beispielsweise Wertschätzungs- und Kontoführungsgebühren, Be-

reitstellungszinsen für nicht in Anspruch genommene Darlehensteilbeträge oder Zinsaufschläge bei Teilauszahlungen. Nur der wahre Preis für das von Ihnen gewünschte Gesamtdarlehen zählt beim Vergleich.

Banker nennen Ihnen zunächst einmal nur die Standardkonditionen für den erstrangigen Teil im Massengeschäft, also die Normalkonditionen. Lassen Sie sich mit diesen Standardkonditionen jedoch nicht abspeisen, sondern verhandeln Sie über Sonderkonditionen wie völliger Wegfall der Kreditnebenkosten oder Senkung des Effektivzinses um bis zu einen halben Prozentpunkt. Ihre Chancen im Zinspoker steigen, wenn Sie gut vorbereitet in das Kreditgespräch mit dem Banker gehen und mit Ihren Pfunden bei überdurchschnittlich guten Einkommens- und Vermögensverhältnissen wuchern können.

Ein völlig anderes Zinskonzept müssen Sie bei der Finanzierung von mietpreisgebundenen Neubauten aufstellen. Beispiel Nordrhein-Westfalen: Im zweiten Förderungsweg erhalten Sie Baudarlehen mit 0,5 Prozent Zins und 1 Prozent Tilgung, die bei einem Mietwohnhaus mit 300 m^2 Wohnfläche bis zu 260 000 DM ausmachen. Hinzu kommt ein Aufwendungsdarlehen, das von 1,80 DM/m^2 monatlich im ersten Jahr bis 0,10 DM/m^2 monatlich im 15. Jahr gezahlt wird. Diese Zinsersparnis wird erkauft mit einer geringeren Miete, die als »Höchstdurchschnittsmiete« je nach Mietenstufe bis zu 12 DM/m^2 monatlich beträgt.

Besser schneiden Sie mit Landesmitteln in Baden-Württemberg ab, die bis zu 45 Prozent der Investitionskosten gehen und ebenfalls nur mit 0,5 Prozent Zinsen zehn Jahre lang verzinst werden. Auf der anderen Seite müssen Sie sich verpflichten, zehn Jahre lang einen Mietpreis von anfangs nur 7,50 DM/m^2 im Monat zu akzeptieren. Genaues Rechnen und Vergleichen von Zinsersparnis mit Mindermieteinnahme ist unverzichtbar. Im übrigen gelten die gleichen Steuervorteile mit gleich hohen Abschreibungssätzen wie im frei finanzierten Mietwohnungsbau. Ihre Mieter dürfen ein Einkommen beziehen, das bis zu 60 Prozent über der Einkommensgrenze im sozialen Wohnungsbau liegt. Der mögliche Pferdefuß könnte das Jahr nach Ablauf der Zinsvergünstigung und Mietpreisbindung sein. Die nun höheren Marktzinsen können nicht auf einen Schlag durch höhere Marktmieten aufgefangen werden. Ein Verkaufspreis, der über den Investitionskosten liegt, wird nur beim Verkauf an Selbstnutzer zu erzielen sein. Das kritische elfte Jahr sollte von Ihnen daher auf jeden Fall von vornherein einkalkuliert werden.

Tilgungskonzept

Die fast schon klassisch zu nennende Kombinationsfinanzierung Festdarlehen/Kapital-Lebensversicherung bietet dem Kapitalanleger im Gegensatz zum Eigenheimer erhebliche Vorzüge. Mangels regelmäßiger Tilgung bleiben Festdarlehen und Schuldzinsen während der Zinsbindungsfrist auf gleicher Höhe.

Effekt

Gleichbleibende steuerlich abzugsfähige Hypothekenzinsen bescheren Ihnen eine hohe Steuerersparnis. Gleichzeitig bleiben die Erträge aus der zur Sicherung und Tilgung des Festdarlehens abgetretenen Kapital-

Lebensversicherung steuerfrei, falls die Laufzeit über mindestens zwölf Jahre geht und die abgetretenen Versicherungsansprüche nicht höher liegen als Nettodarlehen und Anschaffungskosten.

Hierzu ein eigenes Beispiel

Anschaffungskosten Neubau-ETW bei Köln	277 000 DM
reiner Kaufpreis	260 000 DM
Darlehenssumme (Bruttodarlehen)	260 000 DM
Auszahlungssumme (Nettodarlehen)	234 000 DM
Ablaufleistung der Kapital-Lebensversicherung nach 20 Jahren (geschätzt)	234 000 DM

Von der Versicherungsgesellschaft erhielt ich aufgrund meiner Angaben (Alter 50 Jahre, Laufzeit 20 Jahre, gewünschte Ablaufleistung 234 000 DM) eine unverbindliche Beispielrechnung, die einen monatlichen Versicherungsbeitrag von knapp 500 DM auswies.
Mit anderen Worten: Knapp 120 000 DM muß ich über 240 Monate verteilt insgesamt einzahlen, um eine geschätzte Ablaufleistung von 234 000 DM zu erhalten, die dann das Nettodarlehen auf einen Schlag ablöst (siehe die Tabelle »Unverbindliches Beispiel« auf Seite 150).
Die prognostizierte Ablaufrendite liegt bei 6,26 Prozent. Und zwar steuerfrei, sofern die Abtretung der Lebensversicherung steuerunschädlich ist.

➡ Sie sollten vorsichtigerweise nicht die Ablaufleistung laut unverbindlicher Beispielrechnung als Abtretungsbetrag wählen, sondern im Einvernehmen mit einer Bank eine geringere Summe.

Auch hierzu ein Beispiel

Bei Reduzierung der Zinsüberschüsse auf die Hälfte vermindert sich die Ablaufleistung laut Versicherung um über 22 Prozent auf etwa 182 000 DM. Wenn Sie nur diese Summe abtreten, liegen die abgetretenen Versicherungsansprüche deutlich unter dem Nettodarlehen. Ihre – beziehungsweise in diesem Falle meine – Ablaufrendite sinkt dann auf bescheidene 4 Prozent nach Steuern. Bei einer leistungsfähigen Lebensversicherung sollten jedoch in Zukunft mehr als 5 Prozent Ablaufrendite erzielbar sein.
Die Wahl der Versicherungsgesellschaft wird damit vielleicht zur Qual. Versicherungs-Sonderhefte der Stiftung Warentest oder Rendite-Listen von Wirtschaftszeitschriften wie »Capital« helfen Ihnen jedoch bei der Auswahl. Fast durchweg liegen die Direktversicherer wie Hannoversche Leben, Cosmos und andere bei diesen Vergleichen vorne. Falls möglich, können Sie auch eine günstige Gruppenversicherung ausfindig machen oder zwecks Renditesteigerung einen Tarif mit nur 10 Prozent Todesfalleistung wählen. Die Rendite steigt auch, wenn Sie ein jüngeres Familienmitglied als versicherte Person einsetzen.
Grund: Der Risikoanteil ist gering und ermöglicht einen höheren Sparanteil.
Eine Tilgungsaussetzung über eine Kapital-Lebensversicherung lohnt sich wirtschaftlich immer, wenn die steuerfreie Ablaufrendite auf Dauer über dem Nach-Steuer-Hypothekenzins liegt. Bei Nominalzinsen von 7 bis 7,5 Prozent bei 100 Prozent Auszahlung und zehnjähriger Zinsbindung rutscht der Nach-Steuer-Hypothekenzins auf 4,2 bis 4,5 Prozent, sofern ein Grenz-

Unverbindliches Beispiel			
Versicherungsjahr	monatlicher Beitrag	Leistung aus Gewinnbeteiligung bei Rückkauf *)	Gesamtleistung bei Tod *)
	DM	DM	DM
1	498,49		124 747
2	498,49	652	126 846
3	498,49	1 568	128 817
4	498,49	2 771	131 164
5	498,49	4 286	133 893
6	498,49	6 142	137 012
7	498,49	8 505	140 530
8	498,49	11 292	144 456
9	498,49	14 572	148 796
10	498,49	18 391	153 558
11	498,49	22 797	158 744
12	498,49	27 846	164 361
13	498,49	33 597	170 412
14	498,49	40 118	176 903
15	498,49	55 225	189 717
16	498,49	63 890	197 628
17	498,49	73 511	206 004
18	498,49	84 190	214 852
19	498,49	96 053	224 181
20	498,49		234 001

*) Annahme des Leistungsfalls zum Ende des Versicherungsjahres.

Gesamtleistung bei Erleben des Ablaufs: *234 001 DM*

Unter der Annahme, daß die Zinsüberschüsse auf die Hälfte reduziert werden müssen, ergibt sich eine Verminderung der Gesamtleistung bei Erleben des Ablaufs um 22,33 %.
Der dargestellten Leistung aus der künftigen Gewinnbeteiligung liegen die erklärten Gewinnanteilsätze zugrunde. Diese Leistungen können nicht garantiert werden; sie sind nur als Beispiele anzusehen. Die Höhe der künftigen Gewinnbeteiligung läßt sich nur unverbindlich darstellen, da die künftige Überschußentwicklung vor allem von den Kapitalerträgen, aber auch vom Verlauf der Sterblichkeit und von der Entwicklung der Kosten abhängt.

steuersatz von dauerhaft 40 Prozent unterstellt wird. Für zwei im Jahre 1993 finanzierte Mietobjekte habe ich daher den Neuabschluß von Kapital-Lebensversicherungen mit gleichzeitiger Abtretung zur Sicherung und Tilgung der aufgenommenen Festdarlehen gewählt.

Man kann bekanntlich auch des Guten zuviel tun. Wenn Sie mehrere Mietobjekte nach dem Kombinationsmodell Festdarlehen/Kapital-Lebensversicherung finanzieren, steigen die Ausgaben für die Versicherungsbeiträge. Zudem büßen Sie infolge der mindestens zwölf Jahre dauernden Bindung an Flexibilität ein und werden mit Ihren Immobilien im wahrsten Sinne des Wortes immobil. In diesen Fällen kann es sich anbieten, ein Festdarlehen mit tilgungsfreien Anfangsjahren zu wählen.

Die meisten Banken und Sparkassen sind bereit, die Tilgung bis zu fünf oder sogar bis zu zehn Jahre auszusetzen. Sie zahlen in diesen Jahren nur die Hypothekenzinsen und verschaffen sich damit finanziell Luft. Eine befristete Tilgungsaussetzung kann auch in Verbindung mit der Verpfändung von Teilen Ihres Wertpapierdepots erfolgen, sofern Ihre Bank auf Ersatzsicherheiten besteht.

Jede Geldanlage, die Ihnen in dieser tilgungsfreien Zeit mehr an Rendite nach Steuern einbringt, als Ihr Hypothekendarlehen nach Steuern und Zinsen kostet, zahlt sich im Vergleich zur regelmäßigen Tilgung mit 1 oder 2 Prozent des Darlehens pro Jahr zuzüglich ersparter Zinsen aus. Beim typischen Tilgungs- oder Annuitätendarlehen der Bank steigt der Tilgungsanteil von Jahr zu Jahr, während der Zinsanteil in gleichem Maße sinkt. Dies ist aber gerade nachteilig für Kapi-

talanleger wie Sie, die ihre Schuldzinsen steuerlich absetzen können.
Es bleibt also dabei: Festdarlehen mit Tilgungsaussetzung rechnen sich für Vermieter besser als Annuitätendarlehen mit regelmäßiger Tilgung. Als Alternative zur klassischen Kapital-Lebensversicherung bieten sich risikoreichere Fondssparpläne an. Ob Ihre Bank einen Sparplan mit Aktienfonds oder Fonds-Picking als Tilgungsersatz akzeptiert, hängt auch von Ihrer Bonität und Überzeugungskraft ab. Das gleiche gilt für britische Lebensversicherungen, die in Deutschland nur von wenigen Banken als Sicherheit und Tilgungsmittel verwandt werden. Genaugenommen handelt es sich beim Tilgungsersatz um eine Dreifach-Kombination »Mietobjekt als Einmalanlage/Festdarlehen als Refinanzierung/Sparplan als regelmäßige Anlage«. Je überzeugender Sie dieses Kombinationsmodell darstellen, desto eher wird Ihre Bank bereit sein, erfolgversprechende Fondssparpläne – eventuell mit hauseigenen Investmentfonds – zur Sicherung und Tilgung des Hypothekendarlehens zuzulassen.

Liquiditätsrechnung für mehr als zehn Jahre

In Prospekten suchen Sie nach Langfristrechnungen über mehr als zehn Jahre fast immer vergebens. Da eine vermietete Wohnimmobilie aber grundsätzlich als langfristige Kapitalanlage anzusehen ist, sollten Sie die Entwicklung der Einnahmen und Ausgaben über eine längere Zeit kennen. Das erste Vermietungsjahr gibt Ihnen keinen verläßlichen Anhaltspunkt.

Gewarnt sei vor Rechnungen, die nur auf die Überschüsse nach Steuern in den ersten Vermietungsjahren abstellen. Wichtiger für Sie ist zunächst die Unterdeckung vor Steuern, die sich zumindest bei Neubau-Mietobjekten mit hoher Fremdfinanzierung regelmäßig ergibt. Sie können die Unterdeckung vor Steuern in der Liquiditätsstufe 1 leicht selbst ermitteln:

	Jahresreinertrag	(= Jahresnettokaltmiete minus Verwaltungs- und Instandhaltungskosten)
–	Hypothekenzinsen	
=	Unterdeckung vor Steuern	(falls Hypothekenzinsen höher als Jahresreinertrag)

Im zweiten Schritt geht es um die Ermittlung des Überschusses nach Steuern. In aller Regel werden bei Neubauten in den Anfangsjahren infolge der hohen Gebäudeabschreibung Überschüsse anfallen, da Jahresreinertrag und Steuerersparnisse die Hypothekenzinsen übersteigen.

	Jahresreinertrag	
+	Steuerersparnis	
=	Einnahmen	
–	Hypothekenzinsen	
=	Überschuß nach Steuern	(falls Einnahmen höher als Hypothekenzinsen)

Erst die 3. Stufe der Liquidität bringt die Wahrheit hinsichtlich der tatsächlichen laufenden Belastung ans Licht. Die Ausgaben für Versicherungsbeiträge zur Tilgung des Darlehens oder für regelmäßige Tilgungsbeiträge stellen zwar wirtschaftlich einen Vermögensaufbau dar, wie von Beratern immer eilfertig betont wird. Dies ändert aber nichts daran, daß sie bei Ihnen zunächst einmal zu einem Zahlungsabfluß führen und damit Ihre Liquidität verringern. Machen Sie sich dies anhand einer einfachen Einnahmen- und Ausgabenrechnung klar:

Einnahmen	Liquidität Stufe III Ausgaben
Mieteinnahmen Steuerersparnisse	Hypothekenzinsen Tilgungsbeträge Verwaltungskosten Instandhaltungskosten

Wenn Sie die nicht umlagefähigen Verwaltungs- und Instandhaltungskosten direkt von den Mieteinnahmen abziehen und einen Ausgabenüberschuß annehmen, können Sie auch wie folgt in Stufen vorgehen:

	Jahresnettokaltmiete	
–	Verwaltungs- und Instandhaltungskosten	
=	Jahresreinertrag	
–	Hypothekenzinsen	
=	Liquidität Stufe I	(vor Steuern und Tilgung)
+	Steuerersparnis	
=	Liquidität Stufe II	(nach Steuern und Tilgung)
–	Tilgung (z.B. Beiträge für Kapital-Lebensversicherung)	
=	Liquidität Stufe III	(z.B. Unterdeckung nach Steuern und Tilgung)

Im 3. Kapitel werde ich anhand meines Neubau-Mietobjekts in Erkrath bei Düsseldorf eine Liquiditätsrechnung für 20 Jahre aufstellen. Dabei habe ich folgende Annahmen zugrunde gelegt: Miet- und Kostensteigerung 3 Prozent pro Jahr, Anschlußfinanzierung nach Ablauf von zehn Jahren mit 8,5 Prozent Nominalzins bei 100 Prozent Auszahlung, Grenzsteuersatz 40 Prozent, Tilgung über Kapital-Lebensversicherung.

Steuerersparnisse

Nicht nur rein zufällig habe ich das Kapitel »Steuerersparnisse« bisher nur im Zusammenhang mit Gebäudeabschreibungen und Schuldzinsenabzug behandelt. Mir sind zu viele Fälle bekannt, in denen nur auf die vermeintlich hohe Steuerersparnis geschielt

wird und darüber alle wirtschaftlichen Überlegungen vergessen werden. Ein Mietobjekt als Kapitalanlage muß sich zuerst einmal auch ohne Steuern rechnen. Die ersehnten Steuerersparnisse kommen dann als Sahnehäubchen oder kräftige Nachspeise hinzu.
In der Investitions-und Vermietungsphase entstehen Steuerersparnisse immer nur durch steuerliche Verluste aus Vermietung und Verpachtung. Sofern die abzugsfähigen Werbungskosten über den Mieteinnahmen liegen, ergeben sich negative Einkünfte, die dann mit positiven anderen Einkünften verrechnet werden und damit das zu versteuernde Einkommen nach unten drücken.
Mit folgender vereinfachter Rechnung kommen Sie wahrscheinlich sehr schnell an Ihr Ziel, die Höhe der Steuerersparnisse zu ermitteln:

	Jahresreinertrag
–	Hypothekenzinsen
=	Unterdeckung vor Abschreibung
+	Gebäudeabschreibung
=	Unterdeckung nach Abschreibung (als steuerlicher Verlust oder negative Einkünfte aus Vermietung und Verpachtung)

Wenn Sie nun Ihren persönlichen Grenzsteuersatz kennen, ergibt sich die jährliche Steuersparnis wie folgt:

$$\text{steuerlicher Verlust} \times \frac{\text{Grenzsteuersatz}}{100} = \text{Steuerersparnis}$$

Zu diesen laufenden Steuerersparnissen gesellen sich noch weitere Steuervorteile. Bei der Vermögen-, Erbschaft- und Schenkungsteuer werden in Deutschland gelegene Wohnimmobilien nur mit dem geringen Einheitswert, der meist nur 20 Prozent des tatsächlichen Marktwerts ausmacht, bewertet. Auch wenn auf diesen Einheitswert ein 140prozentiger Zuschlag erfolgt, macht der für Steuerzwecke maßgebende Wert gerade einmal 28 Prozent aus. Zwar wird nach der Entscheidung des Bundesverfassungsgerichts in Zukunft mit höheren Werten zu rechnen sein. Eine Anpassung an die wirklichen Verkehrswerte ist wegen des enormen Ermittlungsaufwands aber kaum zu befürchten. Auch wenn die Einheitswerte angehoben werden oder der Zuschlag auf die alten Einheitswerte deutlich heraufgesetzt wird, bleiben Immobilien bei der Vermögen-, Erbschaft- und Schenkungsteuer weiterhin begünstigt. Es wird sich auch in Zukunft lohnen, Grundvermögen statt Geldvermögen zu schenken oder zu vererben. Die laufend zu zahlende Vermögensteuer bei großen Vermögen läßt sich deutlich reduzieren, wenn die tatsächlichen Restschulden den niedrigen Steuerwert um ein Vielfaches überschreiten. Das »negative« Grundvermögen kann dann mit positivem Geldvermögen verrechnet werden und drückt das Gesamtvermögen eventuell so weit nach unten, daß nach Abzug der Freibeträge überhaupt kein zu versteuernder Rest mehr verbleibt.

Die wohl wichtigste Steuerersparnis erfahren Sie am eigenen Leibe erst mit dem Verkauf Ihrer Rendite-Immobilie. Gemeint ist – »last, not least« – der steuerfreie Veräußerungsgewinn. Um in den Genuß dieses zusätzlichen Steuervorteils zu kommen, müssen Sie mehr als zwei Jahre zwischen Kauf und Verkauf verstreichen lassen und den Verkauf im Rahmen der privaten Vermögensverwaltung abwickeln. Es ist daher immer ratsam, Wohnimmobilien im Privatvermögen zu halten.

Falls Sie gewerblichen Grundstückshandel betreiben, müssen Sie mit der Versteuerung von Veräußerungsgewinnen rechnen. Der Fiskus geht jedoch leer aus, wenn Sie maximal drei Objekte innerhalb eines Zeitraums von fünf Jahren im Rahmen der privaten Vermögensverwaltung verkaufen. Die strikte Einhaltung der »Drei-Objekt-Grenze« kann Ihnen also bares steuerfreies Geld einbringen.

4. Verkauf: Echte Veräußerungsgewinne als später Lohn

Auf drei Säulen beruht Ihr wirtschaftlicher Erfolg als Vermieter:

- Mietertrag,
- Steuerersparnis und
- Wertzuwachs.

Mit Hilfe von steuerlichen Gebäudeabschreibungen, hoher Fremdfinanzierung mit Schuldzinsenabzug sowie steuerfreien Erträgen aus der Tilgungsversicherung können Sie die anfänglich magere Netto-Mietrendite von 5 Prozent oder 8 Prozent Eigenkapitalrendite nach Steuern hochhebeln. Die größte Hebelwirkung verspricht jedoch ein echter steuerfreier Veräußerungsgewinn in Höhe der Differenz zwischen Verkaufspreis und Anschaffungskosten.
Nur realisierte Veräußerungsgewinne sind echte Gewinne. Bloße Wertsteigerungen auf dem Papier helfen Ihnen nicht weiter. Besonders fahrlässig verfahren Anlageberater, die pauschal 4 oder 5 Prozent pro Jahr auf den Kaufpreis oder gar den Gesamtaufwand aufschlagen und dann einen künstlich hohen Verkaufspreis in der Zukunft berechnen. Sie vergessen dabei bewußt oder unbewußt, daß der Einstandspreis gerade

bei Bauträgermodellen weit über dem für einen Wiederverkauf maßgeblichen Ertragswert liegt.

Schätzung des Verkaufspreises in der Zukunft

Nichts fällt so schwer wie die Kalkulation des künftigen Verkaufspreises. Eine faire Hochrechnung für vermietete Wohnimmobilien sollte immer von der erzielbaren Jahresnettokaltmiete in der Zukunft und nicht vom anfangs bezahlten Kaufpreis ausgehen. Mit der Formel »15fache Jahresnettomiete als geschätzter Verkaufspreis« und der Annahme einer Mietsteigerung von durchgängig 3 Prozent pro Jahr bin ich in der Vergangenheit immer gut gefahren. Anders gesprochen: Beim Verkauf meiner Mietobjekte habe ich nie weniger als die 15fache aktuelle Jahresmiete bekommen.
Was liegt näher, als auch in der Zukunft mit diesen Prognosen zu rechnen?

Beispiel

Neubau-Eigentumswohnung in Frechen bei Köln

Anschaffungskosten	277 000 DM in 1992
Jahresnettokaltmiete	16 020 DM für 1993
	18 000 DM für 1997 laut Staffelmiete

geschätzter Verkaufspreis bei Verkauf in 1998:
18 000 DM x 15 = 270 000 DM

Hanau 4080 × 12 = 48.960 × 15 = 734.000 DM
1995
(ohne bereits verkaufte Wohn…

Auch nach Ablauf von fünf Jahren läge der Verkaufspreis in diesem Beispiel noch unter den Anschaffungskosten.

Begründung: Gebrauchte Mietobjekte erzielen einen geringeren Verkaufspreis als Neubauobjekte, die zudem auch von Selbstnutzern nachgefragt werden. Bei vielen angebotenen vermieteten Neubau-Eigentumswohnungen liegen die Einstiegspreise so hoch, daß ein Veräußerungsgewinn realistischerweise frühestens nach Ablauf von zehn Jahren zu erwarten ist. Wer Ihnen etwas anderes erzählt, verschweigt die Nachteile für einen Zweiterwerber. Geringe Abschreibungssätze von 2 Prozent pro Jahr sowie die Übernahme eines laufenden Mietvertrages schrecken Käufer von Secondhand-Immobilien häufig ab. Sie sind nur bereit zu kaufen, wenn sie nicht mehr als die 15fache Jahresmiete zu bezahlen haben und damit eine Mietrendite von brutto mindestens 6,7 Prozent erzielen.

Beispiel

Neubau-Eigentumswohnung in Erkrath bei Düsseldorf

Anschaffungskosten	262 000 DM in 1993
Jahresnettokaltmiete	13 620 DM für 1993
	17 770 DM für 2002 bei 3 % Mietsteigerung pro Jahr

geschätzter Verkaufspreis bei Verkauf in 2003:
17 770 DM x 15 = 266 550 DM

Auch in diesem Fall rechne ich erst dann mit stattlichem Veräußerungsgewinn, wenn ich das Mietobjekt länger als zehn Jahre behalte. Sollten die Mietsteigerungen höher als durchschnittlich 3 Prozent pro Jahr ausfallen oder sollte mehr als das 15fache der Jahresnettomiete bei Verkauf an Selbstnutzer zu realisieren sein, kann der Gewinn auch schon im Verkaufsjahr 2003 steuerfrei kassiert werden. Doch das ist Zukunftsmusik. Wie ein Verkaufspreis tatsächlich geschätzt und realisiert werden kann, möchte ich ihnen anhand eines im Herbst 1993 verkauften Mietobjekts demonstrieren.

Zunächst die Daten: vermietetes Reihenhaus in Erkrath bei Düsseldorf, Fertigstellung Frühjahr 1981, Wohnfläche 159 m², Kaufpreis 300 000 DM bei Baubeginn im Herbst 1979, Jahresnettokaltmiete 20 760 DM in 1993.

Da die Miete gemäß Mietvertrag deutlich unter der ortsüblichen Vergleichsmiete laut Mietspiegel lag, wäre nach Beendigung des Mietverhältnisses Ende August 1994 eine deutliche Anpassung nach oben bei Wiedervermietung erfolgt.

Beispiel

20 760 DM plus 30 Prozent = 27 000 DM (30 % Mieterhöhung bei bestehendem Mietverhältnis innerhalb von drei Jahren bei nach dem 1.1.1981 fertiggestellten Wohnungen möglich, falls die ortsübliche Vergleichsmiete nicht überschritten wird).

Laut Mietspiegel von 1992 für Erkrath lag die ortsübliche Vergleichsmiete für Wohnungen über 90 m² in guter Wohnlage und mit besonderer Ausstattung (Bau-

jahr 1980–1989) bei 13,10 DM/m^2 maximal monatlich plus 5 Prozent Zuschlag für Reihenhäuser.
Meine Rechnung als Vermieter lautete daher:

	159 m^2 x 13,10 DM/m^2 =		2 080 DM
+	5 % Reihenhauszuschlag	+	105 DM
+	Garage	+	75 DM
	monatliche Nettokaltmiete		2 260 DM
x	12 Monate	x	12
	Jahresnettokaltmiete laut Mietspiegel 1992		27 120 DM, abgerundet 27 000 DM

Wohlweislich hatte ich folgende Klausel in den ab 1989 laufenden Mietvertrag aufgenommen: »Der Vermieter behält sich vor, das Mietobjekt zum Ende der Mietzeit am 31.8.1994 zu veräußern. Er verpflichtet sich, eine eventuelle Veräußerungsabsicht dem Mieter bis spätestens 31.12.1993 mitzuteilen.«
Meinem Mieter teilte ich bereits im Sommer 1993 meine Veräußerungsabsicht mit, da ich vom Abbau der Steuervergünstigungen nach § 10e für gebrauchte Eigenheime bei Kauf nach dem 31.12.1993 erfahren hatte. Nach reiflichem Überlegen entschied sich mein Mieter gegen den Kauf des gemieteten Reihenhauses und für den Neubau eines Eigenheims in unmittelbarer Nähe seiner Arbeitsstelle. Damit stand einem Verkauf meines Reihenhauses noch in 1993 nichts mehr im Wege.
Problem: Der Käufer könnte das Haus erst selbst nutzen, wenn der Mieter nach Fertigstellung seines neuen Hauses im Sommer oder Herbst 1994 ausziehen würde.

Probleme sind dazu da, um gelöst zu werden. Ich ging in die Offensive und informierte meinen Mieter über meine Absicht, ab Mitte August 1993 auf Käufersuche zu gehen. Meine Preisvorstellung orientierte ich an zwei Werten: der hochgerechneten ortsüblichen Vergleichsmiete und dem Kaufpreis für vergleichbare Reihenhäuser in der näheren Umgebung.
Zunächst die Hochrechnung über die Vergleichsmiete:

Jahresnettokaltmiete laut Mietspiegel	27 000 DM	
(30 % über aktueller Jahresmiete)		
15fache Jahresnettokaltmiete	405 000 DM	(= 27 000 x 15)
16fache Jahresnettokaltmiete	432 000 DM	(= 27 000 x 16)
17fache Jahresnettokaltmiete	459 000 DM	(= 27 000 x 17)
18fache Jahresnettokaltmiete	486 000 DM	(= 27 000 x 18)

Vergleichbare Reihenhäuser aus zweiter Hand, die bezugsfrei verkauft wurden, waren für 420 000 bis 520 000 DM zu haben, wie ich anhand von Zeitungsannoncen feststellen konnte.
Meine Preisuntergrenze legte ich nun bei 420 000 DM fest und die Preisobergrenze bei 480 000 DM, da der Käufer noch für einige Monate in das laufende Mietverhältnis einsteigen und den »Mieter« übernehmen müßte.
Zwei weitere Gründe sprachen für meine Preisvorstellung von 480 000 DM: Die Schallgrenze von 500 000 DM für gebrauchte Reihenhäuser wurde aus Käufersicht unterschritten, und der Kaufpreis pro m² Wohnfläche würde rund 3 000 DM ausmachen. Vergleichbare Neubauten kosten ab 560 000 DM aufwärts oder ab 3 500 DM/m² Wohnfläche bei Reihenmittelhäusern mit Mini-Grundstücken um die 200 m².

Könnte ich nun 480 000 DM erzielen und damit 60 Prozent mehr als beim Neubau-Kauf vor 14 Jahren? Insgeheim rechnete ich mir schon die durchschnittliche Wertsteigerung von 3,4 Prozent pro Jahr aus, und zwar bezogen auf die damaligen Investitionskosten. Bei der Preisuntergrenze von 420 000 DM würde ich 40 Prozent Wertzuwachs oder 2,4 Prozent pro Jahr erzielen. Im wohl ungünstigsten Fall müßte ich mit 405 000 DM und der 15fachen Jahresnettomiete zufrieden sein.

Käufersuche per Zeitungsannonce

Dreimal gab ich im August/September 1993 folgende Zeitungsannonce auf:

»Erkrath-Hochdahl, sehr großes Komfort-Reihenhaus, voll unterk., Bj. 1981, reine Wfl. 160 m^2 plus 30 m^2 Hobbyraum, Grundst. 210 m^2, hochw. Ausstattg., u.a. off. Kamin, Fußb.-Hzg., ruhige Lage am Naturschutzgeb., 5 Gehmin. zur S-Bahn, alle Steuervorteile nach § 10 e bei Kauf noch in diesem Jahr, Kaufpreis DM 480 000,–, von Privat an Privat, Tel. ...«

Gut 40 Privatleute und fast doppelt so viele Immobilienmakler meldeten sich bei mir. Als zugkräftige Argumente stellten sich die für ein Reihenhaus fast schon ungewöhnliche Größe von rund 160 m^2 reiner Wohnfläche, die angekündigten Steuervorteile bei Kauf noch im Jahr 1993 sowie – für Privatleute besonders wichtig – der Verkauf »von Privat an Privat« dar.
Ohne Werbetexter oder Marketingfachmann zu sein,

rate ich jedem Vermieter, der sein Haus oder seine Wohnung verkaufen möchte, in der Annonce das Besondere des Objekts herauszustellen. Profis sprechen von »unique selling position« (USP), was übersetzt soviel wie »einzigartige Verkaufsposition« heißt.
Mein größter Trumpf war der Zusatz »von Privat an Privat«. Jeder private Kaufinteressent rechnet sich die Maklerprovision aus, die er beim Kauf von Privat spart. Bei üblichen 3,45 Prozent vom Kaufpreis im Düsseldorfer Raum ergibt sich schnell ein fünfstelliger Betrag.
Es gibt auch Immobilienmakler, die Häuser und Wohnungen provisionsfrei an den Käufer verkaufen. Selbstverständlich wird dann die Maklerprovision in den Verkaufspreis eingerechnet. Der Käufer trägt sie somit letztendlich doch.
Peinlich berührt war ich von einigen Maklern, die sich bei mir unaufgefordert telefonisch meldeten und mir vom provisionsfreien Verkauf an den Käufer vorschwärmten. Meine Frage, was ich nun an sie bei erfolgreicher Vermittlung zu zahlen hätte, wurde mir in keinem einzigen Falle beantwortet. Statt dessen bekam ich beispielsweise folgenden Brief, der Panikmache als Instrument zur Gewinnung von Aufträgen bewußt einsetzt:

»Sehr geehrter Herr Siepe,
vielen Dank für das Telefongespräch. Sie möchten Ihr Haus privat verkaufen. Aber kennen Sie auch die Risiken?
- viele neugierige »Sonntagsgucker« stehlen Ihre wertvolle Zeit;
- Profis geben sich als Privatpersonen aus und wollen Sie aushorchen;

- mehrere Makler inserieren Ihre Immobilie »kaputt«;
- Gauner wollen sie ausspionieren, um später einzubrechen;
- wie auf dem Flohmarkt will man Ihren Preis runterhandeln;
- Woche für Woche warten Sie auf Interessenten;
- und wenn dann einer zusagt, platzt die Finanzierung!? ...«

Hand aufs Herz: Für wie unmündig halten solche Immobilienmakler private Hausverkäufer? Das zuerst beschriebene »Risiko« mußte ich selbstverständlich auf mich nehmen, denn drei Wochenenden gingen für Telefondienst und Besichtigungen drauf. Alle anderen genannten »Risiken« können Sie jedoch weitestgehend ausschließen, wenn Sie typische Anfängerfehler wie weit überhöhte Preisvorstellung oder nichtssagende Zeitungsannonce vermeiden.
Bisher habe ich alle meine Mietobjekte »von Privat an Privat« verkauft. Einen Immobilienmakler würde ich dann beim Verkauf einschalten, wenn mir Zeit und Marktkenntnis fehlten. Dann stünde ich vor einem neuen Problem: Wie finde ich einen seriösen und fachlich qualifizierten Immobilienmakler? Einfachstlösungen gibt es eben auch beim Verkauf von Wohnimmobilien nicht.

Besichtigung mit Kaufinteressenten

Die häufigste Frage von Kaufinteressenten am Telefon lautet verständlicherweise: »Wo liegt das Haus?«

Sie wissen ja von der Suche und Auswahl von Mietobjekten her, wie wichtig die Lage und die Umgebung sind. Besonders von künftigen Selbstnutzern wird der Wunsch nach eingehender Besichtigung geäußert.
Sie sollten in Abstimmung mit Ihrem Mieter feste Besichtigungstermine vereinbaren und mindestens eine halbe Stunde pro Besichtigung einplanen. Bei der Besichtigungszeremonie hat jeder Verkäufer seine eigene Strategie. Nach meinen Erfahrungen macht es überhaupt keinen Sinn, pausenlos auf den Kaufinteressenten einzureden und das eigene Objekt in den höchsten Tönen zu loben. Machen Sie sich lieber mit den Wünschen Ihrer potentiellen Käufer vertraut, und stillen Sie deren Informationsbedürfnisse nur, wenn Sie ausdrücklich nach Details gefragt werden.
Jedem Interessenten sollten Sie am Ende der Besichtigung ein Kaufangebot aushändigen, das einem Exposé von Immobilienmaklern ähnelt und die entscheidenden Daten enthält. Mein eigenes Kaufangebot für das bis August 1994 vermietete Reihenhaus ist auf der folgenden Seite abgedruckt.
Ernsthafte Kaufinteressenten erkennen Sie daran, daß sie im Gegensatz zu den bloßen »Sehleuten« weitergehende Informationen über das Objekt haben möchten. Grundrißzeichnung sowie Wohnflächenberechnung sollten Sie in Kopie bei der Besichtigung daher bereithalten und auf Wunsch aushändigen.
Dem Satz »Ich rufe Sie auf jeden Fall an« sollten Sie keine zu große Bedeutung bemessen. Fast alle Interessenten halten sich nicht an das Versprechen. Den wenigen, die anrufen und absagen, sollten Sie ausdrücklich Ihren Dank aussprechen, verbunden mit der Bitte, doch die Ablehnungsgründe kurz zu erläutern.

Kaufangebot

Objekt:	Einfamilien-Reihenhaus, 40699 Erkrath, Ortsteil Alt-Hochdahl	
Lage:	ruhige Wohnlage am Naturschutzgebiet Neandertal, gute Verkehrsverbindungen (5 Gehmin. zum S-Bahnhof Alt-Hochdahl, 5 Fahrtmin. zur Autobahn A 46 Hildener Kreuz)	
Bauweise:	2geschossig mit ausgebautem Dachgeschoß, voll unterkellert, Massivbau, Hausbreite 6,70 m	
Baujahr:	1981	
Größe:	Grundstücksfläche ca. 210 m^2 reine Wohnfläche ca. 160 m^2 zusätzliche Nutzfläche im Keller 64 m^2	
Aufteilung:	siehe Grundrißzeichnungen	
	EG 1 großes Zimmer, Küche, WC, Diele	64 m^2
	OG 3 Zimmer, Bad, Flur	64 m^2
	DG 1 Zimmer (Studio), Bad	31 m^2
		159 m^2
	+ KG Zubehörräume, Hobbyraum 29 m^2, Nutzfläche insgesamt 64 m^2	
Außenanlagen:	Terrasse 17 m^2, Kelleraußentreppe, kleiner Garten, Garage	
Ausstattung:	komfortabel (u.a. offener Kamin, Fußbodenheizung, hochwertige Bodenfliesen im EG, Teppichboden in OG und DG, Fliesen im KG, holzvertäfelte Decken in allen Räumen, breite Markise und Rolladenautomat auf der Gartenseite)	
Kaufpreis:	480 000 DM	
notarieller Kaufvertrag:	bis Ende 1993, um alle Steuervorteile nach § 10 e noch auszunutzen (ungekürzter Abzugsbetrag)	
Eigentumsübergang und Einzug:	ab Januar 1994, um alle Vorkosten vor Einzug steuerlich geltend zu machen	
Besichtigung:	nach Absprache mit dem Eigentümer Werner Siepe	

Aus den Gründen für den Nichtkauf können Sie sehr viel für Ihre weitere Verkaufsstrategie ableiten. In meinem Fall war es, wie nicht anders zu erwarten, vor allem der erst ein Jahr später mögliche Einzug und das Restrisiko, daß der bisherige Mieter den Auszug noch weiter verzögern könnte.
Der Interessent, der anruft und eine zweite Besichtigung wünscht, kommt in die engere Wahl. Signalisiert er bereits am Telefon Kaufbereitschaft, sollten Sie unverzüglich einen Gesprächstermin vereinbaren.

Verkaufsgespräch und Reservierungsvereinbarung

Nur ganz ernsthaften Kaufinteressenten sollten Sie Gelegenheit zu Preisverhandlungen geben.
Beispiel: Mein späterer Käufer war bereit, das noch vermietete Reihenhaus für 440 000 DM sofort zu erwerben, also 40 000 DM unter meinem Angebotspreis. Ich hielt mit 460 000 DM dagegen. Einig wurden wir uns schließlich bei 450 000 DM.
Zugleich mit der Einigung über den Preis treffe ich mit meinem potentiellen Käufer eine Reservierungsvereinbarung, in der ich die wesentlichen Punkte festhalte und bereits den Termin für die notarielle Beurkundung des Kaufvertrages festlege. Während ich mich als Verkäufer verpflichte, keine weiteren Verkaufsverhandlungen mit anderen Kaufinteressenten zu führen, zahlt mir der potentielle Käufer eine Gebühr in Höhe von etwa 1 Prozent des vereinbarten Kaufpreises. Diese Gebühr wird bei Abschluß des notariellen Kaufvertrags an den Käufer zurückgezahlt.

Vereinbarung

Zwischen

Werner Siepe (Eigentümer des Hauses)
und
(Name des Käufers)

wird folgendes vereinbart:

1. Herr Werner Siepe reserviert Herrn/Frau… das Einfamilienhaus bis zum 8.10.1993 und verpflichtet sich, keine Verkaufsverhandlungen mit anderen Kaufinteressenten zu führen.

2. Der Kaufvertrag über das o.g. Objekt soll in der 40. Woche vom 4. bis 8.10.1993 notariell beurkundet werden. Herr/Frau… erteilt dazu unverzüglich einem von ihm zu benennenden Notar den Auftrag.

3. Der vereinbarte Kaufpreis für das o.a. Objekt beträgt

   450 000 DM (in Worten: Vierhundertfünfzigtausend Deutsche Mark).

   Herr/Frau… trägt im Falle des notariellen Vertragsabschlusses die in Zukunft noch anfallenden straßenmäßigen Erschließungskosten. Der wirtschaftliche Übergang von Nutzen und Lasten soll am 1.1.1994 erfolgen. Bis zum Auszug der Mieter erhält Herr/Frau… vom Mieter eine monatliche Nettokaltmiete von 1 730 DM plus 200 DM Betriebskosten-Vorauszahlung.

4. Herr/Frau… verpflichtet sich, 5 000 DM innerhalb von sieben Tagen auf das Konto Nr. … des Werner Siepe bei … (BLZ…) zu überweisen oder einen entsprechenden V-Scheck über die genannte Summe auszustellen und Herrn Werner Siepe auszuhändigen.

   Bei Abschluß des notariellen Kaufvertrages bis zum 8.10.1993 zahlt Herr Werner Siepe diesen Betrag unverzüglich an Herrn/Frau… wieder zurück, und zwar unverzinslich.

   Kommt der notarielle Kaufvertrag aus von Herrn/Frau… zu vertretenden Gründen nicht zustande, wird der Betrag von 5 000 DM unter Anrechnung des finanziellen Schadens, den Herr Werner Siepe durch den Verkauf an einen anderen Erwerber erleidet, zurückgezahlt.

   Die Höhe des Schadenersatzes wird auf 5 000 DM begrenzt. Herr/Frau… behält sich vor, einen geringeren Schadenersatz zu leisten und dies gegenüber Herrn Werner Siepe geltend zu machen.

Erkrath, 16.9.1993

....

(Werner Siepe) (Unterschrift Käufer)

! Bei der Vereinbarung darf es sich nicht um einen Vorvertrag handeln, der notariell beurkundet werden müßte. Die Reservierungsgebühr, die ansonsten nur Makler in Rechnung stellen und mit ihrer Provision verrechnen, darf nicht vom notariellen Kaufpreis abgezogen werden, sofern ein Verkauf von Privat erfolgt. Die Gebühr dient lediglich dazu, den Schaden zu decken, der dem Verkäufer bei Nichtabschluß des notariellen Kaufvertrages entsteht. Eine entsprechende Vereinbarung, die ich mit einem erfahrenen Rechtsanwalt vorher besprochen habe, finden Sie auf der vorangegangenen Seite abgedruckt. Warum dieses komplizierte Verfahren? Nun, es wird immer Fälle geben, in denen ein Kaufwilliger nicht zu seinem Wort steht. Um ihn stärker in die Pflicht zu nehmen, sollten Sie auf einer schriftlichen Vereinbarung bestehen und eine entsprechende Vorabgebühr verlangen. Lassen Sie ihn selbst den Auftrag an einen Notar zwecks Erstellung eines Kaufvertragsentwurfs erteilen, und überreichen Sie ihm alle erforderlichen Unterlagen hierzu. »Wer die Musik bestellt, muß auch bezahlen«, heißt ein von Richtern abgesegneter Grundsatz.
Das heißt: Springt Ihr Käufer noch im letzten Moment ab, ist er gegenüber dem Notar zahlungspflichtig. Außerdem muß er damit rechnen, daß die an den Verkäufer gezahlte Gebühr nicht zurückerstattet wird, da ein nachgewiesener Schaden in mindestens gleicher Höhe entstanden ist.

Kaufvertrag und Zahlung

Halten wir die bisherigen Stationen beim Verkauf des Reihenhauses einmal fest:

4.9.1993	letzte von drei Zeitungsannoncen »Einfamilienhäuser«
5.9.1993	Hausbesichtigung mit Kaufinteressenten
16.9.1993	Verkaufsgespräch und Reservierungsvereinbarung
8.10.1993	Notartermin zur Beurkundung des Kaufvertrages

Springt der Käufer noch ab? So lautet die bange Frage bei privaten Verkäufern und bei Immobilienmaklern, die einen Notartermin bereits vereinbart haben. In der Tat können Sie alle Stationen vorher vergessen und wieder von vorn mit der Käufersuche beginnen, wenn Ihr potentieller Käufer am Notartermin nicht erscheint und endgültig auf den Kauf verzichtet. Als kleines Trostpflaster bleibt Ihnen oder dem Makler die vereinbarte Reservierungsgebühr, falls sie nicht vom Fast-Käufer auf gerichtlichem Wege zurückverlangt werden kann.

Gerade künftige Eigentümer springen dann ab, wenn die Finanzierung platzt. Erkundigen Sie sich daher ganz offen bei Ihrem späteren Käufer, ob er die Finanzierung schon unter Dach und Fach hat und ob er Ihnen eine vorläufige Darlehenszusage zeigen kann. Ganz clevere Verkäufer lassen noch beim Abschluß des notariellen Kaufvertrages Vorsicht walten und weisen den Notar an, »eine Auflassungsvormerkung

zugunsten des Käufers erst dann einzutragen, wenn die unwiderrufliche Finanzierungszusage der finanzierenden Bank vorliegt«. Sie schützen sich damit vor Auflassungsvormerkungen zugunsten von Käufern, die tatsächlich keine Fremdfinanzierung zustande bringen.
Die Endstation »erfolgreicher Verkauf« ist beim Verkäufer erst erreicht, wenn der Veräußerungserlös unter Abzug von eventuell abzulösenden Restschulden auf das eigene Konto überwiesen ist. In meinem Verkaufsfall geschah dies vereinbarungsgemäß erst am 3. Januar 1994, da der wirtschaftliche Übergang von »Besitz und Nutzungen, Gefahren und Lasten« erst zu diesem Zeitpunkt erfolgte. Grund: Mit Abschluß des Kaufvertrages noch in 1993, aber wirtschaftlichem Eigentumsübergang sowie Einzug in 1994 konnte mein Käufer den Steuervorteil nach dem alten § 10 e noch in vollen Zügen genießen. Wäre der wirtschaftliche Übergang im Jahr 1993 erfolgt, hätte er einen Abzugsbetrag von 19 800 DM verloren.

Veräußerungsgewinn und Vermögensüberschuß

Ob man den richtigen Verkaufszeitpunkt gewählt hat, weiß man erst hinterher. Mein Entschluß, noch im Herbst 1993 mein Häuschen zu verkaufen, gründete sich in erster Linie auf die drastische Kürzung der Steuervorteile beim Kauf von gebrauchten Eigenheimen ab 1994. Wenn der Hauskäufer weniger Steuern sparen kann, wird er auf einen Neubau ausweichen oder einen Preisabschlag fordern. Hinzu kommt, daß die

Kaufkraft infolge der Rezession in den Jahren 1994 und 1995 zurückgeht. Preiseinbrüche bis zu 10 oder gar 20 Prozent bei Wohnimmobilien aus zweiter Hand könnten durchaus in einigen Gegenden auftreten.
Mein steuerfreier Veräußerungsgewinn von 150 000 war mir da lieber. Zwar stieg der Einstandspreis von 300 000 DM aus dem Jahr 1979 nur relativ bescheiden um 3 Prozent im Durchschnitt pro Jahr. Dabei ist jedoch an die Durststrecke Mitte der 90er Jahre zu denken, in der die Immobilienpreise teilweise deutlich nachgaben. Erst der ab 1990 einsetzende Nachfrageboom hat einen Veräußerungserlös von 450 000 DM ermöglicht.
Während der Veräußerungsgewinn aus dem Abzug der Anschaffungskosten vom Verkaufspreis resultiert, gibt der Vermögensüberschuß an, wieviel Geld nach Ablösung der Restschulden vom Veräußerungserlös übrigbleibt. Es gilt die einfache Rechnung:

Veräußerungserlös (Verkaufspreis)	z.B.	450 000 DM
– Restschulden (abgelöste Darlehen)		– 210 000 DM
Vermögensüberschuß (zur freien Verfügung)		240 000 DM

Ein Vermögensüberschuß von 240 000 DM übersteigt das eingesetzte Eigenkapital in Höhe von 90 000 DM (= 30 Prozent der Anschaffungskosten von 300 000 DM) um das 2,7fache. Die Endrendite nach Steuern ohne Berücksichtigung von Überschüssen während der Vermietungszeit beläuft sich auf gut 7 Prozent. Unter Einrechnung der laufenden Überschüsse nach Steuern und Tilgung konnte ich wie bei allen meinen Mietobjekten eine Eigenkapitalrendite von mehr als 10 Prozent nach Steuern erzielen.
Im 3. Kapitel erfahren Sie, wie Sie diese Endrendite

nach Verkauf berechnen können. Der späte Lohn einer zweistelligen Endrendite wird Sie für Ihre lange währende Vermietungsarbeit entschädigen. Nur der langfristige Gewinn sollte Ihr Ziel sein. Die kurzfristige Gewinnerzielung können Sie getrost den Spekulanten überlassen.

Alternativen zum Verkauf Ihres Mietobjekts

Verkaufen will gelernt sein, und zum Verkäufertyp sind Sie vielleicht ebensowenig geboren wie ich. Wenn Sie Geld mit der Vermietung von Wohnungen verdienen wollen, können Sie Ihr Mietobjekt auch behalten und nach Entschuldung im Ruhestand hohe Mieteinnahmen als Zusatzrente genießen. Schuldenfreie Rendite-Immobilien kosten Sie nur noch die laufende Instandhaltung und die Verwaltung. Den Reinertrag können Sie quasi pur einstecken. Nach Verrechnung mit den Gebäudeabschreibungen entstehen nun positive Einkünfte aus Vermietung und Verpachtung oder steuerliche Gewinne, die Sie mit dem Finanzamt teilen müssen. Je niedriger Ihr Grenzsteuersatz im Alter liegt, desto weniger wird Sie die Steuerlast drücken. Ihr Reinertrag nach Steuern wird eine willkommene zweite oder dritte Rente sein. Private Altersvorsorge läßt sich eben nicht nur mit Lebensversicherungen, sondern auch mit vermieteten Wohnungen betreiben. Eine weitere Alternative zum Verkauf besteht in der unentgeltlichen Übertragung an einen Dritten, wie die Juristen umständlich formulieren. Gemeint ist das Verschenken zu Lebzeiten im Wege der vorweggenommenen Erbfolge oder das Vererben im Falle Ihres Todes. Wohnen Sie beispielsweise in einem schuldenfreien Eigenheim und besitzen Sie zusätzlich ein schuldenfreies Mietobjekt, können Sie beide Objekte steuergünstig verschenken, ohne auf miet- und schuldenfreies Wohnen sowie Mieteinnahmen verzichten zu müssen.

Der Weg dazu? Sie lassen sich bei der Schenkung des Eigenheims an Ihr erstes Kind ein lebenslanges, dinglich gesichertes Wohnrecht einräumen, und bei der Schenkung des Mietobjekts an Ihr zweites Kind vereinbaren Sie ein ebenfalls dinglich gesichertes Nießbrauchsrecht. Dinglich gesichert bedeutet: Die Eintragung muß im Grundbuch erfolgen, was für Ihre eigene Sicherheit zu empfehlen ist.

Ihren Kindern ersparen Sie die Schenkungsteuer, falls der maßgebende Einheitswert über den Freibetrag von 90 000 DM nicht hinausgeht. Im 10-Jahres-Abstand können Sie den Freibetrag sogar mehrmals ausschöpfen. Hoffentlich danken Ihnen die so großzügig Beschenkten dafür. Erbstreitigkeiten haben Sie mit dieser Schenkungsstrategie zumindest vorgebeugt.

3 Ihre Kalkulation: 7-Punkte-Rechnung für Ihr Mietobjekt

Richtig rechnen will gelernt sein. Dies gilt gerade auch bei der Kapitalanlage in vermietete Wohnimmobilien. Leider sind die Rechnungen fast aller Anbieter und Vermittler geschönt oder schlichtweg falsch. Und die wenigsten privaten Anleger machen sich die Mühe, nachzurechnen und die Fallstricke zu entdecken.
Um nicht in reine Theorie zu verfallen, habe ich im folgenden ein eigenes Kalkulationsbeispiel gewählt. Es handelt sich um meine Neubau-Eigentumswohnung in Erkrath bei Düsseldorf, die ich innerhalb von zwei Monaten gekauft, vermietet und finanziert habe. Hier die einzelnen Stadien meiner Kalkulation:

1.	*Investitionskosten*		
	Kaufpreis lt. notariellem Kaufvertrag vom 17.3.1993:		254 000 DM
+	Kaufnebenkosten (Grunderwerbsteuer u.a.)	+	7 850 DM
2.	*Jahresreinertrag*		
	Mietvertrag vom 23.3.1993 über 1135 DM monatliche Nettokaltmiete		
	Jahresnettokaltmiete 1.5.1993-30.4.1994:		13 620 DM
-	Verwaltungskosten lt. Verwaltervertrag	–	390 DM
-	Instandhaltungskosten (geschätzt)	–	600 DM

3. *Mietrendite*

Preis-Miet-Verhältnis: 18,6fach (= 254 000 : 13 620)
Mietrendite brutto: 5,4 % für 1. Vermietungsjahr
Mietrendite netto: 4,8 % für 1. Vermietungsjahr
Nach-Steuer-Mietrendite: 5,4 % für 1. Vermietungsjahr
(bei Berücksichtigung von 90 % Gebäudekostenanteil, 7 % Neubau-Abschreibung und 40 % Grenzsteuersatz)

4. *Kreditkosten*

Darlehensvertrag vom 6.4.1993 über 250 000 DM Bruttodarlehen mit folgenden Konditionen: Nominalzins 5,92 %, Auszahlung 90 %, Zinsbindung 10 Jahre, keine regelmäßige Tilgung, monatliche Zinszahlung und -verrechnung, Effektivzins 7,6 %
Nach-Steuer-Hypothekenzins: 4,4 % für 1. bis 10. Jahr
(bei vergleichbarem Nominalzins von 7,3 % bei 100 % Auszahlung und 40 % Grenzsteuersatz)
jährliche Zinskosten: 14 800 DM für 1. bis 10. Jahr

5. *Entschuldung*

Abschluß einer Kapital-Lebensversicherung über 20 Jahre lt. Police vom 7.4.1993 mit einer monatlichen Versicherungsprämie von 479,40 DM
jährliche Versicherungsprämie: 5 753 DM
geschätzte Ablaufleistung: 225 000 DM
prognostizierte Ablaufrendite: 6,3 %

6. *Liquidität*

eingesetztes Eigenkapital nach Steuern: 27 900 DM
Unterdeckung nach Steuern und Tilgung: 62 420 DM für 20 Jahre
(bei 3 % jährlicher Miet- und Kostensteigerung, 8,5 % Nominalzins bei 100 % Auszahlung ab 11. Jahr und 40 % Grenzsteuersatz)

7. *Endrendite*

erwartete Endrendite bei Verkauf nach 20 Jahren: 10 %
(setzt einen Verkaufspreis von 327 000 DM und das Erreichen der Ablaufleistung von 225 000 DM voraus; bei einem geschätzten Verkaufspreis von 369 000 DM darf die Ablaufleistung bis auf 183 000 DM fallen, um die gleiche Eigenkapitalrendite nach Steuern zu erzielen)

Die anfänglich bescheidene Mietrendite von 4,8 Prozent netto wird in dieser Langfristrechnung auf 10 Prozent hochgehebelt, da ich vier Hebel nutze:

- Hebel Gebäudeabschreibung: führt zu einer steuerlichen Zusatzrendite
- Hebel Fremdfinanzierung: steigert die Eigenkapitalrendite, falls die Nach-Steuer-Mietrendite über dem Nach-Steuer-Hypothekenzins liegt
- Hebel Tilgungsversicherung: wirkt dann, wenn die steuerfreie Ablaufrendite den Nach-Steuer-Hypothekenzins übersteigt
- Hebel Veräußerungsgewinn: erhöht die Rendite, falls der tatsächliche Veräußerungserlös über den Investitionskosten liegt

Sie können beim Nutzen aller vier Hebeleffekte sehr wohl auf eine Eigenkapitalrendite von 10 Prozent pro Jahr nach Steuern kommen. Physiker verstehen unter einem Hebel das Produkt aus Kraft und Weg. Auch bei vermieteten Wohnimmobilien gehören Marktkräfte und eigene Anstrengungen zusammen, um von der segensreichen Wirkung des Hebels zu profitieren. Anlageexperten sprechen vom »leverage effect«, wenn sie die renditesteigernde Wirkung des Hebels meinen.

1. Investitionskosten: Wie teuer Ihr Objekt wirklich wird

Bauherren müssen Grundstücks- und Baukosten genau auflisten, um die Investitionskosten zu errechnen. Als Neubaukäufer vom Bauträger, Käufer von gebrauchten Immobilien oder Ersteigerer beim Amtsgericht haben Sie es hingegen sofort mit einem Gesamtpreis zu tun – dem Kaufpreis laut notariellem Kaufvertrag oder dem Steigpreis nach Verkündung des Zuschlags im Versteigerungstermin.

In meinem Kaufvertrag vom 17.3.1993 über eine 67 m² große Neubau-Eigentumswohnung heißt es beispielsweise:

»Der Kaufpreis beträgt	
für den verkauften Miteigentumsanteil einschließlich Sondereigentum an der beschriebenen Eigentumswohnung	248 878 DM
für das verkaufte Sondernutzungsrecht an dem dort näher beschriebenen offenen Kraftfahrzeugabstellplatz	5 000 DM
insgesamt	253 878 DM

– in Worten: Deutsche Mark zweihundertdreiundfünfzigtausendachthundertachtundsiebzig – «

Soweit der Originaltext aus dem Kaufvertrag. Als privater Investor setze ich diese umständliche Beschreibung um in

Kaufpreis Wohnung	249 000 DM	(67 m^2 x 3 715 DM)
+ Kaufpreis Außenstellplatz	5 000 DM	
Kaufpreis insgesamt	254 000 DM	(67 m^2 x 3 790 DM)

Dabei habe ich sowohl den Kaufpreis für die Wohnung (von 248 878 DM auf 249 000 DM) als auch die Wohnfläche (von 66,94 m^2 auf 67 m^2) aufgerundet, um griffige Zahlen zu bekommen.

Kaufpreisermittlung

Der Kaufpreis ging bereits aus der Kaufpreisliste des Bauträgers oder des mit dem Alleinvertrieb beauftragten Maklers hervor. Dort konnte ich lesen: Wohnung Nr. 32, EG rechts, 66,94 m^2, 247 678 DM. Warum sollte ich dann 1 200 DM mehr bezahlen?

Nun, die mir vom Makler überreichte Kaufpreisliste war auf dem Stand von 1992 und enthielt die Bemerkung: »Sollte sich vor Abschluß eines notariellen Kaufvertrages die Mehrwertsteuer von 14 Prozent erhöhen, so behält sich der Bauträger eine entsprechende Anpassung des Kaufpreises vor.«

Nach der Erhöhung der Mehrwertsteuer auf 15 Prozent ab 1.1.1993 konnte ich mich auf einen 1993er Kaufpreis von 249 851 DM gefaßt machen, wie ich mir selbst bereits ausgerechnet hatte. Um so überraschter

war ich, als mir der neue Preis von 248 878 DM telefonisch durchgegeben wurde. Hatte sich der Bauträger etwa verrechnet? Mir sollte es recht sein, hatte ich doch dadurch einen Tausendmarkschein gespart.
Die von mir favorisierte Eigentumswohnung war mir beim Vorbeifahren an einem Bauschild mit dem Zusatz »Nur noch 5 Wohnungen frei« aufgefallen. Sie wurde »käuferprovisionsfrei« von einem örtlichen Immobilienmakler vermittelt. Selbstverständlich ist die Maklerprovision bei solchen Angeboten mit 4 oder 5 Prozent bereits im Kaufpreis eingerechnet. Da ich ohne Makler aber nicht an dieses Objekt kommen konnte, mußte ich wohl oder übel die indirekte Preiserhöhung schlucken. Anders gesprochen: Beim Kauf ohne Maklerprovision von schätzungsweise 4 Prozent im Jahr 1992 hätte ich nur gut 238 000 DM für die Wohnung oder knapp 3 560 DM pro m^2 Wohnfläche bezahlt.
Zum Kaufpreis zählt letztlich nur das, was im Kaufvertrag notariell beurkundet wird. Dieser reine Kaufpreis stellt dann die Grundlage für die Berechnung der Grunderwerbsteuer sowie der Notar- und Grundbuchgebühren für die Eigentumsumschreibung dar.

Kaufnebenkosten

Die Gleichung ist einfach:

> Kaufpreis plus Kaufnebenkosten = Investitions- oder Anschaffungskosten.

Zu den Anschaffungskosten gehören demnach der

reine Anschaffungs- oder Kaufpreis und »die Nebenkosten der Anschaffung, soweit sie dem Wirtschaftsgut einzeln zugeordnet werden können«, wie es in den Einkommensteuer-Richtlinien heißt. Bei den Anschaffungs- oder Kaufnebenkosten handelt es sich ebenso wie beim Anschaffungs- oder Kaufpreis um »Aufwendungen, die geleistet werden, um das Wirtschaftsgut zu erwerben und in einen dem angestrebten Zweck entsprechenden Zustand zu versetzen«.
Was in der Sprache der Steuerjuristen so kompliziert klingt, ist im Prinzip ganz einfach. Alles, was Sie bezahlen müssen, um das Objekt selbst zu kaufen, zählt zu den Investitions- oder Anschaffungskosten. Praktisch unverzichtbare Kaufnebenkosten sind

- Grunderwerbsteuer (2 Prozent des Kaufpreises),
- Notargebühren für die Eigentumsumschreibung,
- Grundbuchgebühren für die Eigentumsumschreibung.

Beim Ersteigern von Immobilien fällt keine Notargebühr für den Eigentumsübergang an, sondern eine relativ niedrige gerichtliche Zuschlagsgebühr. Im übrigen sollten Sie pauschalen Behauptungen, Sie müßten mit 4 bis 5 Prozent des Kaufpreises als Kaufnebenkosten rechnen, mißtrauen. Oft werden die Notar- und Grundbuchgebühren für die Bestellung und Eintragung der Grundschulden oder Hypotheken fälschlicherweise zu den Kaufnebenkosten gezählt, obwohl sie ebenso eindeutig wie ein eventuell anfallendes Disagio zu den steuerlich sofort abzugsfähigen Finanzierungskosten zählen.

Es gilt die Regel

Kosten im Zusammenhang mit der Finanzierung oder späteren Vermietung sind Finanzierungs- und Vermietungskosten und keine Investitionskosten. Der von einigen Maklern empfohlene Trick, die Maklerprovision in Höhe von beispielsweise 3,45 Prozent des Kaufpreises als Vermittlungsprovision für die Finanzierung zu tarnen und dann steuerlich sofort abzusetzen, verfängt bei mißtrauischen Finanzbeamten nicht. Denn nach dem Schreiben des Bundesfinanzministeriums vom 31.8.1990 darf die sofort abzugsfähige Gebühr im Zusammenhang mit der Endfinanzierung nur höchstens 2 Prozent des vermittelten Bruttodarlehens betragen.
Es bleibt also dabei: Wenn Sie die Maklerprovision nur zahlen, um die Immobilie zu kaufen, gehört die Provision zu den Kaufnebenkosten.
In der Kalkulationshilfe 1 »INVESTITIONSKOSTEN« auf Seite 188 finden Sie die tatsächlich angefallenen Notar- und Grundbuchgebühren für die Eigentumsumschreibung in Höhe von insgesamt etwa 1 Prozent des Kaufpreises. Zusammen mit der Grunderwerbsteuer machen die Kaufnebenkosten in meinem Fall lediglich 3 Prozent des Kaufpreises aus.

Zahlen Sie für Ihre Investition nicht mehr als notwendig. Aufgeblähte Gebühren sollten Sie ebensowenig akzeptieren wie überhöhte Kaufpreise.

Kalkulationshilfe 1: INVESTITIONSKOSTEN

	Kaufpreis Wohnung		249 000 DM	(= 67 m² x 3 716 DM)
+	Kaufpreis TG-Stellplatz	+	5 000 DM	
	Kaufpreis insgesamt		254 000 DM	
+	Kaufnebenkosten*)	+	7 850 DM	(geschätzt mit 3 % des Kaufpreises)
	Anschaffungskosten (als reine Investitionskosten)		261 850 DM	(= 67 m² x 3 908 DM)

! Der in Prospekten aufgeführte Gesamtaufwand geht über die reinen Anschaffungs- und Investitionskosten hinaus und setzt sich wie folgt zusammen:

Gesamtaufwand = Kaufpreis insgesamt
+ Kaufnebenkosten

Anschaffungskosten
+ Bauzeitzinsen bei Neubauten
+ Notargebühren für die Grundschuldbestellung
+ Grundbuchgebühren für die Grundschuldeintragung
+ Mietgarantiegebühren
+ Finanzierungsvermittlungsgebühr
+ evtl. Disagio

! Nur die reinen Anschaffungs- und Investitionskosten bilden die steuerliche Grundlage für die Berechnung der Gebäudeabschreibungen.

Die zusätzlich zu den Anschaffungskosten anfallenden Finanzierungskosten und Gebühren für die Mietgarantie sind steuerlich als Werbungskosten sofort abzugsfähig. Laut BMF-Schreiben vom 31.8.1990 – IV B 3 – S 2253 a – 49/90 – müssen folgende Höchstgrenzen eingehalten werden:

Disagio max. 10 % des Bruttodarlehens (bei mind. fünfjähriger Zinsbindung)

Gebühr im Zusammenhang mit der Endfinanzierung max. 2 % des vermittelten Bruttodarlehens

Gebühr für die Mietgarantie max. 4 Monatsmieten bei Neuvermietung (sonst max. 2 Monatsmieten)

*) Kauf- bzw. Anschaffungsnebenkosten sind:

Grunderwerbsteuer (2 % des Gesamt-Kaufpreises)	5 080 DM
Notargebühren für die Umschreibung (ca. 0,7 %)	1 860 DM
Grundbuchgebühren für die Umschreibung (ca. 0,35 %)	910 DM
evtl. Maklerprovision (z.B. 3,45 % des Kaufpr.)	DM

Gesamtaufwand

Wenn vom Gesamtaufwand in der Investitionsphase die Rede ist, sollte darunter nur die Summe aus Investitionskosten und einmaligen Finanzierungsnebenkosten wie Disagio, Bauzeitzinsen und Kosten der Darlehenssicherung verstanden werden. Der Gesamtaufwand stellt dann den Kapitalbedarf dar, der mit Hilfe von Eigen- und Fremdkapital gedeckt wird. Aus steuerlicher Sicht sind die einmaligen Finanzierungsnebenkosten unter vorweggenommenen Werbungskosten einzuordnen und sofort abziehbar.
Kosten der Darlehenssicherung können mit etwa 0,5 Prozent des Kaufpreises angesetzt werden, sofern eine Grundschuld in Höhe des Kaufpreises beim Notar bestellt und beim Amtsgericht ins Grundbuch eingetragen wird. Bauzeitzinsen fallen nur bei Kauf von noch nicht fertiggestellten Objekten an und müssen individuell kalkuliert werden in Abhängigkeit von der Restbauzeit und der gewählten Finanzierung. Sofern eine Endfinanzierung mit 3 % Bereitstellungszinsen für das nicht in Anspruch genommene Darlehen gewählt wird, ergeben sich die Bauzeitzinsen aus den Bereitstellungszinsen für noch nicht ausgezahlte und den effektiven Zinsen für bereits ausgezahlte Darlehensbeträge. Ein Disagio bis zu 10 Prozent der Darlehenssumme kann bei mindestens fünfjähriger Zinsbindung ebenfalls steuerlich sofort abgezogen werden.
Leider wird der gesetzlich nicht definierte Begriff des Gesamtaufwands in Prospekten mehr oder minder irreführend verwendet. Mal werden die gesamten Anschaffungskosten sowie alle einmaligen Nebenkosten einschließlich Disagio zum Gesamtaufwand zusam-

mengefaßt, was der obengenannten Interpretation entspricht.

Einige Initiatoren verstehen unter Gesamtaufwand nur die an sie zu zahlenden Investitionskosten einschließlich Treuhandgebühr, Steuerberatungskosten sowie Finanzierungsvermittlungs- und Mietgarantiegebühren. Zusätzlich anfallende Kaufnebenkosten wie Grunderwerbsteuer und Notar- und Gerichtsgebühren für die Eigentumsumschreibung bleiben dann ebenso außen vor wie Kosten der Darlehenssicherung, Bauzeitzinsen und Disagio.

Es ist daher besser, auf den Begriff des Gesamtaufwands ganz zu verzichten und statt dessen genau zwischen Kaufpreis, Investitions- bzw. Anschaffungskosten und Kapitalbedarf zu unterscheiden.

! Nur die Investitionskosten bilden die steuerliche Grundlage für die Gebäudeabschreibung.

2. Reinertrag: Was von der Miete unter dem Strich übrigbleibt

Ein üblicher Rechenfehler besteht darin, den tatsächlichen Ertrag aus dem Mietobjekt zu überschätzen. Nicht die monatlich zu überweisende Miete einschließlich der Nebenkosten ist das Maß aller Dinge, sondern die um Verwaltungs- und Instandhaltungskosten zu vermindernde Nettokaltmiete.
Im Mietvertrag, den ich am 22.3.1993 mit meinem Mieter abschloß, heißt es beispielsweise:

»Der Mieter hat monatlich, spätestens am 3. Werktag eines Monats, im voraus folgende Zahlungen kostenfrei an den Vermieter vorzunehmen:

Miete	1 105 DM
Nebenkosten ohne Heizung und Warmwasser	106 DM
Heiz- und Warmwasserkosten	106 DM
Sonstiges (Außenstellplatz)	30 DM
Gesamtbetrag	1 347 DM«

Die in der Eigentümerversammlung festgelegte monatliche Wohngeldvorauszahlung von 3,50 DM/m² an den Hausverwalter muß ich als Eigentümer mit

berücksichtigen. Bei meiner 67 m² großen Neubauwohnung beläuft sich das monatliche Wohngeld auf 235 DM. Nach Abzug des Wohngeldes verbleibt mir demnach ein Restbetrag von 1 112 DM monatlich oder 13 344 DM jährlich.
Die nachfolgende Rechnung geht jedoch einen anderen Weg. Von der Jahresnettokaltmiete werden nicht umlagefähige Bewirtschaftungskosten abgezogen. Nur der verbleibende Jahresreinertrag von anfangs 12 630 DM geht dann in die weitere Kalkulation ein.

Jahresnettokaltmiete

Der für meine in Erkrath gelegene Neubau-Eigentumswohnung maßgebliche Mietspiegel vom 1.7.1992 weist folgende Mietrichtwerte für die monatliche Nettokaltmiete in DM/m² aus:

Baujahr ab 1990, Wohnung mit besonderer Ausstattung	
normale Wohnlage:	14,00–15,70 DM/m²
gute Wohnlage:	16,10–17,40 DM/m²

Bei Erst- oder Weitervermietung können diese Mietrichtwerte um bis zu 20 Prozent überschritten werden, ohne daß von Mietpreisüberhöhung gesprochen werden kann. Ausgehend von mittleren Richtwerten, komme ich dann auf folgende Mietgrenzen:

maximale Nettokaltmiete für Neu-Mieter in Erkrath

normale Wohnlage:	17,80 DM/m² (= 120 % von 14,85 DM)
gute Wohnlage:	20,10 DM/m² (= 120 % von 16,75 DM)

Mit den geforderten 16,50 DM/m² blieb ich daher deutlich unter den Höchstgrenzen. Vergleichbare Neubauwohnungen wurden in einer Spanne zwischen 15 und 20 DM/m² angeboten. Da ich es mir zur Gewohnheit gemacht habe, nur marktgerechte Kaufpreise zu zahlen und andererseits nur marktgerechte Mieten zu verlangen, stehe ich mit meiner Mietpreiskalkulation auf der sicheren Seite.
Wichtiger als eine maximale Anfangsmiete ist eine marktgerechte Miete mit jährlicher Anpassung über eine Staffelmietvereinbarung.

Beispiel

Bei einer vereinbarten Mietdauer von fünf Jahren und einer von Jahr zu Jahr um 0,50 DM/m² steigenden Nettokaltmiete liegt die neue Miete im fünften Jahr bei 18,50 DM/m². Dies entspricht einer jährlichen Mietsteigerung von knapp 3 Prozent.
Für den Außenstellplatz berechne ich zusätzlich 30 DM fest im Monat. Insgesamt ergibt sich dann eine Nettokaltmiete von monatlich 1 135 DM oder jährlich 13 620 DM im ersten Vermietungsjahr, wie Sie der Kalkulationshilfe 2 »REINERTRAG« auf Seite 196 entnehmen können. Meine Kalkulation der Jahresnetto-

kaltmieten für die ersten fünf Vermietungsjahre liegt infolge der vereinbarten Staffelmiete ebenfalls fest:

Jahre	monatliche Nettokaltmiete	Jahresnettokaltmiete
1	1 135	13 620 DM
2	1 170	14 040 DM
3	1 205	14 460 DM
4	1 240	14 880 DM
5	1 275	15 400 DM

Ausbeutung und Mietwucher? Wer so etwas behauptet, beweist nur sein fehlendes Wissen.

Halten wir fest

Mit 16,50 DM/m² liegt die Neubaumiete bei guter Wohnlage im mittleren Bereich des Mietspiegels. Und eine jährliche Mietsteigerung von knapp 3 Prozent liegt unter der Inflationsrate, die im langjährigen Durchschnitt mindestens 3 Prozent beträgt. Jeder verständige Mietinteressent wird bei einer frei finanzierten Neubau-Eigentumswohnung eine solche Mietforderung akzeptieren. Als Vermieter kann ich dann relativ sicher sein, daß er die geforderte Miete auch bezahlt.

Bewirtschaftungskosten

Laufende Bewirtschaftungskosten sind Betriebs-, Verwaltungs- und Instandhaltungskosten. Sie fallen als objekt- und nutzungsabhängige Kosten in unterschiedlicher Höhe an und können nur anhand von Erfahrungswerten kalkuliert werden.

Kalkulationshilfe 2: REINERTRAG

	Nettokaltmiete pro m² Wfl. im Monat		16,50 DM/m²
x	reine Wfl. (Wohnfläche) in m²	x	67 m²
	monatl. Nettokaltmiete Wohnung		1 105 DM
+	monatl. Miete TG-Stellplatz	+	30 DM
	monatl. Nettokaltmiete insgesamt		1 135 DM
x	12 Monate	x	12 Mon.
	Jahresnettokaltmiete		13 620 DM
–	Verwaltungskosten *)	–	390 DM
–	Instandhaltungskosten (geschätzt) **)	–	600 DM
=	0,75 DM x 12 Mon. x 67 m²		
	Jahresreinertrag		12 630 DM

*) Verwaltungskosten betragen ca. 400 DM pro Wohnung incl. TG-Stellplatz im Jahr
**) Instandhaltungskosten können wie folgt geschätzt werden:
Neubau 0,75 DM/m² x 12 Monate = 9 DM/m² im Jahr
Altbau 1,50 DM/m² x 12 Monate = 18 DM/m² im Jahr

Beachten Sie

Nur die tatsächlich anfallenden Instandhaltungskosten können steuerlich als Werbungskosten sofort abgezogen werden. Die bei Eigentumswohnungen von der Ei-gentümerversammlung beschlossene Instandhaltungsrücklage vermindert zwar die Liquidität, geht aber nicht in die Steuerrechnung ein.
Der Jahresreinertrag vermindert sich um sonstige Betriebskosten (z.B. Grundsteuer, Müllabfuhr, Gebäudeversicherungsbeiträge), die laut Mietvertrag nicht auf den Mieter umgelegt werden. Dabei gilt die gesetzliche Regelung: Alle laufenden Bewirtschaftungskosten außer Verwaltungs- und Instandhaltungskosten sind umlagefähig.

! Der Jahresreinertrag *erhöht* sich bei laufenden Mietsteigerungen (z.B. Staffelmiete oder Indexmiete) oder bei Mieterhöhungen bei Mieterwechsel oder bei Anpassung an die höhere ortsübliche Vergleichsmiete.
Der Jahresreinertrag *vermindert* sich bei Mietausfällen oder bei höheren Verwaltungs- und Instandhaltungskosten.

Bei vermieteten Wohnungen können alle Betriebskosten wie Grundsteuer, Müllabfuhr, Gebäudeversicherung, Haus- und Straßenreinigung, Schornsteinfegergebühren, Hausmeisterkosten, Wasserversorgung, Entwässerung als »kalte« Nebenkosten sowie Heiz- und Warmwasserkosten als »warme« Nebenkosten auf den Mieter umgelegt werden. Dies muß allerdings im Mietvertrag ausdrücklich vereinbart werden, am besten mit dem ausdrücklichen Hinweis auf die in Anlage 3 zu § 27 der II. Berechungsverordnung aufgeführten Betriebskosten.

Verwaltungs- und Instandhaltungskosten sind grundsätzlich nicht umlagefähig. Daher ist es sinnvoll, diese nur vom Eigentümer aufzubringenden Kosten von der Jahresnettokaltmiete abzuziehen. Die auf den Mieter umgelegten Betriebskosten mit monatlicher Vorauszahlung stellen nichts anderes dar als durchlaufende Posten und können daher für Kalkulationszwecke des Vermieters unberücksichtigt bleiben.

Laut Verwaltervertrag beträgt die jährliche Verwaltungsvergütung für die Wohnung 300 DM und den Stellplatz 36 DM, beides zuzüglich Mehrwertsteuer. Bei 15 Prozent Mehrwertsteuer habe ich also knapp 390 DM an den Hausverwalter im Jahr zu zahlen.

Instandhaltungskosten sind nur schwer kalkulierbar. Bei gebrauchten älteren Wohnungen sollten mindestens 1,50 DM/m^2 monatlich oder 18 DM/m^2 im Jahr angesetzt werden. Vorsichtigerweise rechnen Sie auch bei Neubauten mit 0,75 DM/m^2 monatlich oder 9 DM/m^2 jährlich während der ersten zehn Vermietungsjahre, auch wenn die Eigentümerversammlung nur 0,50 DM/m^2 oder weniger als monatliche Instandhaltungsrücklage beschließt.

Bei Neubau-Eigentumswohnungen mittlerer Größe können Sie pauschal auch von Verwaltungs- und Instandhaltungskosten in Höhe von 1,25 DM/m² monatlich oder einem Anteil von 7 bis 8 Prozent der Nettokaltmiete ausgehen. Ab dem elften Jahr oder beim Kauf von vermieteten Wohnungen aus zweiter Hand liegen Sie zur Zeit mit 2 DM/m² monatlich oder 10 bis 20 Prozent je nach Baujahr und Qualität richtig.

Auch Verwaltungs- und Instandhaltungskosten werden inflationsbedingt in der Zukunft steigen. Planen Sie daher wie bei der Nettomiete eine jährliche Steigerung von 3 Prozent ein. Sollten die tatsächlichen Verwaltungs- und Instandhaltungskosten geringer ausfallen als die momentane Verwaltervergütung und die angesetzte Instandhaltungsrücklage, um so besser für Sie.

Meine betont vorsichtige Kostenplanung für die ersten fünf Vermieterjahre sieht wie folgt aus:

Jahre	*jährl. Verwaltungs- und Instandhaltungskosten*	
	in DM	in % der Jahresnettokaltmiete
1	990 DM	7,3 %
2	1 020 DM	7,3 %
3	1 050 DM	7,3 %
4	1 080 DM	7,3 %
5	1 110 DM	7,3 %

Haben Sie eine Wohnung im Erbbaurecht erworben, müssen Sie laufende Erbbauzinsen an den Grundstückseigentümer zahlen. Obwohl diese Erbbauzinsen im engeren Sinne nicht zu den Bewirtschaftungskosten des Objekts selbst zählen, sollten Sie diese zusätzlichen Kosten ähnlich wie die Verwaltungskosten von der Jahresnettokaltmiete abziehen.

Jahresreinertrag

Erst die Berechung des Jahresreinertrags zeigt Ihnen, was Ihnen als Vermieter pro Jahr unter dem Strich übrigbleibt. Zinskosten, Tilgungsbeträge und Steuerersparnisse werden dabei noch nicht berücksichtigt. Es geht allein um den aus dem Mietobjekt erzielten Ertrag.
Ihre Reinertragsrechnung sieht dann wie folgt aus:

	Jahresnettokaltmiete
–	Verwaltungskosten (lt. Verwaltervertrag)
–	Instandhaltungskosten (geschätzt)
–	sonstige, nicht auf den Mieter umgelegte Betriebskosten
–	Erbbauzinsen
=	Jahresreinertrag

In meinem konkreten Fall steigt der Jahresreinertrag von anfangs 12 630 DM um jährlich 390 DM auf 14 190 DM im fünften Jahr. Dabei wird eine jährliche Mietsteigerung von 420 DM ebenso einkalkuliert wie eine Steigerung der Verwaltungs- und Instandhaltungskosten um 30 DM pro Jahr.

3. Mietrendite: Wie sich Ihr Mietobjekt tatsächlich rechnet

Preise und Mieten – für sich allein betrachtet – geben nur einen absoluten Maßstab zur Beurteilung der Preiswürdigkeit oder der nachhaltig erzielbaren Marktmiete ab. Als Vermieter müssen Sie aber vor allem auf die Relation von Kaufpreis und Miete achten. Auf das Preis-Miet-Verhältnis kommte es bei der Suche und Auswahl von vermieteten Wohnimmobilien an.
Den Kaufpreis nennt Ihnen jeder Verkäufer oder Vermittler. Bei der Jahresnettokaltmiete sollten Sie nur realistische Werte zugrunde legen. Wenn Sie nun den Kaufpreis durch die Jahresnettokaltmiete dividieren, haben Sie einen ersten Vergleichsmaßstab.

Beispiel

Meine 67 m² große Neubau-Eigentumswohnung kostet 254 000 DM und erwirtschaftet im ersten Vermietungsjahr eine Nettomiete von 13 620 DM. Das Preis-Miet-Verhältnis lautet in diesem Fall

254 000 : 13 620 = 18,65fach.

Mit anderen Worten: Diese frei finanzierte Neubauwohnung West konnte ich für die knapp 19fache Jahresmiete erwerben. Noch günstiger schnitt ich mit der in Frechen bei Köln gelegenen Neubauwohnung ab, die mich nur die gut 16fache Jahresmiete kostete. Bei einem Kaufpreis von 260 000 DM konnte ich bereits im ersten Vermietungsjahr eine Jahresnettomiete von 16 020 DM erzielen, verbunden mit einer jährlichen Mieterhöhung von 480 DM laut Staffelmietvereinbarung für die ersten fünf Jahre.

➡ Versuchen Sie, bei Neubauwohnungen weniger als die 20fache Jahresnettokaltmiete zu bezahlen. Bei Neubauwohnungen in Ostdeutschland wird Ihnen dies angesichts fast immer überzogener Preise allerdings in den seltensten Fällen gelingen. Völlig andere Preis-Miet-Überlegungen müssen Sie bei mietpreisgebundenen Neubauwohnungen anstellen. Der festgelegten Jahresmiete müssen Sie die Zinsersparnis bei Inanspruchnahme von zinslosen oder zinsgünstigen Landesmitteln hinzurechnen.
Vermietete Wohnungen aus zweiter Hand sind bis zu 50 Prozent günstiger zu haben als Neubauobjekte. Dies läßt sich mit der geringeren Gebäudeabschreibung und den daraus folgenden reduzierten Steuersparmöglichkeiten begründen. Darüber hinaus weisen gebrauchte Objekte einen höheren Instandhaltungs- und Modernisierungsbedarf auf.

➡ Setzen Sie sich die 15fache Jahresnettokaltmiete als Preisobergrenze bei Gebrauchtwohnungen.

Mietrendite brutto

Die Mietrendite ist nichts anderes als der Kehrwert des Preis-Miet-Verhältnisses. Eine 18,65fache Jahresmiete führt zu einer Mietrendite von 5,36 Prozent brutto.
Sie können die Mietrendite brutto, wie Sie der Kalkulationshilfe 3 »MIETRENDITE VOR STEUERN« auf Seite 206 entnehmen, auch direkt ermitteln, indem Sie die Jahresnettokaltmiete in Prozent des Kaufpreises ausdrücken.

Beispiel

$$\frac{13\,620 \times 100}{254\,000} = 5{,}36 \text{ Prozent (als Mietrendite brutto)}$$

Mindestens 5 Prozent Mietrendite bei Neubauwohnungen und mindestens 6,7 Prozent bei Gebrauchtobjekten sollten Ihr Ziel sein. Liegt die erzielbare Mietrendite deutlich darunter – zum Beispsiel unter 4 Prozent bei Neubauten und unter 5 Prozent bei älteren Wohnungen –, sollten Sie sich nach renditestärkeren Immobilien umsehen.

Mietrendite netto

Viel wichtiger für Ihre Kalkulation ist die Mietrendite netto. Nur der Jahresreinertrag in Prozent der gesamten Anschaffungskosten zeigt Ihnen, wie hoch Ihre anfängliche Mietrendite unter dem Strich wirklich ausfällt.

Beispiel

$$\frac{12\,630 \times 100}{261\,850} = 4{,}82 \text{ Prozent (als Mietrendite netto)}$$

Spätestens mit der Berechnung der Netto-Mietrendite kommen Sie dem Versteckspiel vieler Anbieter und Vermittler auf die Spur. Nicht umlagefähige Verwaltungs- und Instandhaltungskosten werden zuweilen schlicht vergessen, und Erbbauzinsen tauchen nur ganz verschämt unter Zinskosten auf. Hohe Kaufnebenkosten wie pauschal 4 Prozent des Kaufpreises für Grunderwerbsteuer, Notar- und Grundbuchgebühren sowie 3,45 Prozent Bearbeitungsgebühr oder Agio wirken sich ebenfalls renditemindernd aus.

Faustregel

Neubauobjekte mit nur 3 Prozent Aufschlag auf den Kaufpreis für Nebenkosten und 7 Prozent Abschlag auf die Jahresnettokaltmiete für laufende Verwaltungs- und Instandhaltungskosten lassen die Netto-Mietrendite auf 90 Prozent der Brutto-Mietrendite sinken. Sie müssen sich – anders gesprochen – nur einen Abschlag von 10 Prozent gefallen lassen.
Vergleichen Sie obige Beispielrechnungen:

Mietrendite brutto	3,56 %
– Abschlag	– 0,54 % (= 10 % von 5,36)
Mietrendite netto	4,82 %

Künftige Netto-Mietrenditen

Eine anfängliche Mietrendite von 4,82 Prozent klingt spärlich. Bedenken Sie aber, daß bei einer Steigerung der Jahresmiete und der nicht umlagefähigen Bewirtschaftungskosten um durchschnittlich 3 Prozent pro Jahr im zehnten Jahr bereits 6,3 Prozent Mietrendite netto ohne Berücksichtigung der Steuern erzielt werden können.
Auch bei Ansatz eines doppelt so hohen Instandhaltungsaufwands ab dem elften Jahr steigt die Netto-Mietrendite bis auf gut 8 Prozent im 20. Jahr. Im Durchschnitt von 20 Jahren können Sie mit 6,3 Prozent jährlich rechnen.

Gebäudeabschreibung und steuerliche Zusatzrendite

Ganz ehrlich: Würden Sie in den frei finanzierten Mietwohnungsbau investieren, wenn Sie den Jahresreinertrag und damit die Netto-Mietrendite voll versteuern müßten und nicht mit steuerlichen Gebäudeabschreibungen verrechnen könnten? Ich jedenfalls nicht, denn nach Versteuerung bliebe bei einem persönlichen Steuersatz von angenommen 40 Prozent nur noch eine Mini-Mietrendite von 3,8 Prozent nach Steuern übrig. Und dies auch noch unter der Voraussetzung, daß im Durchschnitt 6,3 Prozent vor Steuern erzielt werden.
Die Hebelwirkung der Gebäudeabschreibung macht jedoch Nach-Steuer-Mietrenditen von 5 Prozent und mehr möglich.

Kalkulationshilfe 3: MIETRENDITE VOR STEUERN

$$\text{Mietrendite brutto} = \frac{\text{Jahresnettokaltmiete} \times 100}{\text{Kaufpreis}}$$

$$= \frac{13\,620 \text{ DM} \times 100}{254\,000 \text{ DM}}$$

$$= \underline{\underline{5{,}36\%}}$$

2. Nettomethode

$$\text{Mietrendite netto}^{*)} = \frac{\text{Jahresreinertrag} \times 100}{\text{Anschaffungskosten}}$$

$$= \frac{12\,630 \text{ DM} \times 100}{261\,850 \text{ DM}}$$

$$= \underline{\underline{4{,}82\%}}$$

3. *Verlauf der Mietrendite netto bei jährlich 3 % Mietsteigerung*

Jahre	Jahresreinertrag	Mietrendite netto
1	12 630 DM	4,82 %
2	13 009 DM	4,97 %
3	13 399 DM	5,12 %
4	13 801 DM	5,27 %
5	14 215 DM	5,43 %
6	14 642 DM	5,59 %
7	15 081 DM	5,76 %
8	15 533 DM	5,93 %
9	15 999 DM	6,11 %
10	16 479 DM	6,29 %
11	16 168 DM	6,17 %
12	16 653 DM	6,36 %
13	17 153 DM	6,55 %
14	17 667 DM	6,75 %
15	18 197 DM	6,95 %
16	18 743 DM	7,16 %
17	19 305 DM	7,37 %
18	19 885 DM	7,59 %
19	20 481 DM	7,82 %
20	21 096 DM	8,06 %

*) Bei der Mietrendite netto werden nicht umlagefähige Bewirtschaftungskosten (z.B. Verwaltungs- und Instandhaltungskosten) von der Miete abgezogen und gleichzeitig zusätzliche Kaufnebenkosten (z.B. Grunderwerbsteuer, Notar- und Grundbuchgebühren für die Eigentumsumschreibung) auf den Kaufpreis aufgeschlagen. Die Mietrendite netto gibt also an, was Ihr Objekt unter dem Strich vor Steuern und vor Fremdfinanzierung erwirtschaftet in % der Anschaffungskosten.

Beispiel

3,8 Prozent durchschnittliche Mietrendite nach Steuern plus 1,4 Prozent steuerliche Zusatzrendite für Gebäudeabschreibungen ergeben im Durchschnitt von 20 Jahren eine Nach-Steuer-Mietrendite von 5,2 Prozent. Wie entsteht aber diese steuerliche Zusatzrendite?

Gebäudekosten können abgeschrieben werden und führen über steuerlich abzugsfähige Abschreibungen zu Steuerersparnissen. Um die steuerliche Zusatzrendite zu berechnen, müssen Sie in vier Stufen vorgehen:

1. Höhe des Gebäudekostenanteils und der Gebäudekosten
2. Höhe des Abschreibungssatzes und der Gebäudeabschreibung
3. Höhe des Grenzsteuersatzes und der Steuerersparnis
4. Berechnung der steuerlichen Zusatzrendite als Steuerersparnis in Prozent der Anschaffungskosten.

Zunächst einmal muß der Anteil der nicht abschreibungsfähigen Grundstückskosten von den gesamten Anschaffungskosten abgezogen werden, um die Gebäudekosten zu ermitteln. Wohlweislich habe ich in meinem Kaufvertrag den Passus aufnehmen lassen, daß »ein Teilbetrag von etwa 10 Prozent auf den Grund und Boden des Kaufobjekts« entfällt. Da das Finanzamt diesen relativ geringen Grundstückskostenanteil möglicherweise nicht anerkennt, habe ich mir die typische Argumentation der Finanzbeamten schon im Vorfeld zu eigen gemacht. Danach werden die anteiligen Grundstückskosten bei Eigentumswohnungen wie folgt geschätzt:

Bodenrichtwert in DM/m² laut Richtwerttabelle des örtlichen Gutachterausschusses x Miteigentumsanteil in m² an der gesamten Grundstücksfläche.

Zwar steht diese Restwertmethode nicht im Einklang mit Urteilen des Bundesfinanzhofes. In meinem Fall wird jedoch nach der Restwertmethode ein Grundstückskostenanteil von rund 10 Prozent herauskommen. Oder andersherum: Der Gebäudekostenanteil beträgt 90 Prozent, und die anteiligen Gebäudekosten machen dann 253 665 DM (= 90 Prozent von 261 850 DM Anschaffungskosten) aus.
Als Kapitalanleger und Steuerzahler sollten Sie an einem hohen Gebäudekostenanteil interessiert sein.
Denn es gilt die einfache Regel: Je höher der Anteil der Gebäudekosten, desto höher die Abschreibung, und je höher die Abschreibung, desto höher Steuerersparnis und steuerliche Zusatzrendite.
Die Gebäudekosten werden bei Neubau-Mietobjekten West mit folgenden Abschreibungssätzen und Beträgen abgeschrieben:

Jahre	Abschreibungssatz in % der Gebäudekosten	Abschreibungsbetrag bei 253 665 DM Gebäudekosten
1.– 4. Jahr	je 7 %	je 16 497 DM
5.–10. Jahr	je 5 %	je 11 783 DM
11.–16. Jahr	je 2 %	je 4 713 DM
17.–40. Jahr	je 1,25 %	je 2 946 DM

Bei Neubau-Mietobjekten Ost, die bis zum 31.12.1996

fertiggestellt werden, gelten folgende Abschreibungssätze:

1.– 5. Jahr:	insgesamt 60 %, also je 12 % bei gleicher Verteilung
6.–50 Jahr:	je 0,89 % der Gebäudekosten.

Vermietete Gebrauchtimmobilien können hingegen nur mit 2 Prozent pro Jahr abgeschrieben werden, sofern sie nach dem 31.12.1924 fertiggestellt wurden. Daher sind Secondhand-Wohnimmobilien für Kapitalanleger unter dem Gesichtspunkt von Abschreibung und Steuerersparnis weniger interessant.
Die Höhe der Steuerersparnis infolge der Möglichkeit von Gebäudeabschreibungen hängt außer von dem Gebäudekostenanteil und der Höhe des Abschreibungssatzes noch vom persönlichen Steuersatz ab. Je höher das zu versteuernde Einkommen und der davon abhängige Grenzsteuersatz, desto höher die Steuerersparnis.
Über 20 Jahre errechnet sich bei 261 850 DM Anschaffungskosten, 90 Prozent Gebäudekostenanteil und Neubau-Abschreibungssätzen-West ein Abschreibungsvolumen von 176 750 DM. Die Gesamt-Steuerersparnis macht bei 30 Prozent/40 Prozent/50 Prozent Grenzsteuersatz 53 025/70 700/88 375 DM aus. Dabei werden zu versteuernde Einkommen nach Abzug der jährlichen Abschreibung von rund 45 000/75 000/110 000 DM bei Ledigen oder 90 000/150 000/220 000 DM bei Verheirateten unterstellt.
Die Steuerersparnisse aufgrund der Abschreibung entwickeln sich im Laufe der Jahre wie folgt:

Jahre	Steuerersparnis bei einem Grenzsteuersatz von		
	30 %	40 %	50 %
1.– 4. Jahr	je 4 950 DM	je 6 599 DM	je 8 249 DM
5.–10. Jahr	je 3 535 DM	je 4 713 DM	je 5 891 DM
11.–16. Jahr	je 1 414 DM	je 1 885 DM	je 2 356 DM
17.–40. Jahr	je 884 DM	je 1 178 DM	je 1 473 DM

Die steuerliche Zusatzrendite pro Jahr schwankt zwischen 3,15 Prozent im 1. bis 4. Jahr bei einem Grenzsteuersatz von 50 Prozent und nur noch 0,34 Prozent ab 17. Jahr bei nur 30 Prozent Steuerprogression.

Jahre	steuerliche Zusatzrendite bei einem Grenzsteuersatz von		
	30 %	40 %	50 %
1.– 4. Jahr	je 1,89 %	je 2,52 %	je 3,15 %
5.–10. Jahr	je 1,35 %	je 1,80 %	je 2,25 %
11.–16. Jahr	je 0,54 %	je 0,72 %	je 0,90 %
17.–40. Jahr	je 0,34 %	je 0,45 %	je 0,56 %

Bei einem Steuersatz von 40 Prozent errechnet sich im Durchschnitt der ersten 20 Jahre eine steuerliche Zusatzrendite von 1,35 Prozent.
Das heißt: Mit durchschnittlich 1,35 Prozent der Anschaffungskosten beteiligt sich Vater Staat pro Jahr an der Investition, und im Laufe von 20 Jahren fließen 27 Prozent der Investitionssumme als Steuerersparnis infolge Abschreibungen an den Kapitalanleger zurück.
In den ersten zehn Jahren sind es bereits knapp 21 Prozent oder durchschnittlich 2,1 Prozent pro Jahr.

Kalkulationshilfe 4: ABSCHREIBUNG UND ZUSATZRENDITE

A) Berechnungsmethode

1. Anschaffungskosten =	261 850 DM
2. Gebäudekostenanteil in %*)	90 %
3. Gebäudekosten (abschr.fähig)	235 665 DM
4. Abschreibungssatz (AfA)**)	7 %
5. Gebäudeabschreibung im 1. Jahr	16 497 DM
6. persönlicher Steuersatz in %	40 %
7. Steuerersparnis im 1. Jahr	
= 40 % von 16 497 DM =	6 599 DM

8. Zusatzrendite = $\frac{\text{Steuerersparnis x 100}}{\text{Anschaffungskosten}} = \frac{6\,599 \text{ x } 100}{261\,850} = 2{,}52\ \%$

B) Verlauf der Zusatzrendite bei 40 % Steuersatz

Jahre	Gebäudeabschreibung	Steuerersparnis	Zusatzrendite
1–4	je 16 497 DM	je 6 599 DM	je 2,52 %
5	11 783 DM	4 713 DM	je 1,80 %
6–10	je 11 783 DM	je 4 713 DM	je 1,80 %
11–16	je 4 713 DM	je 1 885 DM	je 0,72 %
17–40	je 2 946 DM	je 1 178 DM	je 0,45 %
41–50	je ... DM	je ... DM	je ... %

*) Der Gebäudekostenanteil soll nach einem BFH-Urteil im Verhältnis der jeweiligen Verkehrswerte für Grund und Boden sowie das Gebäude ermittelt werden (sog. Verkehrswertmethode). Die Finanzämter gehen jedoch häufig nach der sog. Restwertmethode vor und ziehen einfach den aufgrund von Bodenrichtwerten ermittelten Grundstückswert vom Kaufpreis ab.

**) Vermietete Neubauten in Westdeutschland werden mit folgenden Sätzen abgeschrieben: je 7 % im 1.–4. Jahr, je 5 % im 5.–10. Jahr, je 2 % im 11.–16. Jahr und je 1,25 % im 17.–40. Jahr.
Für vermietete Neubauten in Ostdeutschland gelten folgende Abschreibungssätze: je 12 % im 1.–5. Jahr bei gleicher Verteilung, je 0,89 % im 6.–50. Jahr.
Vermietete Gebrauchtimmobilien werden mit 2 % pro Jahr abgeschrieben, sofern sie nach dem 31.12.1924 fertiggestellt wurden.

Nach-Steuer-Mietrendite

Wie sich Ihr Mietobjekt ohne Aufnahme von Krediten und ohne Annahme von Wertsteigerungen, aber nach Steuern und Abschreibungen wirklich rechnet, zeigt Ihnen die wohl wichtigste Kalkulationshilfe 5 »NACH-STEUER-MIETRENDITE« auf Seite 216
Eine Mietrendite von netto 4,8 Prozent sinkt bei einer Steuerprogression von 40 Prozent auf 2,9 Prozent nach Steuern und steigt bei Berücksichtigung der Gebäudeabschreibung im ersten Vermietungsjahr bereits auf 5,4 Prozent. Bei 3 Prozent jährlicher Mietsteigerung und fallendem Abschreibungssatz ab dem fünften Jahr bleibt die Nach-Steuer-Mietrendite im Durchschnitt der ersten zehn Jahre auf gleichem Niveau. Trotz der rapide fallenden Abschreibungssätze ab dem elften Jahr wird im Mittel von 20 Jahren noch eine Nach-Steuer-Mietrendite von 5,1 Prozent erreicht.
Nach-Steuer-Mietrenditen von über 5 Prozent sind aber insbesondere für hoch besteuerte Anleger, die ihre Zinsfreibeträge schon voll ausgeschöpft haben, im Vergleich zu alternativen Zinsanlagen attraktiv. Eine Anleihe müßte schon eine Rendite von 8,5 Prozent vor Steuern bieten, um nach Steuern bei einem Grenzsteuersatz von 40 Prozent ebensoviel abzuwerfen wie meine vermietete Neubau-Eigentumswohnung West.
Als Immobilien-Alternative zu Neubau-Mietobjekten in Westdeutschland werden vermietete Neubau-Wohnimmobilien im Osten Deutschlands aufgrund der höheren Steuervorteile in den ersten fünf Jahren hoch gepriesen. In der Tat steigt die Nach-Steuer-Mietrendite bei gleichem Preis-Miet-Verhältnis und gleicher Mietrendite netto wie bei obigem Westobjekt um 1,8

Prozentpunkte pro Jahr bei gleichmäßiger Verteilung der Abschreibungsbeträge. Ab dem sechsten Jahr fällt sie dann auf unter 4 Prozent.
Meist fällt das Preis-Miet-Verhältnis bei Neubauwohnungen Ost schon zu Beginn der Vermietungsphase ungünstiger aus als im Westen. Und auch die Mietsteigerungserwartungen in der Zukunft dürften im Osten noch eine geraume Zeit geringer sein als im Westen. In Wirklichkeit bewirken die hohen Sonderabschreibungen in der Anfangsphase nur ein Vorziehen von Steuerersparnissen und Geldzuflüssen. Jeder Investor ist gut beraten, diese Überschüsse für die finanzielle Durststrecke ab dem sechsten Jahr zurückzulegen.

Kalkulationshilfe 5: NACH-STEUER-MIETRENDITE

1. *Berechnungsmethode*

	Mietrendite netto vor Steuern (siehe 3.)		4,82 %
–	anteilige Steuern bei 40 % Steuersatz	–	1,93 %
	Mietrendite nach Steuern, vor Abschr.		2,89 %
+	Zusatzrendite für Abschr. (siehe 4.)	+	2,52 %
	Nach-Steuer-Mietrendite		5,41 %

(als Mietrendite netto nach Steuern und Abschreibungen, aber vor Fremdfinanzierung)

➡ Die Nach-Steuer-Mietrendite kann auch direkt mit Hilfe der folgenden komplizierten Formel ermittelt werden:

$$\text{Nach-Steuer-Mietrendite} = \frac{[\text{Jahresreinertrag} \times (1 - \frac{\text{Steuersatz}}{100}) + \text{Steuerersparnis*}] \times 100}{\text{Anschaffungskosten}}$$

*) $\text{Steuerersparnis} = \text{Gebäudeabschreibung} \times \frac{\text{Steuersatz}}{100}$

2. Verlauf der Nach-Steuer-Mietrendite bei jährlich 3 % Mietsteigerung und 40 % Steuersatz

Jahre	Mietrendite netto	Mietrendite nach Steuern vor Abschr.	Zusatzrendite für Abschr.	Nach-Steuer-Mietrendite	
1	4,82 %	2,89 %	2,52 %	5,41 %	
2	4,97 %	2,98 %	2,52 %	5,50 %	
3	5,12 %	3,07 %	2,52 %	5,59 %	
4	5,27 %	3,16 %	2,52 %	5,68 %	
5	5,43 %	3,26 %	1,80 %	5,06 %	Ø 5,41%
6	5,59 %	3,35 %	1,80 %	5,15 %	
7	5,76 %	3,46 %	1,80 %	5,26 %	
8	5,93 %	3,56 %	1,80 %	5,36 %	
9	6,11 %	3,67 %	1,80 %	5,47 %	
10	6,29 %	3,77 %	1,80 %	5,57 %	
11	6,17 %	3,70 %	0,72 %	4,42 %	
12	6,36 %	3,82 %	0,72 %	4,54 %	
13	6,55 %	3,93 %	0,72 %	4,65 %	
14	6,75 %	4,05 %	0,72 %	4,77 %	
15	6,95 %	4,17 %	0,72 %	4,89 %	Ø 4,86%
16	7,16 %	4,30 %	0,72 %	5,02 %	
17	7,37 %	4,42 %	0,45 %	4,87 %	
18	7,59 %	4,55 %	0,45 %	5,00 %	
19	7,82 %	4,69 %	0,45 %	5,14 %	
20	8,06 %	4,84 %	0,45 %	5,29 %	

4. Kreditkosten: Wieviel Ihnen die Bank abknöpft

Dies ist der Traum eines jeden Kapitalanleger: an die Bank so wenig an Kreditzinsen zu zahlen, daß sich eine Kreditaufnahme wirtschaftlich lohnt. Der Einsatz von Fremdkapital zahlt sich dann aus, wenn Ihre Immobilie mehr an Miete abwirft, als Ihnen von der Bank an Zinsen abgeknöpft wird. Bei voll fremdfinanziertem Kaufpreis wird Ihnen dies jedoch nur nach Berücksichtigung von Steuerersparnissen gelingen.
Im Klartext heißt dies: Liegt die Nach-Steuer-Mietrendite über dem Nach-Steuer-Hypothekenzins, hebeln Sie mit steigendem Fremdkapitaleinsatz Ihre Eigenkapitalrendite hoch. Ihr »Kredithebel« wirkt um so stärker, je höher Fremdkapitalanteil und Grenzsteuersatz liegen und je niedriger der Nominalzins bei 100 Prozent Auszahlung des Kredits ausfällt. In Tiefzinsphasen wie 1993/1994 stehen Ihre Chancen besonders gut, von der Hebelwirkung einer hohen Fremdfinanzierung zu profitieren.

Nach-Steuer-Hypothekenzins

Sie erinnern sich: Die Nach-Steuer-Mietrendite für meine vermietete Neubau-Eigentumswohnung habe

ich mit durchschnittlich 5,4 Prozent pro Jahr kalkuliert, und zwar bezogen auf die ersten zehn Jahre der Vermietung. Nach der Regel »Tiefe Zinsen – lange Zinsbindung« empfiehlt es sich, die Hypothekenzinsen zehn Jahre und länger festzuschreiben, wenn sie deutlich unter 8 Prozent gefallen sind. Selbst effektive Hypothekenzinsen von 8 Prozent machen bei 40 Prozent Grenzsteuersatz nur noch 4,8 Prozent nach Steuern aus, sofern sie steuerlich abzugsfähig sind.
Bei Mietobjekten gilt die volle steuerliche Absetzbarkeit der Schuldzinsen als sicher, wenn auf Dauer mit einem Überschuß des Reinertrags gegenüber den Zinskosten zu rechnen ist. Es ist dabei steuerunschädlich, wenn der Jahresreinertrag in den Anfangsjahren von den zu zahlenden Hypothekenzinsen übertroffen wird.

Beispiel

13 360 DM Jahresreinertrag und 18 325 DM Zinskosten bei 7,33 Prozent von 250 000 DM Darlehen zu 100 Prozent Auszahlung führen zu einem jährlichen Defizit vor Steuern und vor Tilgung in Höhe von fast 5 000 DM. Dennoch lohnt sich die Aufnahme des Darlehens, wie die Berechnung des Nach-Steuer-Hypothekenzinses laut Kalkulationshilfe 6, Seite 220, zeigt.
Im März 1993 konnte ich die Zinskondition »Nominalzins 7,33 Prozent bei 100 Prozent Auszahlung, zehn Jahren Zinsbindung, Tilgungsaussetzung über eine Kapital-Lebensversicherung und monatlicher Zinsverrechnung« mit einer Hypothekenbank aushandeln. Da die Zinszahlungen ebenso monatlich erfolgen wie die Mieteinnahmen, sollte immer der Nominalzins bei 100

Kalkulationshilfe 6: NACH-STEUER-HYPOTHEKENZINS

1. *Berechnungsmethode*

Effektivzins lt. Bank	7,59 %
Nominalzins bei 100 % Auszahlung* und monatlicher Zinsverrechnung (Zinsbindungsdauer: 10 Jahre)	7,33 %
Nach-Steuer-Hypothekenzins $= \text{Nominalzins} \times \left(1 - \frac{\text{Steuersatz}}{100}\right) =$	4,40 %

2. *Hebelwirkung (»leverage effect«)*

Grundsatz: Eine Investition lohnt sich, wenn die Nach-Steuer-Rendite höher ist als der Nach-Steuer-Kreditzins. In diesem Falle steigt die Eigenkapitalrendite mit steigendem Fremdkapitalanteil.

Formel: $\text{Eigenkapitalrendite} = r + (r - i) \times \frac{FK}{EK}$

mit r = Nach-Steuer-Mietrendite in % (bei Rendite-Immobilien)
i = Nach-Steuer-Hypothekenzins in % (bei Hypothekendarlehen)

$\frac{FK}{EK}$ = Verhältnis von Fremdkapital (FK) zu Eigenkapital (EK)

Beispiel:

r	= Nach-Steuer-Mietrendite	=	5,4 %
i	= Nach-Steuer-Hypothekenzins (siehe oben unter A)	=	4,4 %
FK	= Fremdkapital in DM (Nettodarlehen)	=	225 000 DM
EK	= Eigenkapital vor Steuern in DM	=	36 850 DM

$$\text{Eigenkapitalrendite} = 5{,}4 + (5{,}4 - 4{,}4) \times \frac{225\,000}{36\,850}$$

$$= 5{,}4 + 1 \times 6{,}1$$

$$= 11{,}5\ \%$$

*) Der Nominalzins bei 100 % Auszahlung und monatlicher Zinszahlung wird zugrundegelegt, um monatliche Zinsausgaben mit monatlichen Mieteinnahmen vergleichen zu können.

Prozent Auszahlung zur Berechnung des Nach-Steuer-Hypothekenzinses herangezogen werden.
7,33 Prozent Nominalzins bei 100 Prozent Auszahlung ergeben nach Steuern nur noch 4,4 Prozent bei einer Steuerprogresssion von 40 Prozent, und dies in diesem Falle zehn Jahre lang. Da der Nach-Steuer-Hypothekenzins von 4,4 Prozent einen Prozentpunkt unter der Nach-Steuer-Mietrendite liegt, lohnt sich eine relativ hohe Fremdfinanzierung.

Hebelwirkung und hohe Eingenkapitalrendite

Bei einem geplanten Einsatz von 225 000 DM Nettodarlehen kann ich die Nach-Steuer-Mietrendite von 5,4 Prozent auf eine Eigenkapitalrendite von 11,5 Prozent in der Vermietungsphase bis Ende des zehnten Jahres hochhebeln. Die Formel zur Steigerung der Eigenkapitalrendite lautet:

$$\text{Eigenkapitalrendite} = r + (r - i) \times \frac{FK}{EK}$$

Dabei bedeuten:

r = Nach-Steuer-Mietrendite in % (z.B. 5,4 %)
i = Nach-Steuer-Hypothekenzins in % (z.B. 4,4 %)
FK = Fremdkapital als Nettodarlehen in DM (z.B. 225 000 DM)
EK = Eigenkapital (z.B. 36 850 DM)
$\frac{FK}{EK}$ = Verhältnis von Fremdkapital zu Eigenkapital (z.B. 6,1:1)

Die Beispielsrechnung sieht wie folgt aus:

$$\text{Eigenkapitalrendite} = 5{,}4 + (5{,}4 - 1{,}4) \times \frac{225\,000}{36\,850}$$

$$= 5{,}4 + (1 \times 6{,}1) = \underline{\underline{11{,}5\ \%}}$$

Den genauen mathematischen Beweis für die genannte Formel möchte ich Ihnen an dieser Stelle ersparen. Wirtschaftsmathematiker sprechen vom »leverage-effect«, also der Hebelwirkung eines steigenden Fremdkapitalanteils.

Grundsätzlich gilt

Liegt die Nach-Steuer-Rendite einer Investition über dem Nach-Steuer-Kreditzins, steigt die Eigenkapitalrendite mit steigendem Einsatz von Fremdkapital.
Leider wirkt der Kredithebel auch in der anderen Richtung. Dies könnte mir bei meiner vermieteten Eigentumswohnung ab dem elften Jahr passieren. Eine Anschlußfinanzierung zu 8,5 Prozent Nominalzins bei 100 Prozent Auszahlung und zehnjähriger Zinsbindung kostet mich dann 5,1 Prozent nach Steuern, sofern ein gleichbleibender Grenzsteuersatz von 40 Prozent unterstellt wird. Die Nach-Steuer-Mietrendite rutscht aber auf 4,4 Prozent, wenn der geringere Abschreibungssatz von 2 Prozent und eine Verdoppelung der Instandhaltungskosten einkalkuliert werden.
Das verflixte elfte Jahr fordert geradezu neue Strategien heraus. Möglicherweise kann eine kräftige Mietsteigerung bei Wiedervermietung die Mietrendite

stärker nach oben schrauben, als es die durchgängig kalkulierten 3 Prozent pro Jahr anzeigen. Vielleicht fällt die Anschlußfinanzierung wieder in eine Tiefzinsphase. Schließlich kann nach Ablauf von zehn Jahren ernsthaft über den Verkauf des Mietobjekts nachgedacht werden. Dies bietet sich vor allem dann an, wenn die Wohnung nach Auslaufen eines Mietvertrages wieder frei wird und an einen Selbstnutzer zu einem günstigen Preis verkauft werden kann. Der Veräußerungserlös muß selbstverständlich ausreichen, um das Darlehen auf einen Schlag zu tilgen und zumindest das eingesetzte Eigenkapital wieder herauszubekommen. Bei einer Eigenkapitalrendite von 11,5 Prozent pro Jahr hätte sich die Investition auch bei einem Verkaufspreis, der lediglich so hoch wie die ursprünglichen Anschaffungskosten liegt, gelohnt.

Darlehenshöhe, Disagiohöhe und Zinskosten

Nach reiflichem Überlegen entschied ich mich gegen die Nichtdisagiovariante »7,33 Prozent Nominalzins bei 100 Prozent Auszahlung« und wählte statt dessen die Disagiovariante »5,92 Prozent bei 90 Prozent Auszahlung«. Auszahlungsbetrag von 225 000 DM und Effektivzins von 7,6 Prozent für eine Laufzeit von zehn Jahren waren in beiden Fällen gleich.
Einziger Grund für meine Entscheidung: Das Rezessionsjahr 1993 bescherte mir gleich zu Anfang eine hohe steuerpflichtige Zusatzeinnahme, die meinen persönlichen Steuersatz in diesem Jahr in die Höhe trieb. Der sofortige Abzug von 25 000 DM Disagio im Investiti-

ons- und ersten Vermietungsjahr brachte mir daher eine vergleichsweise hohe Steuerersparnis ein.
Wie Sie der Kalkulationshilfe 7 »ZINSKOSTEN« auf Seite 226 entnehmen können, sinken die steuerlich abzugsfähigen Zinskosten infolge des hohen Disagios auf 14 800 DM pro Jahr.
Hier die Berechnung:

5,92 % Nominalzins von 250 000 DM		
=	14 800 DM	Zinskosten pro Jahr
x	10 Jahre	
	148 000 DM	Zinskosten 10 Jahre
+	25 000 DM	Disagio
	173 000 DM	Zinsaufwand insgesamt

Exakt dieser Gesamtbetrag von 173 000 DM stellt die Zinsbelastung für zehn Jahre dar, wie auch im Darlehensvertrag ausdrücklich vermerkt ist. Dies macht deutlich, daß ein Disagio nichts anderes als eine Zinsvorauszahlung an die Bank darstellt. Ein hohes Disagio zieht daher keinen geringeren Zinsaufwand nach sich, sondern höchstens eine höhere Steuerersparnis.

Zum Vergleich

Bei der Nichtdisagiovariante mit gleichem Effektivzins und gleichem Auszahlungsbetrag hätte sich folgender Zinsaufwand ergeben:

Kalkulationshilfe 7: ZINSKOSTEN

1. *Nichtdisagiovariante*	
Bruttodarlehen = Nettodarlehen	225 000 DM
Nominalzins bei 100 % Auszahlung	7,33 %
jährlicher Zinsaufwand ohne regelmäßige Tilgung für die Dauer der Zinsfestschreibung:	
7,33 % von 225 000 DM =	16 492,50 DM
jährlicher Zinsaufwand nach Ablauf der Zinsfestschreibung:	
*8,5 % von 225 000 DM =	19 125 DM
2. *Disagiovariante*	
Bruttodarlehen (= Darlehenssumme)	250 000 DM
Nettodarlehen (= Auszahlungssumme)	225 000 DM
Nominalzins bei 90 % Auszahlung	5,92 %
jährlicher Zinsaufwand ohne regelmäßige Tilgung für die Dauer der Zinsfestschreibung:	
5,92 % von 250 000 DM (Bruttodarlehen) =	14 800 DM
jährlicher Zinsaufwand nach Ablauf der Zinsfestschreibung:	
*8,5 % von 250 000 DM =	21 250 DM

3. *Verlauf der Zinskosten vor und nach Steuern bei 40 % Steuersatz und 10 % Disagio*

Jahre	Nichtdisagiovariante mit Zinskosten		Disagiovariante mit Zinskosten	
	vor Steuern	nach Steuern	vor Steuern	nach Steuern
0 (Disagio)	0 DM	0 DM	25 000 DM	15 000 DM
1	16 493 DM	9 896 DM	14 800 DM	8 880 DM
2	16 493 DM	9 896 DM	14 800 DM	8 880 DM
3	16 493 DM	9 896 DM	14 800 DM	8 880 DM
4	16 493 DM	9 896 DM	14 800 DM	8 880 DM
5	16 493 DM	9 896 DM	14 800 DM	8 880 DM
6	16 493 DM	9 896 DM	14 800 DM	8 880 DM
7	16 493 DM	9 896 DM	14 800 DM	8 880 DM
8	16 493 DM	9 896 DM	14 800 DM	8 880 DM
9	16 493 DM	9 896 DM	14 800 DM	8 880 DM
10	16 493 DM	9 896 DM	14 800 DM	8 880 DM
11	19 125 DM	11 475 DM	21 250 DM	12 750 DM
12	19 125 DM	11 475 DM	21 250 DM	12 750 DM
13	19 125 DM	11 475 DM	21 250 DM	12 750 DM
14	19 125 DM	11 475 DM	21 250 DM	12 750 DM
15	19 125 DM	11 475 DM	21 250 DM	12 750 DM
16	19 125 DM	11 475 DM	21 250 DM	12 750 DM
17	19 125 DM	11 475 DM	21 250 DM	12 750 DM
18	19 125 DM	11 475 DM	21 250 DM	12 750 DM
19	19 125 DM	11 475 DM	21 250 DM	12 750 DM
20	19 125 DM	11 475 DM	21 250 DM	12 750 DM

*) Der langjährige durchschnittliche Nominalzins für Hypothekendarlehen mit zehnjähriger Zinsbildung und 100 % Auszahlung liegt bei 8,5 %.

7,33 %	Nominalzins von 225 000 DM	
=	16 492,50 DM	
x	10 Jahre	
	164 925 DM	Zinskosten 10 Jahre als Zinsaufwand insgesamt

Disagio oder nicht, das sollte keine Glaubensfrage sein, sondern in jedem Einzelfall anhand der steuerlichen Situation entschieden werden. Für ein hohes Disagio spricht die hohe Steuerersparnis im Investitionsjahr, dagegen die geringeren Steuerersparnisse in den Folgejahren. Nach Ablauf der Zinsbindungsfrist liegt die Restschuld bei der Disagiovariante höher im Vergleich zur Nichtdisagiovariante, sofern die ersparten laufenden Zinsen nicht für eine höhere Tilgung verwandt werden.

! Ohne regelmäßige Tilgung liegt die Darlehensschuld auch nach zehn Jahren noch bei 250 000 DM, obwohl nur 225 000 DM ausgezahlt wurden. Eine nochmalige Finanzierung mit Disagio wird die Bank praktisch nur mitmachen, wenn Sie eine Sondertilgung von 25 000 DM leisten. Geschieht dies nicht, wird die Anschlußfinanzierung über 250 000 DM und 100 Prozent Auszahlung lauten. Bei einem Nominalzins in Höhe von 8,5 Prozent auf 250 000 DM kommen dann immerhin 21 250 DM auf Sie – oder in diesem Falle auf mich – zu. Ein Disagio verlagert also nur die Schulden- und Zinslast auf später und sollte daher nicht als Zaubertrick mißverstanden werden.

5. Tilgung: Wie Sie Ihre Schulden wieder loswerden

Mietobjekte werden typischerweise zu einem hohen Anteil fremdfinanziert. Dies macht steuerlich auch Sinn, da die Schuldzinsen in voller Höhe steuerlich abzugsfähig sind. Hypothekenschulden sind jedoch auch dazu da, getilgt zu werden. Dabei stehen grundsätzlich zwei Methoden zur Auswahl:

- entweder regelmäßige Tilgung des Hypothekendarlehens oder
- endfällige Tilgung mit Hilfe einer Kapital-Lebensversicherung.

Bei der regelmäßigen Tilgung wird eine jährlich gleichbleibende Rate – Annuität genannt – an die Bank gezahlt, wobei die Annuität einen Zins- und Tilgungsanteil enthält. Mit sinkender Restschuld fällt im Laufe der Zeit auch der Zinsanteil, während der Tilgungsanteil in gleichem Maße steigt. Annuitätendarlehen haben steuerlich den Nachteil, daß der steuerliche Schuldzinsenabzug immer geringer wird, je höher der Tilgungssatz ausfällt oder je länger bereits getilgt wurde.

Ganz anders funktioniert das Kombinationsmodell Festdarlehen/Kapital-Lebensversicherung. Laufend eingezahlte Versicherungsbeiträge dienen als Tilgungsersatz. Am Ende der Versicherungslaufzeit soll die Ablaufleistung aus der Versicherung das Hypothekendarlehen dann auf einen Schlag tilgen. Daher spricht man auch von endfälliger Tilgung. Da die Schuldzinsen während der Zinsbindungsfrist auf gleicher Höhe bleiben, können insgesamt hohe Schuldzinsbeträge steuerlich abgesetzt werden. Auf der anderen Seite fließen aber die Erträge aus der Kapital-Lebensversicherung steuerfrei zu, falls die entsprechenden Voraussetzungen wie mindestens zwölfjährige Laufzeit und Begrenzung der abgetretenen Versicherungsansprüche auf Nettodarlehen sowie Anschaffungskosten erfüllt werden.

Endfällige Tilgung mit Kapital-Lebensversicherung

Laut meinem Darlehensvertrag vom 6.4.1993 wird die Tilgung des Darlehensbetrages von 250 000 DM gegen Abtretung der Rechte und Ansprüche aus der Kapital-Lebensversicherung mit einer Versicherungssumme in Höhe von 119 950 DM ausgesetzt. Die Tilgung über 250 000 DM soll am 1.4.2013 in einer Summe erfolgen. Die folgenden Ausgangsdaten lagen mir vor Abschluß des Versicherungsvertrages am 23.3.1993 vor:

Anschaffungskosten	261 850 DM
Kaufpreis	254 000 DM
Bruttodarlehen	250 000 DM (= Darlehenssumme)
Nettodarlehen	225 000 DM (= Auszahlungssumme)

Um eine steuerschädliche Verwendung der Versicherung auf jeden Fall zu vermeiden, mußte ich nun die

abzutretenden Versicherungsansprüche auf 225 000 DM begrenzen. Ich nannte meiner Versicherung die gewünschte Versicherungslaufzeit von 20 Jahren, die voraussichtliche Ablaufleistung von 225 000 DM sowie mein Eintrittsalter.
Als Ergebnis spuckte der Computer eine Versicherungssumme von 119 950 DM sowie einen monatlichen Versicherungsbeitrag von 479,40 DM aus.
Mit anderen Worten: Ein Sparplan mit monatlich 479,40 DM bringt nach 20 Jahren ein voraussichtliches Endkapital von 225 000 DM, was einer Ablaufrendite von 6,26 Prozent entspricht. Ich ließ mir diese Rendite auch von der Versicherungsgesellschaft selbst ermitteln. Sicher ist sie dennoch nicht, da sie von den geschätzten Überschußbeteiligungen abhängt und daher höher oder niedriger ausfallen kann.
Laut unverbindlichem Rechenbeispiel der Versicherung sinkt die Ablaufleistung um 22,33 Prozent auf knapp 175 000 DM, wenn »die Zinsüberschüsse auf die Hälfte reduziert werden müssen«. Meine persönliche Bewertung sieht nun folgendes Szenario vor:

Geschätzte Ablaufleistungen und Renditen bei einem Monatsbeitrag von 479,40 DM und einer Laufzeit von 20 Jahren

Ablaufleistung	*Ablaufrendite*	*persönliche Bewertung*
225 000 DM	6,26 %	optimistisch
200 000 DM	5,21 %	vorsichtig
175 000 DM	4,00 %	pessimistisch

Kalkulationshilfe 8: TILGUNG UND ENTSCHULDUNG

1. *Tilgungsaussetzung über Kapital-Lebensversicherung* (sog. Festdarlehen mit endfälliger Tilgung)		
Bruttodarlehen (max. bis Ansch.kosten)	250 000	DM
Laufzeit der Versicherung (mind. 12 Jahre)	20	Jahre
geschätzte Ablaufleistung nach 20 Jahren (max. bis Nettodarlehen)	225 000	DM
Versicherungsprämie: monatlich	479,40	DM
jährlich: 479,40 x 12 =	5 753	DM
Jahresbeitrag in % des Bruttodarlehens	2,3	%
Ablaufrendite für Kapital-Lebensversicherung	6,26	%
2. *regelmäßige Tilgung mit 2 % zuzüglich ersparter Zinsen* (sog. Annuitätendarlehen mit sinkendem Zinsanteil und steigendem Tilgungsanteil)		
Bruttodarlehen (Darlehenssumme)	250 000	DM
Tilgungssatz pro Jahr zuzügl. ersparter Zinsen	2	%
Tilgungsleistung im ersten Jahr	5 136	DM

3. Tilgungsverlauf bei Annuitätendarlehen

Jahre	Restschuld	Zinsen	Tilgung	Annuität
1	250 000 DM	14 464 DM	5 136 DM	19 600 DM
2	244 864 DM	14 156 DM	5 444 DM	19 600 DM
3	239 420 DM	13 829 DM	5 771 DM	19 600 DM
4	233 649 DM	13 483 DM	6 117 DM	19 600 DM
5	227 532 DM	13 116 DM	6 484 DM	19 600 DM
6	221 048 DM	12 728 DM	6 872 DM	19 600 DM
7	214 176 DM	12 314 DM	7 286 DM	19 600 DM
8	206 890 DM	11 878 DM	7 722 DM	19 600 DM
9	199 168 DM	11 415 DM	8 185 DM	19 600 DM
10	190 983 DM	10 924 DM	8 676 DM	19 600 DM
11	182 307 DM	15 032 DM	12 095 DM	27 127 DM
12	170 212 DM	13 963 DM	13 164 DM	27 127 DM
13	157 048 DM	12 799 DM	14 328 DM	27 127 DM
14	142 720 DM	11 532 DM	15 595 DM	27 127 DM
15	127 125 DM	10 155 DM	16 972 DM	27 127 DM
16	110 153 DM	8 654 DM	18 473 DM	27 127 DM
17	91 680 DM	7 021 DM	20 106 DM	27 127 DM
18	71 574 DM	5 244 DM	21 883 DM	27 127 DM
19	49 691 DM	3 309 DM	23 818 DM	27 127 DM
20	25 873 DM	1 254 DM	25 873 DM	27 127 DM
		217 270 DM	250 000 DM	467 270 DM

Bruttodarlehen:	250 000 DM	
Nominalzins	für 1.–10. Jahr:	5,84 %
	ab 11. Jahr:	8,5 %
Tilgungssatz pro Jahr:		2 %
Tilgungsverrechnung:		sofort
Zinszahlung:		monatlich
Zinsverrechnung:		sofort

In der Kalkulationshilfe 8 »TILGUNG UND ENTSCHULDUNGEN« auf Seite 232 habe ich die optimistischen Werte der Versicherungsgesellschaft mit 225 000 DM Ablaufleistung und 6,26 Prozent Ablaufrendite aufgeführt. Tritt diese Prognose im Jahr 2013 tatsächlich ein, kann ich mein Darlehen bis auf einen Restbetrag von 25 000 DM durch die fällig werdende Lebensversicherung ablösen. Kommen jedoch nur 200 000 DM oder gar nur 175 000 DM heraus, müssen 50 000 DM oder 75 000 DM aus eigenen Mitteln aufgebracht werden, um alle Schulden loszuwerden.

Regelmäßige Tilgung mit Annuitätendarlehen

Eine vollständige Tilgung des Bruttodarlehens von 250 000 DM nach 20 Jahren kann auch mit einem Tilgungssatz von 2 Prozent zuzüglich ersparter Zinsen erreicht werden.

Beispiel

8 Prozent Nominalzins bei 100 Prozent Auszahlung, 2 Prozent Tilgung, 20 Jahre Laufzeit, Effektivzins 8,31 Prozent.
Wie Sie der Kalkulationshilfe 8 auf Seite 232 entnehmen können, wird jedoch eine Finanzierung in zwei Abschnitten gewählt:

1.–10. Jahr:	5,84 % Nominalzins bei 90 % Auszahlung, 2 % Tilgung, Effektivzins 7,69 %, Restschuld 182 307 DM nach 10 Jahren
11.–20. Jahr:	8,5 % Nominalzins bei 100 % Auszahlung, 6,38 % Tilgung von 182 307 DM, Effektivzins 8,85 %, völlige Entschuldung nach 20 Jahren

Der Tilgungsverlauf zeigt, wie stark die Tilgungsbeträge ab dem elften Jahr ansteigen. Gleichzeitig sinken die Restschulden und die daraus berechneten Schuldzinsen von Jahr zu Jahr immer stärker. In der Gesamtabrechnung ergeben sich folgende Zahlen:

	Annuitäten über 20 Jahre	467 270 DM
–	Darlehenssumme	– 250 000 DM
	laufender Zinsaufwand	217 270 DM
+	einmaliges Disagio	+ 25 000 DM
	Zinsaufwand insgesamt	242 270 DM

Steuerlich abzugsfähig sind 242 270 DM. Bei einer Steuerprogression von 40 Prozent bleibt daher ein gesamter Zinsaufwand von 145 362 DM nach Steuern übrig.

Wann die endfällige Tilgung für Sie besser ist

Beim Vergleich zwischen Annuitätendarlehen und dem Kombinationsmodell Festdarlehen/Kapital-Lebensversicherung schneidet die Kombination *nach* Steuern besser ab.

Der Grund: Eine regelmäßige Tilgung erspart Ihnen bei durchschnittlich 8 Prozent Zinsen und 40 Prozent Grenzsteuersatz nur 4,8 Prozent nach Steuern. Ihre »Tilgungsrendite« von 4,8 Prozent wird aber mit ziemlicher Sicherheit von der Ablaufrendite bei der Kapital-Lebensversicherung übertroffen. Bei prognostizierten 6,26 Prozent Ablaufrendite macht dieser Renditevorteil bereits knapp 1,5 Prozentpunkte aus. Sowohl im optimistischen als auch im realistisch-vorsichtigen Fall schlägt die Tilgungsversicherung das annuitätisch getilgte Darlehen.

Die Ablaufleistung müßte schon auf deutlich unter 200 000 DM fallen, damit die regelmäßige Tilgung wieder besser abschneidet. Aber auch diese pessimistische Annahme hinsichtlich der erzielbaren Überschußbeteiligungen aus der Kapital-Lebensversicherung darf nicht darüber hinwegtäuschen, daß bei 40 Prozent persönlichem Steuersatz bereits ab dem siebten Jahr ein Liquiditätsvorteil zugunsten der Tilgungsversicherung eintritt. Nur in den ersten sechs Jahren liegen Zinsaufwand nach Steuern plus Tilgung beim Annuitätendarlehen unter der Belastung aus Zins nach Steuern plus Versicherungsprämie beim Kombinationsmodell.

Die Gesamtbelastung vor Steuern bleibt beim Annuitätendarlehen zwar 33 290 DM unter der Belastung beim endfälligen Darlehen mit einer Ablaufleistung von 225 000 DM. Nach Steuern liegt das endfällige Darlehen jedoch mit einem Plus von 24 000 DM vorn. Die Entscheidung zugunsten des Kombinationsmodells sollte Ihnen daher nicht schwerfallen.

Belastungsrechnung über 20 Jahre
Voraussetzung: Darlehenssumme 250 000 DM,
Laufzeit 20 Jahre,
Grenzsteuersatz 40 %

regelmäßige Tilgung		*endfällige Tilgung*	
1.–10. Jahr		Zinsen 1.–10 J.*	173 000 DM
Belastung*	221 000 DM	Zinsen 1.–10 J.	212 500 DM
11.–20. Jahr		Gesamtzinsen	385 500 DM
Belastung	271 270 DM	– 40 % Steuern	– 154 200 DM
Gesamtbel.	492 270 DM	Zins. nach Steuern	231 300 DM
– Darlehen	– 250 000 DM	+ Versich. beitr.	+ 115 060 DM
Zinsaufwand	242 270 DM		346 360 DM
– 40 % Steuern	– 96 910 DM	– Ablaufleistung	– 225 000 DM
Zins. nach St.	145 360 DM	Eigenaufwand	121 360 DM
*) einschließlich Disagio		Vorteil:	25 000 DM

Unter steuerlichem Gesichtspunkt werden Sie Ihre Schulden bei vermieteten Wohnimmobilien am besten über das Kombinationsmodell Festdarlehen/Kapital-Lebensversicherung wieder los.
Dabei gilt jedoch eine wichtige Einschränkung: Ihre Lebensversicherung sollte nicht nach dem 65. oder 70. Lebensjahr fällig werden, denn schließlich wollen Sie die Entschuldung Ihres Mietobjekts im Ruhestand noch erleben.
Falls Sie mehrere Mietobjekte erwerben, empfiehlt es sich, nicht alles auf die Versicherungskarte zu setzen. Vereinbaren Sie bei dem einen oder anderen Objekt mit Ihrer Bank tilgungsfreie Anfangsjahre, ohne eine Tilgungsaussetzung über die Kapital-Lebensversicherung.

6. Liquidität: Wie Sie immer flüssig bleiben

Wirtschaftlichkeitsberechnungen in Prospekten sind aus zwei Gründen mit größter Vorsicht zu genießen. Erstens handelt es sich um reine Liquiditätsrechnungen, die keine Aussage über die Rentabilität des Objekts zulassen. Und zum zweiten geht die Rechnung meist nur über die ersten vier oder fünf Vermietungsjahre.

Irreführende oder geschönte Angaben helfen Ihnen aber nicht weiter. Eine saubere Langfristrechnung über 15, 20 oder 25 Jahre ist notwendig, um die Chancen und Risiken einer langfristigen Investition zu erkennen. Insbesondere das verflixte elfte Jahr nach Auslaufen der hohen Neubauabschreibungen und nach Ablauf der Zinsbindung muß einkalkuliert werden.

Die Liquidität mißt das Verhältnis von flüssigen Geldmitteln zu kurzfristig fälligen Schulden. Aus dynamischer Sicht geht es um den Vergleich von zukünftigen Einnahmen und zukünftigen Ausgaben. Einnahmeüberschüsse führen zu einem liquiden Zufluß, Ausgabenüberschüsse zur Unterdeckung.

Bei vermieteten Immobilien können Sie jeweils zwei Einnahme- und Ausgabequellen unterscheiden:

Einnahmen	Ausgaben
Jahresreinertrag Steuerersparnisse	Hypothekenzinsen Tilgung

Je nachdem, auf welcher Stufe Überschuß oder Unterdeckung ermittelt werden, lassen sich drei Liquiditätsstufen unterscheiden:

	Jahresnettokaltmiete
–	nicht umlagefähige Bewirtschaftungskosten
	Jahresreinertrag
–	Hypothekenzinsen
	Liquidität Stufe I (vor Steuern und nach Tilgung)
+	Steuerersparnis
	Liquidität Stufe II (nach Steuern und vor Tilgung)
–	Tilgung/Tilgungsersatz
	Liquidität Stufe III (nach Steuern und Tilgung)

Es geht also darum, die Liquidität in Stufen zu berechnen, und zwar über mehr als zehn Jahre. Nur dann können Sie zuverlässig abschätzen, was auf Sie wirklich zukommt.

Liquidität Stufe I

Vor Steuern und Tilgung errechnet sich über 20 Jahre eine Unterdeckung von 31 845 DM, falls eine jährliche Mietsteigerung von 3 Prozent und eine Anschlußfinanzierung zu 8,5 Prozent Nominalzins bei 100 Pro-

zent Auszahlung angenommen wird. Sollte es erforderlich sein, dem Finanzamt die Absicht der Überschußerzielung nachweisen zu müssen, muß das Mietobjekt nach völliger Entschuldung noch zwei Jahre länger in meinem Besitz bleiben.
Die Unterdeckung in einem Jahr ergibt sich aus dem Vergleich von Hypothekenzinsen und Jahresreinertrag.
Beispiel erstes Vermietungsjahr:

	Jahresnettokaltmiete		13 620 DM
–	Verwaltungskosten		390 DM
–	Instandhaltungskosten	–	600 DM
	Jahresreinertrag		12 630 DM
–	Hypothekenzinsen (5,92 % v. 250 000 DM)	–	14 800 DM
	Unterdeckung 1. Jahr	–	2 170 DM

Bei regelmäßiger Tilgung mit 2 Prozent zuzüglich ersparter Zinsen entsteht bereits ab dem vierten Jahr ein Überschuß der Mieteinnahmen über die Zins-, Verwaltungs- und Instandhaltungskosten. Im Laufe von 20 Jahren baut sich infolge der rasant sinkenden Zinslast ein Totalüberschuß von 111 115 DM auf.

Liquidität Stufe II

Beim Kombinationsmodell Festdarlehen/Kapital-Lebensversicherung verwandelt sich die Unterdeckung von 31 845 DM vor Steuern in einen Überschuß von insgesamt 61 590 DM nach Steuern über 20 Jahre. Die

Liquidität Stufe II fällt immer besser als in Stufe I aus, sofern Steuerersparnisse erzielt werden können.
Es gilt die einfache Gleichung:

Liquidität Stufe I	+ Steuerersparnis
	= Liquidität Stufe II.
Anders ausgedrückt:	
Jahresreinertrag	+ Steuerersparnis
	– Hypothekenzinsen
	= Liquidität Stufe II.

Am Beispiel des ersten Vermietungsjahres für mein Mietobjekt soll die Steuerersparnis einmal ermittelt werden (siehe auch Kalkulationshilfe 9 »LIQUIDITÄTSRECHNUNG«, Seite 242):

	Steuerrechnung 1. Jahr:	
	Unterdeckung 1. Jahr	2 170 DM
+	Gebäudeabschreibung	
	(7 % v. 235 665 DM)	+ 16 497 DM
	steuerlicher Verlust	18 667 DM

Der steuerliche Verlust aus Vermietung und Verpachtung – auch als »negative Einkünfte aus V+V« bezeichnet – in Höhe von 18 667 DM kann nun mit anderen positiven Einkünften verrechnet werden. Liegt das zu versteuernde Einkommen *vor* Abzug des steuerlichen Verlustes bei 165 000 DM, macht der Grenzsteuersatz bei Verheirateten 40 Prozent aus (ohne Kirchensteuer und Solidaritätszuschlag).

Kalkulationshilfe 9: LIQUIDITÄTSRECHNUNG

1. *Liquiditätsstufen*

Liquidität Stufe I	=	Unterdeckung/Überschuß vor Steuern und vor Tilgung bzw. Tilgungsersatz
Liquidität Stufe II	=	Unterdeckung/Überschuß nach Steuern und vor Tilgung bzw. Tilgungsersatz
Liquidität Stufe III	=	Unterdeckung/Überschuß nach Steuern und nach Tilgung bzw. Tilgungsersatz

Hinweise

Jahresreinertrag	=	Reinertrag bei jährlich 3 Prozent Miet- und Kostensteigerung, bei Neubauten ab 11. Jahr Verdoppelung der Instandhaltungskosten.
Hypothekenzinsen	=	Zinskosten bei Nichtdisagio-/Disagiovariante und bei Fest-/Annuitätendarlehen, nach Ablauf der Zinsbindung wird mit 8,5 Prozent Nominalzins gerechnet
Liqu. Stufe I	=	Jahresreinertrag minus Hypothekenzinsen
Steuerersparnis	=	(Jahresreinertrag minus Hypothekenzinsen und minus Gebäudeabschreibung) x 40 Prozent Steuersatz
Liqu. Stufe II	=	Jahresreinertrag plus Steuerersparnis minus Hypothekenzinsen
Liqu. Stufe III	=	Jahresreinertrag plus Steuerersparnis minus Hypothekenzinsen und Tilgung von 5 753 DM (bei Festdarlehen mit Kapital-Lebensversicherung werden die jährlichen Versicherungsprämien als Tilgung eingesetzt)

2. Liquiditätsverlauf für 20 Jahre

Jahre	Jahres-reinertrag	Disagio/Hypotheken-zinsen	Liquidität Stufe I	Steuer-ersp.	Liquidität Stufe II	Liquidität Stufe III
0	– DM	– 26 751 DM	– 1 751 DM	+ 10 700 DM	+ 8 949 DM	+ 8 949 DM
1	+ 12 630 DM	– 14 800 DM	– 2 170 DM	+ 7 467 DM	+ 5 297 DM	– 456 DM
2	+ 13 009 DM	– 14 800 DM	– 1 791 DM	+ 7 315 DM	+ 5 524 DM	– 229 DM
3	+ 13 399 DM	– 14 800 DM	– 1 401 DM	+ 7 159 DM	+ 5 758 DM	+ 5 DM
4	+ 13 801 DM	– 14 800 DM	– 999 DM	+ 6 998 DM	+ 5 999 DM	+ 246 DM
5	+ 14 215 DM	– 14 800 DM	– 585 DM	+ 4 947 DM	+ 4 362 DM	– 1 391 DM
6	+ 14 642 DM	– 14 800 DM	– 158 DM	+ 4 776 DM	+ 4 618 DM	– 1 135 DM
7	+ 15 081 DM	– 14 800 DM	+ 281 DM	+ 4 601 DM	+ 4 882 DM	– 871 DM
8	+ 15 533 DM	– 14 800 DM	+ 733 DM	+ 4 420 DM	+ 5 153 DM	– 600 DM
9	+ 15 999 DM	– 14 800 DM	+ 1 199 DM	+ 4 234 DM	+ 5 433 DM	– 320 DM
10	+ 16 479 DM	– 14 800 DM	+ 1 949 DM	+ 3 934 DM	+ 5 883 DM	+ 130 DM
11	+ 16 168 DM	– 21 250 DM	– 5 082 DM	+ 3 918 DM	– 1 164 DM	– 6 917 DM
12	+ 16 653 DM	– 21 250 DM	– 4 597 DM	+ 3 724 DM	– 873 DM	– 6 626 DM
13	+ 17 153 DM	– 21 250 DM	– 4 097 DM	+ 3 524 DM	– 573 DM	– 6 326 DM
14	+ 17 667 DM	– 21 250 DM	– 3 583 DM	+ 3 318 DM	– 265 DM	– 6 018 DM
15	+ 18 197 DM	– 21 250 DM	– 3 053 DM	+ 3 106 DM	+ 53 DM	– 5 700 DM
16	+ 18 743 DM	– 21 250 DM	– 2 507 DM	+ 2 888 DM	+ 381 DM	– 5 372 DM
17	+ 19 305 DM	– 21 250 DM	– 1 945 DM	+ 1 956 DM	+ 11 DM	– 5 742 DM
18	+ 19 885 DM	– 21 250 DM	– 1 365 DM	+ 1 724 DM	+ 359 DM	– 5 394 DM
19	+ 20 481 DM	– 21 250 DM	– 769 DM	+ 1 486 DM	+ 717 DM	– 5 036 DM
20	+ 21 096 DM	– 21 250 DM	– 154 DM	+ 1 240 DM	+ 1 086 DM	– 4 667 DM
	+ 330 406 DM	– 387 251 DM	– 31 845 DM	+ 93 435 DM	+ 61 590 DM	– 53 470 DM

Hierzu die genaue Berechnung:

	zu verst. Einkommen	165 000 DM	Einkommensteuer alt	46 000 DM
–	steuerl. Verlust	– 18 667 DM		
	zu verst. Einkommen nach Verlustabzug	146 333 DM	Einkommensteuer neu lt. Splittingtabelle	38 494 DM
			Steuerersparnis (= 40,2 % von 18 667 DM)	7 506 DM

Aus Vereinfachungsgründen wurde beim Liquiditätsverlauf für 20 Jahre immer mit exakt 40 Prozent Grenzsteuersatz gerechnet.Die jährliche Steuerersparnis sinkt dabei von 7 467 DM im ersten auf 1 240 DM in 20. Jahr. Dies ist vor allem auf die steigenden Mieteinnahmen und die in späteren Jahren geringeren Abschreibungssätze zurückzuführen.
Die gesamte Steuerersparnis von 93 435 DM würde sich bei einem Grenzsteuersatz von 30 Prozent auf gut 70 000 DM vermindern und bei 50 Prozent Steuerprogression auf knapp 117 000 DM erhöhen.
Steuerlich unattraktiv im Vergleich hierzu ist das Annuitätendarlehen mit einer regelmäßigen Tilgung von 2 Prozent des Bruttodarlehens zuzüglich ersparter Zinsen. Nur 36 315 DM ersparte Steuern kommen im Laufe von 20 Jahren bei einem persönlichen Grenzsteuersatz von 40 Prozent heraus, was insbesondere auf die ab dem 14. Jahr einsetzenden Steuerzahlungen zurückzuführen ist.
Der Gesamtüberschuß fällt mit 147 340 DM nach Steuern zwar immer noch um 85 750 DM höher aus im Vergleich zum Kombinationsmodell. Doch dieser Vergleich täuscht, da die hohen Tilgungsbeträge auf der Liquiditätsstufe II noch nicht berücksichtigt sind.

Liquidität Stufe III

Erst die Stufe III, also die Liquidität nach Steuern und nach Tilgung, bringt die Wahrheit ans Licht.
Es gilt die einfache Rechnung:

> Liquidität Stufe II – Tilgung/Tilgungsersatz =
> Liquidität Stufe III

Sie haben nun alle Einnahme- und Ausgabeposten aufgelistet, wie die Liquiditätsrechnung für das erste Jahr beispielsweise zeigt:

	Jahresnettokaltmiete		13 620 DM
+	Steuerersparnis	+	7 467 DM
	Einnahmen 1. Jahr		21 087 DM
–	Verwaltungs- und Instandh.	–	990 DM
–	Hypothekenzinsen	–	14 800 DM
–	Versicherungsprämie	–	5 753 DM
	Unterdeckung nach Steuern und nach Tilgung 1. Jahr		456 DM

Im dritten, vierten und zehnten Jahr errechnet sich beim Kombinationsmodell sogar ein minimaler Überschuß. Insgesamt müssen Sie nach Steuern und Tilgung 53 470 DM in 20 Jahren aufbringen. Falls die Ablaufleistung 225 000 DM ausmacht, kommen noch 25 000 DM hinzu, um das Bruttodarlehen von 250 000 DM vollständig abzulösen.
Eine regelmäßige Tilgung mit 2 Prozent zuzüglich er-

sparter Zinsen führt in den ersten vier Jahren zu Überschüssen nach Steuern und Tilgung. Die jährliche Unterdeckung liegt ab dem siebten Jahr höher als beim Kombinationsmodell. Besonders stark steigt die Unterdeckung ab dem elften Jahr von knapp 10 000 DM auf fast 13 000 DM im 20. Jahr an. Insgesamt errechnet sich eine Unterdeckung von 102 360 DM bis zur vollständigen Entschuldung nach 20 Jahren. Verglichen mit der Unterdeckung beim Kombinationsmodell einschließlich Zuzahlung von 25 000 DM ergibt sich ein liquider Nachteil von insgesamt 24 160 DM. Dieser Nachteil wird nur dann aufgehoben, wenn die tatsächliche Ablaufleistung bei der Lebensversicherung unter 200 000 DM rutschen würde.

Liquiditätsengpaß ab dem 11. Jahr

Bei beiden Tilgungsmodellen wird der Liquiditätsengpaß ab dem elften Jahr deutlich sichtbar. Sprunghaft ansteigende Hypothekenzinsen bei der Anschlußfinanzierung sowie die auf nur noch 2 Prozent der Gebäudekosten fallenden Abschreibung bilden hierfür die Erklärung.
Wenn der Engpaß mit knapp 7 000 DM Unterdeckung beim Kombinationsmodell zu hoch erscheint, könnte über einen Verkauf des Mietobjekts nachgedacht werden. Soll ein vorzeitiger Verkauf nicht erfolgen, kann sich die geplante Unterdeckung auch durch höhere Mieteinnahmen oder geringere Hypothekenzinsen vermindern. Möglicherweise bricht eine erneute Tiefzinsphase an, in der weniger als die geplanten 8,5 Prozent Zinsen gezahlt werden müssen.

7. Endrendite: Wie rentabel Ihr Mietobjekt wirklich ist

Erst mit dem Verkauf und der Ablösung Ihrer Hypothekenschulden schlägt die Stunde der Wahrheit. Wenn Sie den Veräußerungserlös in der Zukunft heute schon wüßten und ebenso die Höhe der eventuellen Restschulden, wäre die Ermittlung der Endrendite nach Steuern, nach Verkauf und nach Entschuldung nur noch ein rechnerisches Problem.

Gerade aber die Höhe des Veräußerungserlöses und die Höhe der Restschulden bei Tilgungsaussetzung über eine Kapital-Lebensversicherung sind die beiden großen Unbekannten. Sie können nur mit Hilfe von mehr oder minder realistischen Schätzungen den Vermögensüberschuß als Differenz zwischen Veräußerungserlös und Restschulden ermitteln.

Sinnvoller ist es, zunächst einmal eine Vorwärtsrechnung mit Hilfe von aufgezinsten Eigenkapital- und Liquiditätsbeträgen vorzunehmen. Das kalkulatorische Endkapital kann dann mit dem erwarteten Vermögensüberschuß verglichen werden. Liegen beide Beträge gleich hoch, entspricht die Endrendite nach Steuern genau dem in der Hochrechnung angenommenen Kalkulationszinsfuß. Liegt der Vermögensüberschuß über dem rechnerischen Endkapital, steigt die Endrendite.

Kalkulatorisches Endkapital

Aus der Liquiditätsrechnung wissen Sie, wie hoch die Unterdeckungen nach Steuern und Tilgung Jahr für Jahr ausfallen. Für das Jahr 0 sollten Sie zusätzlich den Eigenkapitaleinsatz nach Steuern aufführen.

Beispiel

	Anschaffungskosten		261 850 DM
–	Auszahlungssumme Darlehen	–	225 000 DM
	Eigenkapital vor Steuern		36 850 DM
–	Überschuß nach Steuern	–	8 950 DM
	Eigenkapital nach Steuern		27 900 DM

Das Eigenkapital nach Steuern sowie die Beträge aus der Liquiditätsstufe III (Unterdeckung/Überschuß nach Steuern und nach Tilgung) werden nun mit einem Kalkulationszinsfuß aufgezinst bis zum Ende der geplanten Anlagedauer.

Dazu mein Beispiel

Nach 20 Jahren möchte ich das Darlehen über die Ablaufleistung aus der Kapital-Lebensversicherung soweit wie möglich entschulden. Wenn auch der Verkauf am Ende des 20. Jahres erfolgen soll, beträgt die geplante Anlagedauer 20 Jahre.
Eine Geldanlage in vermietete Wohnimmobilien rechnet sich nur, wenn sie mindestens soviel einbringt wie eine alternative Zinsanlage. Im langjährigen Durch-

schnitt können Sie mit sicheren Bundesanleihen eine Rendite von 7,5 Prozent erzielen, wobei die Renditen je nach Zinsniveau zwischen 5 und über 10 Prozent schwanken. Bei Unterschreiten des Freistellungsbetrages von 6 100/12 200 DM (Ledige/Verheiratete) für Zinseinkünfte fließt Ihnen die Rendite von 7,5 Prozent steuerfrei zu.

Ihr Ziel sollte es sein, mit Mietobjekten eine Endrendite von mehr als 7,5 Prozent nach Steuern zu erreichen, da Sie ja im Gegensatz zu Festzinspapieren ein höheres Risiko eingehen. Vorsichtigerweise könnten Sie aber eine erste Hochrechnung mit dem Kalkulationszinsfuß von 7,5 Prozent nach dem Muster auf Seite 250 vornehmen.

Das kalkulatorische Endkapital nach diesem Muster beträgt demnach 215 000 DM. Das heißt, Sie erzielen eine Endrendite von 7,5 Prozent nach Steuern beim Kombinationsmodell Festdarlehen/Kapital-Lebensversicherung, wenn Ihr Vermögensüberschuß am Ende des 20. Jahres ebenfalls 215 000 DM ausmacht.

Meine persönliche Renditeerwartung liegt jedoch bei 10 Prozent nach Steuern, da ich den Renditezuschlag von 2,5 Prozentpunkten als Risikoprämie für die Investition in den Mietwohnungsbau ansehe. Laut Kalkulationshilfe 10 »RENTABILITÄTSRECHNUNG« auf Seite 252 kalkuliere ich mit dem Endkapital von gut 302 000 DM. Meine Investition hat sich dann gelohnt und mit 10 Prozent Eigenkapitalrendite verzinst, wenn der Vermögensüberschuß aus Veräußerungserlös minus Restschulden am Ende des 20. Jahres die Schallgrenze von 300 000 DM übersteigt.

Jahre	Eigenkapital/Liquidität mit 7,5 % aufgezinst					
0	–	27 900 DM	x $1{,}075^{20}$	=	–	118 515 DM
1	–	456 DM	x $1{,}075^{19}$	=	–	1 802 DM
2	–	229 DM	x $1{,}075^{18}$	=	–	842 DM
3	+	5 DM	x $1{,}075^{17}$	=	+	17 DM
4	+	246 DM	x $1{,}075^{16}$	=	+	782 DM
5	–	1 391 DM	x $1{,}075^{15}$	=	–	4 116 DM
6	–	1 135 DM	x $1{,}075^{14}$	=	–	3 124 DM
7	–	871 DM	x $1{,}075^{13}$	=	–	2 230 DM
8	–	600 DM	x $1{,}075^{12}$	=	–	1 429 DM
9	–	320 DM	x $1{,}075^{11}$	=	–	709 DM
10	+	130 DM	x $1{,}075^{10}$	=	+	268 DM
11	–	6 917 DM	x $1{,}075^{9}$	=	–	13 262 DM
12	–	6 626 DM	x $1{,}075^{8}$	=	–	11 817 DM
13	–	6 326 DM	x $1{,}075^{7}$	=	–	10 495 DM
14	–	6 018 DM	x $1{,}075^{6}$	=	–	9 288 DM
15	–	5 700 DM	x $1{,}075^{5}$	=	–	8 183 DM
16	–	5 372 DM	x $1{,}075^{4}$	=	–	7 174 DM
17	–	5 742 DM	x $1{,}075^{3}$	=	–	7 133 DM
18	–	5 394 DM	x $1{,}075^{2}$	=	–	6 233 DM
19	–	5 036 DM	x $1{,}075^{1}$	=	–	5 414 DM
20	–	4 667 DM	x 1	=	–	4 667 DM
		Endkapital			–	215 366 DM

Erwarteter Vermögensüberschuß

Nach 20 Jahren liegt die geschätzte Ablaufleistung der Kapital-Lebensversicherung bei 225 000 DM, was einer Ablaufrendite von 6,26 Prozent entspricht. Bis auf einen Restbetrag von 25 000 DM kann ich dann das Darlehen in Höhe von 250 000 DM auf einen Schlag tilgen. Meine Restschulden erhöhen sich jedoch auf 50 000 DM, wenn die Ablaufrendite auf 5,21 Prozent fällt und damit nur eine Ablaufleistung von 200 000 DM erzielbar ist.
Die Restschulden von 25 000 DM bei optimistischer oder von 50 000 DM bei realistisch-vorsichtiger Kalkulation muß ich nun vom voraussichtlichen Veräußerungserlös bei Verkauf am Ende des 20. Jahres abziehen. Nichts bereitet in der Rendite-Kalkulation für Immobilien soviel Kopfzerbrechen wie die Schätzung eines künftigen Verkaufspreises.
Meine persönliche Kalkulation, die sich bei bereits verkauften Mietobjekten bestens bewährt hat, geht von zwei Annahmen aus:

1. Verkauf zum 15fachen der Jahresnettokaltmiete im Verkaufszeitpunkt,
2. jährliche Mietsteigerung von durchschnittlich 3 Prozent.

Beginnen wir mit der zweiten Annahme. Bei einer Nettokaltmiete im ersten Jahr in Höhe von 13 620 DM, einer jährlichen Mietsteigerung von 3 Prozent und einer Anlagedauer von 20 Jahren kann ich die Jahresnettokaltmiete zum geplanten Verkaufszeitpunkt durch Hochrechnung ermitteln.

Kalkulationshilfe 10: RENTABILITÄTSRECHNUNG

1. *kalkulatorisches Endkapital*

Bcispiel: Kalkulationszinsfuß 10 %, Anlagedauer 20 Jahre)

Jahre	Eigenkapital/Liquidität	mit 10 % aufgezinstes Eigenkapital/Liquidität		
0	– 27 900 DM	– 27 900 DM	x $1{,}1^{20}$ =	– 187 697 DM
1	– 456 DM	– 456 DM	x $1{,}1^{19}$ =	– 2 789 DM
2	– 229 DM	– 229 DM	x $1{,}1^{18}$ =	– 1 273 DM
3	+ 5 DM	+ 5 DM	x $1{,}1^{17}$ =	+ 725 DM
4	+ 246 DM	+ 246 DM	x $1{,}1^{16}$ =	+ 246 DM
5	– 1 391 DM	– 1 391 DM	x $1{,}1^{15}$ =	– 5 811 DM
6	– 1 135 DM	– 1 135 DM	x $1{,}1^{14}$ =	– 4 310 DM
7	– 871 DM	– 871 DM	x $1{,}1^{13}$ =	– 3 007 DM
8	– 600 DM	– 600 DM	x $1{,}1^{12}$ =	– 1 883 DM
9	– 320 DM	– 320 DM	x $1{,}1^{11}$ =	– 913 DM
10	+ 130 DM	+ 130 DM	x $1{,}1^{10}$ =	+ 130 DM
11	– 6 917 DM	– 6 917 DM	x $1{,}1^{9}$ =	– 16 310 DM
12	– 6 626 DM	– 6 626 DM	x $1{,}1^{8}$ =	– 14 203 DM
13	– 6 326 DM	– 6 326 DM	x $1{,}1^{7}$ =	– 12 328 DM
14	– 6 018 DM	– 6 018 DM	x $1{,}1^{6}$ =	– 10 661 DM
15	– 5 700 DM	– 5 700 DM	x $1{,}1^{5}$ =	– 9 180 DM
16	– 5 372 DM	– 5 372 DM	x $1{,}1^{4}$ =	– 7 865 DM
17	– 5 742 DM	– 5 742 DM	x $1{,}1^{3}$ =	– 7 643 DM
18	– 5 394 DM	– 5 394 DM	x $1{,}1^{2}$ =	– 6 527 DM
19	– 5 036 DM	– 5 036 DM	x $1{,}1^{1}$ =	– 5 540 DM
20	– 4 667 DM	– 4 667 DM	x 1,0 =	– 4 667 DM
				– 302 226 DM

2. *Vermögensüberschuß nach Entschuldung und Verkauf*
(Beispiel: Ablaufleistung 225 000 DM bei 6,26 Prozent Ablaufrendite, Verkauf zum 15fachen der Jahresnettokaltmiete am Ende des 20. Jahres bei einer jährlichen Mietsteigerung von 3 Prozent)

Restschuld nach 20 Jahren	=	Darlehenssumme	250 000 DM
	–	Ablaufleistung	225 000 DM
		Restschulden	25 000 DM
Veräußerungserlös	=	Jahresnettokaltmiete*	24 600 DM
	x	15	x 15
		Veräußerungserlös	369 000 DM
Vermögensüberschuß	=	Veräußerungserlös	369 000 DM
	–	Restschulden	– 25 000 DM
		Vermögensüberschuß	344 000 DM

3. *Endrendite*
Die erwartete Endrendite nach Steuern beträgt bei einem Vermögensüberschuß von 344 000 DM 11 %.

*) 13 620 DM x $1{,}03^{20}$
(bei 3 % Mietsteigerung und 20 Jahren)

Beispiel

$$\text{Jahresnettokaltmiete im 1. Jahr} \times \left(1 + \frac{\text{Mietsteigerung}}{100}\right)^{\text{Anlagedauer}}$$

$$= 13\,620 \times \left(1 + \frac{3}{100}\right)^{20}$$

$$= 13\,620 \times 1{,}03^{20}$$

$$= 13\,620 \times 1{,}8061112$$

$$= 24\,600 \text{ DM}$$

Das 15fache der Jahresnettokaltmiete am Ende des 20. Jahres beläuft sich auf 369 000 DM und ist Maßstab für den möglichen Verkaufspreis. Mit 369 000 DM liegt der angenommene Verkaufspreis im Jahr 2013 gut 40 Prozent über den Anschaffungskosten im Jahr 1993. Ich bin sicher, daß dies eine realistische und eher vorsichtige Schätzung ist.

Nach Abzug der Restschulden in Höhe von 25 000 DM (bei 225 000 DM Ablaufleistung) oder 50 000 DM (bei nur 200 000 DM Ablaufleistung) errechnet sich ein erwarteter Vermögensüberschuß von optimistisch 344 000 DM oder realistisch 319 000 DM. Selbst die vorsichtig geschätzten 319 000 DM liegen noch über dem kalkulatorischen Endkapital von gut 302 000 DM.

Fazit

Eine kalkulierte Endrendite von 10 Prozent nach Steuern wird keine Illusion bleiben, sondern sehr wahrscheinlich Realität werden.

Erwartete Endrendite nach Steuern

Als Optimist gehe ich sogar von einem Vermögensüberschuß von 344 000 DM aus.

Meine Kalkulation: Die Ablaufleistung liegt tatsächlich bei den prognostizierten 225 000 DM, oder ich schaffe es, die vermietete Eigentumswohnung zum 16fachen der Jahresnettokaltmiete am Ende des 20. Jahres zu verkaufen. Aufgrund meiner bisherigen Erfahrungen mit frei werdenden Lebensversicherungen und verkauften Mietobjekten halte ich die zweite Möglichkeit für die wahrscheinlichere. Der Verkaufspreis im Jahr 2013 läge dann 50 Prozent über dem Kaufpreis in 1993.

Bei einem erwarteten Vermögensüberschuß von 344 000 DM erhöht sich die Endrendite nach Steuern auf 11 Prozent. Zugegebenermaßen ist darin der Kalkulationsfaktor Hoffnung mit enthalten. Denn selbstverständlich hoffe ich als Vermieter und späterer Verkäufer, daß Wohnungsmieten und Immobilienwerte in Zukunft weiter steigen. Ohne jegliche Miet- und Wertsteigerung geht die Kalkulation mit vermieteten Wohnimmobilien wohl kaum auf.

4 Ihre Arbeitshilfen: Vertrauen ist gut, Kontrolle ist besser

Vielleicht geht es Ihnen als Vermieter auch so wie mir. Von der Fülle an Informationen zum Miet- und Steuerrecht wird man regelrecht erschlagen. Dabei geht dann oft die wirtschaftliche Betrachtungsweise verloren, und man sieht den Wald vor lauter Bäumen nicht mehr.

Um eine Erfolgskontrolle zu ermöglichen, habe ich im folgenden einige nützliche Arbeitshilfen zusammengestellt. Sie wissen ja: Vertrauen ist gut, Kontrolle ist besser.

An erster Stelle kann ich Ihnen die Checkliste »Zehn Gebote für Kapitalanleger in Wohnimmobilien« empfehlen. Hierbei habe ich alle wichtigen Erfahrungen auf den sprichwörtlichen Punkt gebracht.

Die Ihnen schon aus dem 3. Kapitel vertrauten Kalkulationshilfen benötigen Sie bei Ihrer Wirtschaftlichkeitsrechnung. Da sie jetzt blanko abgedruckt werden, können Sie diese Kalkulationsblätter gut zum Selbstausfüllen benutzen. Sofern Sie einen Personalcomputer besitzen, bietet sich das Einspeichern der Daten geradezu an.

Ohne Dokumente kommen Sie als Vermieter nicht aus. Ich habe daher als Beispiel »Fünf Verträge rund um die vermietete Wohnung« in Auszügen wiedergegeben. Aus Datenschutzgründen werden lediglich meine Vertragspartner nicht aufgeführt. Im übrigen handelt es sich um die vermietete Neubau-Eigentumswohnung in Erkrath bei Düsseldorf, auf die sich die Vertragstexte beziehen.

Quasi für fortgeschrittene Vermieter kann ich schließlich noch Fachliteratur empfehlen, die sich mit der Wohnungsvermietung intensiv oder am Rande beschäftigt. Leider kommt der private Vermieter in den üblichen Büchern über Bauen, Kaufen oder Finanzieren von Haus und Wohnung viel zu kurz.

1. Kriterienkatalog Zehn Gebote für Kapitalanleger in Rendite-Immobilien

- G 1 Lage
- G 2 Qualität
- G 3 Anbieter
- G 4 Preis
- G 5 Miete
- G 6 Mietrendite
- G 7 Finanzierung
- G 8 Steuern
- G 9 Liquidität
- G10 Rentabilität

Und so lauten meine zehn Gebote für Sie:

G 1 (Lage)

Nehmen Sie Wohn- und Verkehrslage sowie die nähere Umgebung Ihres Mietobjekts selbst in Augenschein. Prüfen Sie die Lage mit den Augen eines Mieters oder eines »Als-ob-Eigenheimers«.

! Entschließen Sie sich zum Kauf einer Immobilie nie, ohne Standort und Lage überprüft zu haben.

G 2 (Qualität)

Besichtigen Sie gebrauchte oder gerade fertiggestellte Wohnungen selbst und achten Sie auf Bauzustand, Grundrißlösung und Ausstattung. Nehmen Sie unbedingt einen Baufachmann zur Besichtigung mit, wenn Sie nicht selbst vom Fach sind. Lassen Sie im Bau befindliche Wohnungen anhand des Bautenstandes, der Baupläne und der Baubeschreibung ebenfalls von einem Fachmann prüfen.

! Kaufen Sie nie die Katze im Sack, also eine Wohnung, die Sie nicht von innen kennen, sofern sie bereits fertiggestellt ist.

G 3 (Anbieter)

Erkundigen Sie sich bei Neubauobjekten über den Ruf des Bauträgers und lassen Sie sich Referenzobjekte zeigen. Beim Kauf von gebrauchten Mietobjekten sprechen Sie vor dem Notartermin direkt mit dem Verkäufer und nicht nur mit dem vermittelnden Makler.

! Vertrauen Sie nicht blind den Versprechungen von Vermittlern und Anlageberatern, die zunächst nur an ihren eigenen Vorteil denken.

G 4 (Preis)

Vergleichen Sie den Kaufpreis in DM/m² mit Preisen für vergleichbare Objekte am Ort. Prüfen Sie, ob angebotene Dienstleistungen den Kauf nicht unnötig verteuern. Full-Service bei reinen Steuersparmodellen hat seinen Preis.

! Meiden Sie überteuerte Mietobjekte, die sich nur für Anbieter und Vermittler rechnen.

G 5 (Miete)

Vergleichen Sie die monatliche Nettokaltmiete in DM/m^2 mit Mieten für vergleichbare Wohnungen und prüfen Sie, ob die angegebene Miete nachhaltig erzielbar ist. Eine Mietgarantie ist nur etwas wert bei finanzstarken Garantiegebern. Lassen Sie sich alle Verwaltungs- und Instandhaltungskosten vom Verwalter nennen und errechnen Sie den für Sie allein maßgeblichen Reinertrag.

! Seien Sie mißtrauisch bei überhöhten Mieten, die nur aus Verkaufsgründen nach oben manipuliert werden.

G 6 (Mietrendite)

Achten Sie auf ein günstiges Preis-Miet-Verhältnis. Bei Neubauten sollten Sie möglichst nicht mehr als das 20fache, bei gebrauchten Objekten nicht mehr als das 15fache der Jahresnettokaltmiete als Preis zahlen. Die anfängliche Mietrendite unter Berücksichtigung aller Nebenkosten sollte mindestens 4 Prozent netto für Neubauten und mindestens 5 Prozent netto für Immobilien aus zweiter Hand ausmachen.

! Kaufen Sie nie, ohne sich vorher die anfängliche Mietrendite ausrechnen zu lassen oder selbst auszurechnen, und lassen Sie die Finger von frei finanzierten Mietobjekten mit Netto-Mietrenditen unter 4 Prozent.

G 7 (Finanzierung)

Wählen Sie einen hohen Fremdkapitalanteil bis zur Höhe des Kaufpreises nur, wenn Sie Ihre Eigenkapitalrendite nach Steuern damit verbessern können. Finanzieren Sie möglichst in einer Tiefzinsphase mit mindestens zehnjähriger Zinsbindung. Vergleichen Sie Effektivzinsen und Kreditnebenkosten der Baugeldanbieter und lassen Sie die Tilgung durch eine Kapital-Lebensversicherung aussetzen, falls sich dies für Sie steuerlich lohnt.

! Verzichten Sie auf 08/15-Finanzierungen von provisionsabhängigen Vermittlern und schalten Sie nur kompetente Finanzierungsfachleute ein.

G 8 (Steuern)

Besprechen Sie Ihre Steuersparplanung mit Ihrem Steuerberater und gehen Sie bei der Berechnung der Steuerersparnisse nur von Ihrem zu versteuernden Einkommen und Ihrer persönlichen Steuerprogression aus. Legen Sie auf die Steuerersparnisse in der Vermietungsphase mehr Wert als auf die kurzfristigen Steuervorteile in der Investitionsphase.

! Nicht die Höhe der Steuerersparnis, sondern die anfängliche Mietrendite sowie die künftigen Miet- und Wertsteigerungschancen sollten bei Ihrer Kaufentscheidung den Ausschlag geben.

G 9 (Liquidität)

Lassen Sie sich eine Langfristrechnung über mehr als zehn Jahre erstellen, aus der die laufenden Einnahmen und Ausgaben bei Annahme realistischer Prognosen hervorgehen. Rechnen Sie vorsichtig mit einer Mietsteigerung von maximal 3 Prozent pro Jahr und einer Anschlußfinanzierung zu mindestens 8,5 Prozent Effektivzins nach Ablauf der Zinsbindung.

! Lassen Sie sich nicht von einer Liquiditätsrechnung für das erste Vermietungsjahr oder nur für die Zeit bis zum Ablauf der Zinsbindung blenden.

G 10 (Rentabilität)

Denken Sie beim Kauf schon an den späteren Wiederverkauf und gehen Sie von realistisch erzielbaren Veräußerungserlösen in der Zukunft aus, zum Beispiel vom 15fachen der mit 3 Prozent pro Jahr hochgerechneten Jahresnettokaltmiete. Ein möglichst steuerfreier Veräußerungsgewinn erhöht die Gesamtrendite, ein Verkauf unter den Investitionskosten schmälert sie.

! Vertrauen Sie auf keinen Fall auf eine pauschal angenommene Wertsteigerung von 4 oder 5 Prozent, bezogen auf den Kaufpreis oder die gesamten Anschaffungskosten.

Sicherlich läßt sich über das eine oder andere Gebot trefflich streiten. Vor allem Bauträger, Immobilienmakler und Anlageberater werden über einige sehr direkt vorgetragenen Empfehlungen die Nase rümpfen. Dies sollte Sie nicht weiter stören, denn schließlich wollen Sie als Vermieter Geld verdienen und nicht in erster Linie die Taschen der Anbieter und Vermittler füllen.

Ich weiß natürlich, daß meine »Zehn Gebote für Kapitalanleger in Rendite-Immobilien« sehr stark auch meine persönlichen Erfahrungen widerspiegeln. Andererseits darf ich Ihnen versichern, daß ich nur den Standpunkt des privaten Kapitalanlegers mit meinen Ratschlägen darzustellen versuche. Eine Abhängigkeit von bestimmten Anbietern und Vermittlern kann man mir bei bestem Willen nicht unterstellen, obwohl dies in der heißen Immobilienbranche immer wieder gern versucht wird.

Gute Hilfe leistet Ihnen auch eine Checkliste für Kapitalanleger, die von unabhängigen Stellen verfaßt wird. Auf meine Anregung hin hat sich an der Immobilienakademie der »European Business School« ein »Arbeitskreis frei finanzierter Mietwohnungsbau« gebildet, der aus der Sicht von Praktiker-Studenten Entscheidungshilfen für private Investoren in vermietete Neubau-Wohnimmobilien geben will. Mit freundlicher Genehmigung des Arbietskreises lege ich die von Immobilienökonomen (ebs) erarbeiteten praktischen Ratschläge vor.

2. Praktische Ratschläge für Kapitalanleger in frei finanzierte Neubau-Mietwohnungen

Gute Immobilien sind rentable Anlagen, die sich grundsätzlich rechnen. Rentable Immobilien sollten die »meisten« der hier folgenden Kriterien erfüllen und zeichnen sich durch diese aus. Entscheiden Sie für sich, was aus *Ihrer Sicht* eine gute oder schlechte Kapitalanlage ist.

Grundsätzliche Empfehlungen

- Kaufen Sie keine Immobilie »zu Hause auf dem Sofa«, prüfen Sie vor Ort!
- Lassen Sie sich Zeit bei der Entscheidung.
- Immobilien sind Anlagen, die langfristig im Eigentum gehalten werden sollten.
- Die Immobilie steht im Vordergrund, nicht der Steuervorteil.
- Berücksichtigen Sie einen erheblichen Prüfungsaufwand vor dem Ankauf der Immobilie.
- Gehen Sie auf Nummer Sicher, und lassen Sie sich nicht blenden.
- Beseitigen Sie Ihr Informationsdefizit!
- Fragen Sie so lange nach, bis alle Ihre offenen Fragen geklärt sind.

- Holen Sie sich Hilfe, wo immer Sie nicht weiter wissen, aber entscheiden Sie selbst.
- Besorgen Sie sich Informationen über den Anbieter.

Worauf Sie oder Ihre Berater dringend achten sollten

Ermitteln, prüfen, bewerten Sie selbst oder mit Hilfe einer Person Ihres Vertrauens

das Objekt
- bewerten Sie Lage und Umfeld des Objektes
- prüfen Sie die Baubeschreibung
- prüfen Sie die Bauqualität
- prüfen Sie die Bauausstattung
- beachten Sie den Bauzuschnitt

das Finanzielle
- prüfen Sie die tatsächlichen Kosten (inkl. Nebenkosten) im Vergleich zu anderen Objekten
- vergleichen Sie das Finanzierungsangebot
- ermitteln Sie die nachhaltig erzielbare Miete
- ermitteln Sie Ihren Fremdkapitalbedarf
- prüfen Sie Ihre Einkommensperspektiven
- bewerten Sie evtl. zusätzliche Belastungen, die das Eigentum mit sich bringen kann
- erstellen Sie unter Berücksichtigung von Einnahmen und Ausgaben eine langfristige Liquiditätsrechnung vor und nach Steuern.

den Anbieter
- prüfen Sie die Qualität des Anbieters
- prüfen Sie die Serviceleistung des Anbieters

die Verträge
- Prüfen Sie alle Verträge kritisch

Wen Sie vor dem Kauf fragen können

Beseitigen Sie Ihr Informationsdefizit. Fragen Sie z. B. gute Bekannte, Freunde ...

zum Objekt
- Nachbarn, Taxifahrer
- Architekten, Bauunternehmen
- Handwerker, Makler
- Banken
- lesen Sie den Immobilienteil der Tageszeitung

zur Finanzierung
- Banken, Bausparkassen
- qualifizierte Finanzberater
- sprechen Sie mit Ihrem Arbeitgeber
- Steuerberater
- Versicherungsexperten

zum Anbieter
- Referenzobjekte, Architekt, Nachbarn
- Makler
- holen Sie eine Bankauskunft über Ihre Hausbanken
- Steuerberater

zu den Verträgen
– Rechtsanwalt/Notar
– Wirtschaftsauskunftei

Checkliste

Haben Sie alle Punkte zu Ihrer Zufriedenheit geprüft? Konnten alle Fragen beantwortet werden?

zum Objekt

– Image der Lage	gut	mittel	schlecht
– Verkehrsanbindung	gut	mittel	schlecht
– Einkaufsmöglichkeit	gut	mittel	schlecht
– Bildungseinrichtungen	gut	mittel	schlecht
– Umweltbelastungen	gut	mittel	schlecht
– Bauqualität	gut	mittel	schlecht
– Bauausstattung	gut	mittel	schlecht
Bauzuschnitt	gut	mittel	schlecht

zur Finanzierung

– Kaufpreis angemessen?	ja	nein	DM …
– Vertrag geprüft?	ja	nein	DM …
– Zahlungsmodalitäten geprüft?	ja	nein	DM …
– Kapitalbedarf berechnet?	ja	nein	DM …
– Finanzierungsangebot eingeholt?	ja	nein	DM …
– nachhaltig erzielbare Miete ermittelt?	ja	nein	DM …
– Rendite vor Steuern ermittelt?	ja	nein	% …
– zusätzliche Steuervorteile möglich	ja	nein	DM …
– Einkommensperspektive geprüft?	ja	nein	

zum Anbieter

– Qualität	gut	mittel	schlecht
– Bürgschaften vorhanden?	ja	nein	
– Gewährleistungen mindestens 5 Jahre?	ja	nein	
– langjährige Marktpräsenz?	ja	nein	
– Referenzobjekte?	gut	mittel	schlecht

Zu den Verträgen

– alle Verträge geprüft?	ja	nein

Quelle: Arbeitskreis frei finanzierter Mietwohnungsbau an der Immobilienakademie der ebs (European Business School)

3. Wirtschaftlichkeitsrechnung: Zehn Kalkulationshilfen

Eine nachvollziehbare Wirtschaftlichkeitsrechnung über Ihre vermietete Wohnung ist unverzichtbar. Zum Selbstausfüllen habe ich daher zehn Kalkulationshilfen (K 1 bis K 10) auf den nächsten Seiten aufgeführt.

Kalkulationshilfen

- K 1 Investitionskosten
- K 2 Reinertrag
- K 3 Mietrendite vor Steuern
- K 4 Gebäudeabschreibung und Zusatzrendite
- K 5 Nach-Steuer-Mietrendite
- K 6 Nach-Steuer-Hypothekenzins
- K 7 Zinskosten vor und nach Steuern
- K 8 Tilgung und Entschuldung
- K 9 Liquiditätsrechnung über 20 Jahre
- K 10 Rentabilitätsrechung für 20 Jahre

Kalkulationshilfe 1: I N V E S T I T I O N S K O S T E N

	Kaufpreis Wohnung		DM	(= m^2 x DM)
+	Kaufpreis TG-Stellplatz	+	DM	
	Kaufpreis insgesamt		DM	
+	Kaufnebenkosten*)	+	DM	(geschätzt mit 3 % des Kaufpreises)
	Anschaffungskosten		DM	(= m^2 x DM)
	(als reine Investitionskosten)			

! Der in Prospekten aufgeführte Gesamtaufwand geht über die reinen Anschaffungs- und Investitionskosten hinaus und setzt sich wie folgt zusammen:

Gesamtaufwand = Kaufpreis insgesamt
+ Kaufnebenkosten

Anschaffungskosten
+ Bauzeitzinsen bei Neubauten
+ Notargebühren für die Grundschuldbestellung
+ Grundbuchgebühren für die Grundschuldeintragung
+ Mietgarantiegebühren
+ Finanzierungsvermittlungsgebühr
+ evtl. Disagio

Beachten Sie

Nur die reinen Anschaffungs- und Investitionskosten bilden die steuerliche Grundlage für die Berechnung der Gebäudeabschreibungen.

Die zusätzlich zu den Anschaffungskosten anfallenden Finanzierungskosten und Gebühren für die Mietgarantie sind steuerlich als Werbungskosten sofort abzugsfähig. Laut BMF-Schreiben vom 31.8.1990 – IV B 3 – S 2253 a – 49/90 – müssen folgende Höchstgrenzen eingehalten werden:

Disagio max. 10 % des Bruttodarlehens (bei mind. fünfjähriger Zinsbindung)

Gebühr im Zusammenhang mit der Endfinanzierung max. 2 % des vermittelten Bruttodarlehens

Gebühr für die Mietgarantie max. 4 Monatsmieten bei Neuvermietung (sonst max. 2 Monatsmieten)

*) Kauf- bzw. Anschaffungsnebenkosten sind:

Grunderwerbsteuer (2 % des Gesamt-Kaufpreises)	.... DM
Notargebühren für die Umschreibung (ca. 0,7 %)	.... DM
Grundbuchgebühren für die Umschreibung (ca. 0,35 %)	.... DM
evtl. Maklerprovision (z.B. 3,45 % des Kaufpr.)	.... DM
	....

Kalkulationshilfe 2: REINERTRAG

	Nettokaltmiete pro m² Wfl. im Monat		.... DM/m²
x	reine Wfl. (Wohnfläche) in m²	x	.... m²
	monatl. Nettokaltmiete Wohnung		.... DM
+	monatl. Miete TG-Stellplatz	+	.... DM
	monatl. Nettokaltmiete insgesamt		.... DM
x	12 Monate	x	12 Mon.
	Jahresnettokaltmiete		.... DM
–	Verwaltungskosten (geschätzt)*)	–	.... DM
–	Instandhaltungskosten (geschätzt) **)	–	.... DM
=	DM x Mon. x m²		
	Jahresreinertrag		.... DM

Beachten Sie

Nur die tatsächlich anfallenden Instandhaltungskosten können steuerlich als Werbungskosten sofort abgezogen werden. Die bei Eigentumswohnungen von der Eigentümerver-

sammlung beschlossene Instandhaltungsrücklage vermindert zwar die Liquidität, geht aber nicht in die Steuerrechnung ein.
Der Jahresreinertrag vermindert sich um sonstige Betriebskosten (z.B. Grundsteuer, Müllabfuhr, Gebäudeversicherungsbeiträge), die laut Mietvertrag nicht auf den Mieter umgelegt werden. Dabei gilt die gesetzliche Regelung: Alle laufenden Bewirtschaftungskosten außer Verwaltungs- und Instandhaltungskosten sind umlagefähig.

! Der Jahresreinertrag *erhöht* sich bei laufenden Mietsteigerungen (z.B. Staffelmiete oder Indexmiete) oder bei Mieterhöhungen bei Mieterwechsel oder bei Anpassung an die höhere ortsübliche Vergleichsmiete.

Der Jahresreinertrag *vermindert* sich bei Mietausfällen oder bei höheren Verwaltungs- und Instandhaltungskosten.

*) Verwaltungskosten betragen ca. 400 DM pro Wohnung incl. TG-Stellplatz im Jahr
**) Instandhaltungskosten können wie folgt geschätzt werden:

Neubau	0,75 DM/m² x 12 Monate = 9 DM/m² im Jahr
Altbau	1,50 DM/m² x 12 Monate = 18 DM/m² im Jahr

Kalkulationshilfe 3: MIETRENDITE VOR STEUERN

1. Bruttomethode

$$\text{Mietrendite brutto} = \frac{\text{Jahresnettokaltmiete} \times 100}{\text{Kaufpreis}}$$

$$= \frac{\ldots\ldots\ldots \text{ DM} \times 100}{\ldots\ldots\ldots \text{ DM}}$$

$$= \underline{\underline{\ldots\ldots\ldots\ \%}}$$

2. Nettomethode

$$\text{Mietrendite netto}^{*)} = \frac{\text{Jahresreinertrag} \times 100}{\text{Anschaffungskosten}}$$

$$= \frac{\ldots\ldots\ldots \text{ DM} \times 100}{\ldots\ldots\ldots \text{ DM}}$$

$$= \underline{\underline{\ldots\ldots\ldots\ \%}}$$

3. Verlauf der Mietrendite netto bei jährlich .... % Mietsteigerung

Jahre	Jahresreinertrag	Mietrendite netto
1	.... DM	.... %
2	.... DM	.... %
3	.... DM	.... %
4	.... DM	.... %
5	.... DM	.... %
6	.... DM	.... %
7	.... DM	.... %
8	.... DM	.... %
9	.... DM	.... %
10	.... DM	.... %
11	.... DM	.... %
12	.... DM	.... %
13	.... DM	.... %
14	.... DM	.... %
15	.... DM	.... %
16	.... DM	.... %
17	.... DM	.... %
18	.... DM	.... %
19	.... DM	.... %
20	.... DM	.... %

*) Bei der Mietrendite netto werden nicht umlagefähige Bewirtschaftungskosten (z.B. Verwaltungs- und Instandhaltungskosten) von der Miete abgezogen und gleichzeitig zusätzliche Kaufnebenkosten (z.B. Grunderwerbsteuer, Notar- und Grundbuchgebühren für die Eigentumsumschreibung) auf den Kaufpreis aufgeschlagen. Die Mietrendite netto gibt also an, was Ihr Objekt unter dem Strich vor Steuern und vor Fremdfinanzierung erwirtschaftet in % der Anschaffungskosten.

Kalkulationshilfe 4: ABSCHREIBUNG UND ZUSATZRENDITE

1) Berechnungsmethode

1. Anschaffungskosten = ... DM
2. Gebäudekostenanteil in %*) .... %
3. Gebäudekosten (abschr.fähig) .... DM
4. Abschreibungssatz (AfA)**) .... %
5. Gebäudeabschreibung im 1. Jahr .... DM
6. persönlicher Steuersatz in % .... %
7. Steuerersparnis im 1. Jahr
   = ... % von .... DM = DM
8. Zusatzrendite = $\frac{\text{Steuerersparnis x 100}}{\text{Anschaffungskosten}}$ = $\frac{\text{............ x ....}}{\text{.................}}$ = ... %

2) Verlauf der Zusatzrendite bei ...... % Steuersatz

Jahre	Gebäudeabschreibung	Steuerersparnis	Zusatzrendite
1–4	je .... DM	je .... DM	je .... %
5	.... DM	.... DM	.... %
6–10	je .... DM	je .... DM	je .... %
11–16	je .... DM	je .... DM	je .... %
17–40	je .... DM	je .... DM	je .... %
41–50	je .... DM	je .... DM	je .... %

*) Der Gebäudekostenanteil soll nach einem BFH-Urteil im Verhältnis der jeweiligen Verkehrswerte für Grund und Boden sowie das Gebäude ermittelt werden (sog. Verkehrswertmethode). Die Finanzämter gehen jedoch häufig nach der sog. Restwertmethode vor und ziehen einfach den aufgrund von Bodenrichtwerten ermittelten Grundstückswert vom Kaufpreis ab.

**) Vermietete Neubauten in Westdeutschland werden mit folgenden Sätzen abgeschrieben: je 7 % im 1.-4. Jahr, je 5 % im 5.-10. Jahr, je 2 % im 11.-16. Jahr und je 1,25 % im 17.-40. Jahr.
Für vermietete Neubauten in Ostdeutschland gelten folgende Abschreibungssätze: je 12 % im 1.-5. Jahr bei gleicher Verteilung, je 0,89 % im 6.-50. Jahr
Vermietete Gebrauchtimmobilien werden mit 2 % pro Jahr abgeschrieben, sofern sie nach dem 31.12.1924 fertiggestellt wurden. Alle genannten Abschreibungssätze gelten für Wohnungen, die vermietet werden.

Kalkulationshilfe 5: NACH-STEUER-MIETRENDITE

1. *Berechnungsmethode*

	Mietrendite netto vor Steuern (siehe 3.)		.... %
–	anteilige Steuern bei 40 % Steuersatz	–	1,93 %
	Mietrendite nach Steuern, vor Abschr.		2,89 %
+	Zusatzrendite für Abschr. (siehe 4.)	+	2,52 %
	Nach-Steuer-Mietrendite		5,41 %

(als Mietrendite netto nach Steuern und Abschreibungen, aber vor Fremdfinanzierung)

Hinweis

Die Nach-Steuer-Mietrendite kann auch direkt mit Hilfe der folgenden komplizierten Formel ermittelt werden:

$$\text{Nach-Steuer-Mietrendite} = \frac{[\text{Jahresreinertrag} \times (1 - \frac{\text{Steuersatz}}{100}) + \text{Steuerersparnis*}] \times 100}{\text{Anschaffungskosten}}$$

*) Steuerersparnis = Gebäudeabschreibung x $\frac{\text{Steuersatz}}{100}$

2. Verlauf der Nach-Steuer-Mietrendite bei jährlich ......% Mietsteigerung und ....% Steuersatz

Jahre	Mietrendite netto	Mietrendite nach Steuern vor Abschr.	Zusatzrendite für Abschr.	Nach-Steuer-Mietrendite	
1	..........%	..........%	..........%	..........%	
2	..........%	..........%	..........%	..........%	
3	..........%	..........%	..........%	..........%	
4	..........%	..........%	..........%	..........%	
5	..........%	..........%	..........%	..........%	Ø 5,41%
6	..........%	..........%	..........%	..........%	
7	..........%	..........%	..........%	..........%	
8	..........%	..........%	..........%	..........%	
9	..........%	..........%	..........%	..........%	
10	..........%	..........%	..........%	..........%	
11	..........%	..........%	..........%	..........%	
12	..........%	..........%	..........%	..........%	
13	..........%	..........%	..........%	..........%	
14	..........%	..........%	..........%	..........%	
15	..........%	..........%	..........%	..........%	Ø 4,86%
16	..........%	..........%	..........%	..........%	
17	..........%	..........%	..........%	..........%	
18	..........%	..........%	..........%	..........%	
19	..........%	..........%	..........%	..........%	
20	..........%	..........%	..........%	..........%	

Kalkulationshilfe 6: NACH-STEUER-HYPOTHEKENZINS

1. *Berechnungsmethode*
   Effektivzins lt. Bank .... %
   Nominalzins bei 100 % Auszahlung* .... %
   und monatlicher Auszahlung
   (Zinsbildungsdauer: 10 Jahre)
   Nach-Steuer-Hypothekenzins

$$= \text{Nominalzins} \times \left(1 - \frac{\text{Steuersatz}}{100}\right) = \text{............ \%}$$

2. *Hebelwirkung (»leverage effect«)*

Grundsatz: Eine Investition lohnt sich, wenn die Nach-Steuer-Rendite höher ist als der Nach-Steuer-Kreditzins. In diesem Falle steigt die Eigenkapitalrendite mit steigendem Fremdkapitalanteil.

Formel: $\text{Eigenkapitalrendite} = r + (r - i) \times \frac{FK}{EK}$

mit r = Nach-Steuer-Mietrendite in % (bei Rendite-Immobilien)
i = Nach-Steuer-Hypthekenzins in % (bei Hypothekendarlehen)

$\frac{FK}{EK}$ = Verhältnis von Fremdkapital (FK) zu Eigenkapital (EK)

Beispiel:

r = Nach-Steuer-Mietrendite = ... %
i = Nach-Steuer-Hypothekenzins (siehe oben unter A) = ... %

FK = Fremdkapital in DM (Nettodarlehen) = ... DM
EK = Eigenkapital vor Steuern in DM = ... DM

Eigenkapitalrendite = ... + (....... – ....) x $\frac{\text{................ DM}}{\text{................ DM}}$

= .... + ... x ....
= .... %

*) Der Nominalzins bei 100 % Auszahlung und monatlicher Zinszahlung wird zugrundegelegt, um monatliche Zinsausgaben mit monatlichen Mieteinnahmen vergleichen zu können

Kalkulationshilfe 7: ZINSKOSTEN

1. *Nicht-Disagiovariante*

Bruttodarlehen = Nettodarlehen .... DM

Nominalzins bei 100 % Auszahlung .... %

jährlicher Zinsaufwand ohne regelmäßige Tilgung für die Dauer der Zinsfestschreibung:

.... % von .... DM = ... DM

jährlicher Zinsaufwand nach Ablauf der Zinsfestschreibung:

*8,5 % von .... DM = ... DM

2. *Disagiovariante*

Bruttodarlehen (= Darlehenssumme) .... DM

Nettodarlehen (= Auszahlungssumme) .... DM

Nominalzins bei 90 % Auszahlung .... %

jährlicher Zinsaufwand ohne regelmäßige Tilgung für die Dauer der Zinsfestschreibung:

.... % von .... DM (Bruttodarlehen) = ... DM

jährlicher Zinsaufwand nach Ablauf der Zinsfestschreibung:

*8,5 % von .... DM = ... DM

3. Verlauf der Zinskosten vor und nach Steuern bei ...... %
Steuersatz und 0 %/ .... % Disagio

Jahre	Nichtdisagiovariante mit Zinskosten		Disagiovariante mit Zinskosten	
	vor Steuern	nach Steuern	vor Steuern	nach Steuern
0 (Disagio)	0 DM	0 DM	.... DM	.... DM
1	.... DM	.... DM	.... DM	.... DM
2	.... DM	.... DM	.... DM	.... DM
3	.... DM	.... DM	.... DM	.... DM
4	.... DM	.... DM	.... DM	.... DM
5	.... DM	.... DM	.... DM	.... DM
6	.... DM	.... DM	.... DM	.... DM
7	.... DM	.... DM	.... DM	.... DM
8	.... DM	.... DM	.... DM	.... DM
9	.... DM	.... DM	.... DM	.... DM
10	.... DM	.... DM	.... DM	.... DM
11	.... DM	.... DM	.... DM	.... DM
12	.... DM	.... DM	.... DM	.... DM
13	.... DM	.... DM	.... DM	.... DM
14	.... DM	.... DM	.... DM	.... DM
15	.... DM	.... DM	.... DM	.... DM
16	.... DM	.... DM	.... DM	.... DM
17	.... DM	.... DM	.... DM	.... DM
18	.... DM	.... DM	.... DM	.... DM
19	.... DM	.... DM	.... DM	.... DM
20	.... DM	.... DM	.... DM	.... DM

*) Der langjährige durchschnittliche Nominalzins für Hypothekendarlehen mit zehnjähriger Zinsbildung und 100 % Auszahlung liegt bei 8,5 %.

Kalkulationshilfe 8: TILGUNG UND ENTSCHULDUNG

1. *Tilgungsaussetzung über Kapital-Lebensversicherung*
   (sog. Festdarlehen mit endfälliger Tilgung)

Bruttodarlehen (max. bis Ansch.kosten)	....	DM
Laufzeit der Versicherung (mind. 12 Jahre)	....	Jahre
geschätzte Ablaufleistung nach ...... Jahren (max. bis Nettodarlehen)	....	DM
Versicherungsprämie: monatlich	....	DM
jährlich: .... x 12 =	....	DM
Jahresbeitrag in % des Bruttodarlehens	....	%
Abalufrendite für Kapital-Lebensversicherung	....	%

2. *regelmäßige Tilgung mit* .... *% zuzüglich ersparter Zinsen*
   (sog. Annuitätendarlehen mit sinkendem Zinsanteil und steigendem Tilgungsanteil)

Bruttodarlehen (Darlehenssumme)	....	DM
Tilgungssatz pro Jahr zuzügl. ersparter Zinsen	....	%
Tilgungsleistung im ersten Jahr	....	DM

3. Tilgungsverlauf bei Annuitätendarlehen

Jahre	Restschuld	Zinsen	Tilgung	Annuität
1	.... DM	.... DM	.... DM	.... DM
2	.... DM	.... DM	.... DM	.... DM
3	.... DM	.... DM	.... DM	.... DM
4	.... DM	.... DM	.... DM	.... DM
5	.... DM	.... DM	.... DM	.... DM
6	.... DM	.... DM	.... DM	.... DM
7	.... DM	.... DM	.... DM	.... DM
8	.... DM	.... DM	.... DM	.... DM
9	.... DM	.... DM	.... DM	.... DM
10	.... DM	.... DM	.... DM	.... DM
11	.... DM	.... DM	.... DM	.... DM
12	.... DM	.... DM	.... DM	.... DM
13	.... DM	.... DM	.... DM	.... DM
14	.... DM	.... DM	.... DM	.... DM
15	.... DM	.... DM	.... DM	.... DM
16	.... DM	.... DM	.... DM	.... DM
17	.... DM	.... DM	.... DM	.... DM
18	.... DM	.... DM	.... DM	.... DM
19	.... DM	.... DM	.... DM	.... DM
20	.... DM	.... DM	.... DM	.... DM
		.... DM	.... DM	.... DM

Bruttodarlehen: .... DM
Nominalzins für 1.– ...... Jahr: .... %
ab ...... Jahr: .... %
Tilgungssatz pro Jahr: .... %
Tilgungsverrechnung: sofort
Zinszahlung: monatlich/vierteljährlich nachschüssig/vorschüssig
Zinsverrechnung: sofort

Kalkulationshilfe 9: LIQUIDITÄTSRECHNUNG

1. *Liquiditätsstufen*

Liquidität Stufe I = Unterdeckung/Überschuß vor Steuern und vor Tilgung bzw. Tilgungsersatz

Liquidität Stufe II = Unterdeckung/Überschuß nach Steuern und vor Tilgung bzw. Tilgungsersatz

Liquidität Stufe III = Unterdeckung/Überschuß nach Steuern und nach Tilgung bzw. Tilgungsersatz

2. *Liquiditätsverlauf für 20 Jahre*

Jahre	Jahres-reinertrag	Hypotheken-zinsen	Liquidität Stufe I	Steuer-ersp.	Liquidität Stufe II	Liquidität Stufe III
0	.... DM	.... DM	.... DM	.... DM	.... DM	.... DM
1	.... DM	.... DM	.... DM	.... DM	.... DM	.... DM
2	.... DM	.... DM	.... DM	.... DM	.... DM	.... DM
3	.... DM	.... DM	.... DM	.... DM	.... DM	.... DM
4	.... DM	.... DM	.... DM	.... DM	.... DM	.... DM
5	.... DM	.... DM	.... DM	.... DM	.... DM	.... DM
6	.... DM	.... DM	.... DM	.... DM	.... DM	.... DM
7	.... DM	.... DM	.... DM	.... DM	.... DM	.... DM
8	.... DM	.... DM	.... DM	.... DM	.... DM	.... DM

9	.... DM	.... DM	.... DM	.... DM	.... DM	.... DM
10	.... DM	.... DM	.... DM	.... DM	.... DM	.... DM
11	.... DM	.... DM	.... DM	.... DM	.... DM	.... DM
12	.... DM	.... DM	.... DM	.... DM	.... DM	.... DM
13	.... DM	.... DM	.... DM	.... DM	.... DM	.... DM
14	.... DM	.... DM	.... DM	.... DM	.... DM	.... DM
15	.... DM	.... DM	.... DM	.... DM	.... DM	.... DM
16	.... DM	.... DM	.... DM	.... DM	.... DM	.... DM
17	.... DM	.... DM	.... DM	.... DM	.... DM	.... DM
18	.... DM	.... DM	.... DM	.... DM	.... DM	.... DM
19	.... DM	.... DM	.... DM	.... DM	.... DM	.... DM
20	.... DM	.... DM	.... DM	.... DM	.... DM	.... DM
	.... DM	.... DM	.... DM	.... DM	.... DM	.... DM

Hinweise

Jahresreinertrag = Reinertrag bei jährlich .... % Miet- und Kostensteigerung, bei Neubauten ab 11. Jahr Verdoppelung der Instandhaltungskosten (siehe 3.)

Hypothekenzinsen = Zinskosten bei Nichtdisagio-/Disagiovariante und bei Fest-/Annuitätendarlehen, nach Ablauf der Zinsbindung wird mit 8,5 % Nominalzins gerechnet

Liqu. Stufe I = Jahresreinertrag minus Hypothekenzinsen

Steuerersparnis = (Jahresreinertrag minus Hypothekenzinsen und minus Gebäudeabschreibung) x .... % Steuersatz

Liqu. Stufe II = Jahresreinertrag plus Steuerersparnis minus Hypothekenzinsen

Liqu. Stufe III = Jahresreinertrag plus Steuerersparnis minus Hypothekenzinsen und Tilgung .... DM (bei Festdarlehen mit Kapital-Lebensversicherung werden die jährlichen Versicherungsprämien als Tilgung eingesetzt)

Kalkulationshilfe 10: RENTABILITÄTSRECHNUNG

1. *kalkulatorisches Endkapital*

Beispiel:Kalkulationszinsfluß ...... %, Anlagedauer .... Jahre)

Jahre	Eigenkapital/Liquidität	mit 10 % aufgezinstes Eigenkapital/Liquidität		
0	.... DM	.... DM	x 1,.... ^{20} =	.... DM
1	.... DM	.... DM	x 1,.... ^{19} =	.... DM
2	.... DM	.... DM	x 1,.... ^{18} =	.... DM
3	.... DM	.... DM	x 1,.... ^{17} =	.... DM
4	.... DM	.... DM	x 1,.... ^{16} =	.... DM
5	.... DM	.... DM	x 1,.... ^{15} =	.... DM
6	.... DM	.... DM	x 1,.... ^{14} =	.... DM
7	.... DM	.... DM	x 1,.... ^{13} =	.... DM
8	.... DM	.... DM	x 1,.... ^{12} =	.... DM
9	.... DM	.... DM	x 1,.... ^{11} =	.... DM
10	.... DM	.... DM	x 1,.... ^{10} =	.... DM
11	.... DM	.... DM	x 1,.... ^{9} =	.... DM
12	.... DM	.... DM	x 1,.... ^{8} =	.... DM
13	.... DM	.... DM	x 1,.... ^{7} =	.... DM
14	.... DM	.... DM	x 1,.... ^{6} =	.... DM
15	.... DM	.... DM	x 1,.... ^{5} =	.... DM
16	.... DM	.... DM	x 1,.... ^{4} =	.... DM
17	.... DM	.... DM	x 1,.... ^{3} =	.... DM
18	.... DM	.... DM	x 1,.... ^{2} =	.... DM
19	.... DM	.... DM	x 1,.... ^{1} =	.... DM
20	.... DM	.... DM	x 1,0 =	.... DM
				DM

2. Vermögensüberschuß nach Entschuldung und Verkauf

(Beispiel: Ablaufleistung .... DM bei .... % Ablaufrendite, Verkauf zum ...... fachen der Jahresnettokaltmiete am Ende des ...... Jahres bei einer jährlichen Mietsteigerung von ...... %)

Restschuld nach ...... Jahren	=	Darlehenssumme	.... DM
	–	Ablaufleistung	.... DM
		Restschulden	.... DM
Veräußerungserlös	=	Jahresnettokaltmiete*	.... DM
	x	....	x ....
		Veräußerungserlös	.... DM
Vermögensüberschuß	=	Veräußerungserlös	.... DM
	–	Restschulden	– .... DM
		Vermögensüberschuß	.... DM

3. Endrendite

Die erwartete Endrendite nach Steuern beträgt bei einem Vermögensüberschuß von .... DM ....%.

*) .... DM x 1,........
(bei....% Mietsteigerung und .... Jahren)

4. Dokumente: Fünf Verträge rund um die vermietete Wohnung

In Auszügen finden Sie auf den nächsten Seiten die für die Kapitalanlage in vermietete Wohnungen wichtigsten Verträge V 1 bis V 5, erläutert am Beispiel der vermieteten Neubau-Eigentumswohnung in Erkrath bei Düsseldorf.

Verträge V 1 bis V 5

- V 1 Kaufvertrag vom 17.3.1993
- V 2 Mietvertrag vom 22.3.1993
- V 3 Verwaltervertrag vom 21.7.1992
- V 4 Darlehensvertrag vom 6.4.1993
- V 5 Versicherungsvertrag vom 7.4.1993

Zusätzliche Dokumente

- Teilungserklärung vom 8.3.1991 (nur bei Eigentumswohnungen)
- Grundschuldbestellungsurkunde vom 6.4.1993
- Grunderwerbsteuerbescheid vom 8.10.1993 über 5 077 DM
- Kostenrechnung des Notars vom 22.3. und 8.4.1993 über 1 862 DM und 1 095 DM

- Gebührenrechung des Amtsgerichts vom 21.4. und 11.10.1993 über 250 DM und 656 DM (für Eintragung der Auflassungsvormerkung und der Grundschuld)

V 1 Kaufvertrag (Auszug)

Verhandelt zu Düsseldorf am 17. März 1993
Vor dem unterzeichneten Notar ....
erschienen:

1. *als Verkäufer:*
   ....
2. *als Käufer:*
   Herr Werner Siepe, ...

Vorbemerkung

1.1 ...
Wegen der Lage des vorgenannten Grundbesitzes wird auf den der nachgenannten Teilungserklärung beigefügten Lageplan und den ebenfalls der nachgenannten Teilungserklärung beigefügten Lageplan mit Stellplatznachweis sowie den dieser Urkunde als Anlage beigefügten Lageplan verwiesen.

1.2 Durch Teilungserklärung vom 8. März 1991 – UR. Nr. ...... des vertretenen Notars – haben die Verkäufer an dem vorgenannten Grundbesitz Wohnungs- und Teileigentum begründet.
Auf diese Teilungserklärung und die Anlagen dieser Teilungserklärung wird ihrem ganzen Inhalt nach verwiesen. Sie wird zum Gegenstand auch dieses Kaufvertrages gemacht.
Die Vertragsbeteiligten haben bereits vor der heutigen Verhandlung Abschriften dieser Teilungserklärung, jedoch ohne Lageplan und Aufteilungspläne, erhalten. Die Urschrift der

Teilungserklärung liegt bei der heutigen Beurkundung vor. Die Beteiligten haben außerdem bereits vor der heutigen Verhandlung Prospektunterlagen mit den darin abgedruckten Bauplänen erhalten.
Die Beteiligten erklären, daß Ihnen der Inhalt der vorgenannten Teilungserklärung nebst ihren Anlagen bekannt ist und daß sie auf deren Vorlesung und Beifügung zu diesem Kaufvertrag verzichten.

2. Dies vorausgeschickt ließen die Erschienenen den nachstehenden

Kaufvertrag

beurkunden und erklärten:

2.1 Die Verkäufer verkaufen dem annehmenden Käufer

2.1.1 den im Wohnungsgrundbuch des Amtsgerichts Mettmann von Erkrath Blatt ..... eingetragenen 16.378/1.000.000 Miteigentumsanteil an dem unter Ziffer 1.1 aufgeführten Grundbesitz, verbunden mit dem Sondereigentum an der im Aufteilungsplan mit Nr. ..... bezeichneten Wohnung im Erdgeschoß rechts des Hauses ...... mit einer Wohnfläche von etwa 66,94 qm,

2.1.2 das Sondernutzungsrecht an dem in dem der vorgenannten Teilungserklärung als Anlage beigefügten Lageplan mit Stellplatznachweis mit der Nummer ... bezeichneten offenen PKW-Abstellplatz auf dem Grundstück.

2.1.3 Die vorstehend verkauften Miteigentumsanteile einschließlich zugehörigem Sondereigentum – und das Sondernutzungsrecht an dem offenen PKW-Abstellplatz – werden nachstehend auch »Kaufobjekt« genannt.

2.2 Das Kaufobjekt wird verkauft im Zustand der endgültigen Fertigstellung der Eigentumswohnung einschließlich des gesamten Gemeinschaftseigentums und einschließlich der nach dem Inhalt der Baubeschreibung zu erstellenden Außenanlagen.
Grundlage für die Erstellung sind die Baupläne (Grundrisse, Ansichten und Schnitt) nebst Wohnflächenberechnung, welche sämtlich der vorgenannten Teilungserklärung als Anlagen beigefügt sind und auf die auch insoweit verwiesen wird, sowie die der Teilungserklärung als Anlage beigefügte Baubeschreibung.

...

3. *Kaufpreis*

3.1 Der Kaufpreis beträgt

3.1.1 für den zu Ziffer 2.1.1 verkauften Miteigentumsanteil einschließlich Sondereigentum an der zu Ziffer 2.1.1 beschriebenen Eigentumswohnung

DM 248 878,–

3.1.2 für das zu Ziffer 2.1.2 verkaufte Sondernutzungsrecht an dem dort näher beschriebenen offenen Kraftfahrzeugabstellplatz

DM 5 000,–

3.1.4 insgesamt DM 253 878,–

– in Worten: Deutsche Mark zweihundertdreiundfünzigtausendachthundertachtundsiebzig –.

Der vorgenannte Kaufpreis ist Festpreis für die schlüsselfertige Erstellung der Eigentumswohnung und des offenen Kraftfahrzeugabstellplatzes nebst Gemeinschaftseigentum und einschließlich aller nach dem Inhalt der Baubeschreibung zu erstellenden Außenanlagen.

3.2 In dem Kaufpreis sind sämtliche Nebenkosten einschließlich Architekten- und Ingenieurleistungen enthalten. Nicht eingeschlossen sind im Kaufpreis die Notar-, Verwaltungs- und Gerichtskosten für die Beurkundung und Durchführung dieses Vertrages sowie die mit der Finanzierung des Kaufpreises verbundenen Notar- und Gerichtskosten und sonstigen Unkosten. Diese gehen sämtlich zu Lasten des Käufers.

3.3 Von dem Kaufpreis entfällt ein Teilbetrag von etwa 10 v.H. auf den Grund und Boden des Kaufobjektes einschließlich Erschließungskosten und Kanalbaukosten. Die Verkäufer übertragen die hier verkauften Flächen erschließungskostenfrei.

3.4 Der Kaufpreis ist unter Berücksichtigung der Vorschriften der Makler- und Bauträgerverordnung vorbehaltlich der nachstehenden Vereinbarungen zu Ziffer 3.4.3 gemäß Baufortschritt in folgenden Teilbeträgen zu erbringen:

3.4.1 Kaufpreis zu Ziffer 3.1.1:

DM 100 000,–	am 15. April 1993
DM 140 168,–	nach Bezugsfertigkeit und Zug um Zug gegen Besitzübergabe der Eigentumswohnung
DM 8 710,–	nach vollständiger Fertigstellung des Kaufobjektes und Beseitigung der in der Übergabeverhandlung festgestellten Mängel.

Der Kaufpreis gemäß Ziffer 3.1.2 für den offenen Kraftfahrzeugabstellplatz ist zahlbar nach Fertigstellung der offenen Kraftfahrzeugabstellplätze und Zug um Zug gegen Übergabe des hier verkauften Kraftfahrzeugabstellplatzes.

Die vorgenannten Kaufpreisraten werden jeweils fällig innerhalb von 10 Bankarbeitstagen nach Erreichen des Bautenstandes und Absendung einer entsprechenden schriftlichen Mitteilung der Verkäufer.

...

3.4.3 Unabhängig von den zu Ziffer 3.4.1 vereinbarten Fälligkeitszeitpunkten sind die einzelnen Kaufpreisraten frühestens fällig am 15. April 1993, nicht jedoch vor Ablauf von 10 Bankarbeitstagen seit Absendung einer Mitteilung des Notars, daß

3.4.3.1 alle zur Wirksamkeit dieses Vertrages erforderlichen Genehmigungen und eine Verzichtserklärung oder Negativbescheinigung der

Stadt Erkrath bezüglich der gesetzlichen Vorkaufs- und Erwerbsrechte dem Notar vorliegen,

3.4.3.2 die Eintragung der nachbewilligten Auflassungsvormerkung zugunsten des Käufers zu Lasten der verkauften Miteigentumsanteile und des daran bestehenden Sondereigentums in die Grundbücher erfolgt ist,

3.4.3.3 die Freistellung des Kaufobjektes von allen nicht übernommenen und nicht vom Käufer bestellten, der Auflassungsvormerkung im Range vorgehenden Rechten sichergestellt ist im Sinne des § 3 Abs. 1 Ziffer 3 der Makler- und Bauträgerverordnung.

...

5. *Allgemeine Vertragsbedingungen*

Dem Vertrage werden noch folgende Bedingungen zugrunde gelegt:

5.1 ...

5.2 Die Besitzübergabe des Kaufobjektes an den Käufer erfolgt nach Bezugsfertigstellung der Eigentumswohnung. Bei der Übergabe findet eine eingehende Besichtigung mit schriftlicher Übergabeverhandlung statt. Das Übergabeprotokoll ist von dem Käufer und von einem Geschäftsführer der ..... und deren Bevollmächtigten zu unterzeichnen. In dem Übergabeprotokoll festgestellte Mängel hat die Verkäuferin unverzüglich auf ihre Kosten beseitigen zu lassen. Restliche Arbeiten an den Außenanlagen können auch nach dem Übergabetermin noch fertiggestellt werden

...
Mit dem Tage der Besitzübergabe gehen der Besitz und die Nutzungen, die Lasten einschließlich aller mit dem Kaufobjekt zusammenhängenden Versicherungen und die Gefahr auf den Käufer über.

5.3 Das Kaufobjekt wird nach den anerkannten Regeln der Baukunst erstellt. Die ..... haftet für ihre eigenen Leistungen und für Sachmängel der Bauwerke nach den Bestimmungen des Bürgerlichen Gesetzbuches zum Werkvertrag. Die Gewährleistungsfrist beträgt grundsätzlich 5 Jahre ab Übergabe des Kaufobjektes.

6. *Fertigstellungsverpflichtung*
Die Baugenehmigung ist bereits erteilt. Eine Abschrift der Baugenehmigung ist der Teilungserklärung als Anlage beigefügt.

6.2 ...

6.3 Die ..... verpflichtet sich, den zweiten Bauabschnitt, zu dem die hier veräußerte Eigentumswohnung gehört, bis 30. April 1993 fertigzustellen und bezugs- bzw. nutzungsfertig zu übergeben. Außen- und Gartenarbeiten können auch noch innerhalb von 4 Monaten nach dem Fertigstellungszeitpunkt für den zweiten Bauabschnitt fertiggestellt werden. Die vorgenannten Fertigstellungsfristen verlängern sich bei Bauverzögerungen durch höhere Gewalt und amtlich anerkannte Schlechtwettertage mit Frosteinwirkung.

V 2 Mietvertrag (Auszug)

Zwischen Herrn Werner Siepe ...... (Vermieter)
und .... (Mieter)
wird folgender Mietvertrag geschlossen:

§ 1 Mietgegenstand

1. Vermietet wird zu Wohnzwecken die im Sondereigentum des Vermieters stehende Eigentumswohnung Nr. ... der Wohnungseigentümergemeinschaft .... im Erdgeschoß rechts, bestehend aus 2 Zimmern nebst Küche, Diele, Bad, WC, Abstellraum, Balkon, 67 m^2 groß, sowie der im Sondernutzungsrecht des Vermieters befindliche Stellplatz Nr. ... und der Kellerraum Nr. ...

§ 2 Mietzeit

2.1 Mietvertrag auf bestimmte Zeit
Der Mietvertrag wird für die Zeit von 5 Jahren geschlossen; er beginnt am 1. Mai 1993 und läuft am 30.4.1998 ab.
...

§ 4 Miete

4.1. Miete
Die Miete im Zeitpunkt des Vertragsabschlusses beträgt monatlich 1 105 DM (in Worten: eintausendeinhundertundfünf).

4.2. Staffelmiete
Die Miete gemäß Ziffer 1 gilt für die ersten

zwölf Monate seit Vertragsbeginn. Sie erhöht sich nach jeweils frühestens zwölf Monaten auf:
1 140 DM ab 1.5.1994
1 175 DM ab 1.5.1995
1 210 DM ab 1.5.1996
1 245 DM ab 1.5.1997
Auf die Beschränkungen von Mieterhöhungen und des Kündigungsrechtes gemäß § 10 des Gesetzes zur Regelung der Miethöhe wird hingewiesen.

§ 5 Nebenkosten

...

§ 6 Zahlung der Miete, Nebenkosten und sonstiger Zuschläge

6.1 Der Mieter hat monatlich, spätestens am 3. Werktag eines Monats, im voraus folgende Zahlungen kostenfrei an den Vermieter vorzunehmen:

Miete (4)	1 105 DM
Nebenkosten ohne Heizung und Warmwasser	106 DM
Heiz- und Warmwasserkosten	106 DM
Sonstiges (Kfz.-Stellplatz Nr. ...)	30 DM
Gesamtbetrag:	1 347 DM

§ 7 Mietsicherheit

7.1 Der Mieter zahlt bei Abschluß des Mietvertrages eine Mietsicherheit (höchstens drei

Monatsmieten gemäß § 4 Ziffer 1 sind gesetzlich zulässig) in Höhe von 2 210 DM.

...

§ 8 Abrechnung, Umlage und Anpassung der Nebenkosten

8.1 Über die Vorauszahlung der in § 5 genannten Nebenkosten ist einmal jährlich unter Zugrundelegung der von der Wohnungseigentümerversammlung beschlossenen und von dem Verwalter dem Vermieter vorgelegten Hausgeldabrechnung abzurechnen. Differenzen sind tunlichst innerhalb eines Monats auszugleichen.

...

8.3 Verändern sich die Nebenkosten im Laufe eines Abrechnungszeitraums um mehr als 10 % der gesamten jährlichen Nebenkostenvorauszahlung, so erfolgt durch den Vermieter eine entsprechende Anpassung der Vorauszahlungen unter Bezeichnung und Erläuterung der Gründe.

...

§ 29 Sonstige Vereinbarungen

Die Wohnung wird als Neubauwohnung im Erstbezug übernommen. Sie ist bei Auszug in komplett renoviertem Zustand zu übergeben, d.h. Rauhfasertapeten fachmännisch weiß gestrichen und der Teppichboden von einer Fachfirma chemisch gereinigt. Infolge des Neubauobjektes verpflichtet sich der

Mieter, jegliche Art von Baumängeln dem Vermieter unverzüglich schriftlich mitzuteilen.

Erkrath, den 22.3.1993

....	....
(Werner Siepe)	(.................)
als Vermieter	als Mieter

V 3 Verwaltervertrag (Auszug)

Die Wohnungseigentümergemeinschaft
....
– nachfolgend WEGem. genannt –
und die Firma
....
– nachfolgend Verwalter genannt –
vereinbaren hiermit folgenden Verwaltervertrag:

§ 1 Bestellung und Beauftragung

Mit Beschluß der Eigentümerversammlung vom 21.7.1992 wurde die Firma .... mit der erforderlichen Mehrheit zum Verwalter im Sinne des Wohnungseigentumsgesetzes (WEG) bestellt (§ 26 Abs. 1 WEG). Der Verwalter nimmt die Bestellung an. Mit gleichem Beschluß wurde Herr .... von der Eigentümerversammlung beauftragt und berechtigt, namens der WEGem. diesen Vertrag abzuschließen. Für die Tätigkeit des Verwalters gelten folgende Vereinbarungen:

§ 2 Vertragsdauer und Kündigung

2.1 Die Tätigkeit beginnt nach Fertigstellung des Objektes. Der Fertigstellungszeitpunkt wird von der WEGem. dem Verwalter mitgeteilt.
Die Verwalterbestellung erfolgte bis zum 31.12.1994. Für vorstehenden Vertrag gilt die gleiche Laufzeit wie die Verwalterbestellung.

...

§ 4 Allgemeine Aufgaben und Befugnisse

4.1 Die Aufgaben und Befugnisse des Verwalters ergeben sich in erster Linie aus dem WEG, insbesondere den §§ 27 und 28, aus dem Bestellungsbeschluß sowie aus der Teilungserklärung/Gemeinschaftsordnung, jedoch diese nur, wenn dieser Vertrag keine anderen Bestimmungen enthält.

...

§ 5 Besondere Aufgaben des Verwalters

5.1 Neben der Durchführung der Beschlüsse der Wohnungseigentümerversammlung (§ 27 Abs. 1 Nr. 1 WEG) hat der Verwalter dafür zu sorgen, daß die einzelnen Wohnungseigentümer ihre gesetzlichen Pflichten nach § 14 WEG und aus der Teilungserklärung/Gemeinschaftsordnung erfüllen. Er ist berechtigt und verpflichtet, im Säumnisfalle zu mahnen und sonstige Maßnahmen zu treffen, insbesondere dann, wenn durch unsachgemäßen Umgang mit dem Sondereigentum des Gemeinschaftseigentum gefährdet wird. Hierüber ist die WEGem. unverzüglich zu unterrichten.

5.2 Der Verwalter übernimmt es, die Versammlungen der Wohnungseigentümer jeweils vorzubereiten, die Einladungen zu versenden oder zu überbringen und die in der Versammlung gefaßten Beschlüsse zu sammeln und den in der Versammlung nicht anwesenden Wohnungseigentümern zur Kenntnis zu bringen.

5.3 Bei seiner Vorsorge um die Instandsetzung oder Instandhaltung der gemeinschaftlichen Maßnahmen (§ 28 Abs. 1 Nr. 2 WEG) wird der Verwalter die notwendig werdenden Maßnahmen soweit vorbereiten, daß sie von der Wohnungseigentümerversammlung sachgemäß und rechtzeitig beschlossen werden können und der Verwalter ermächtigt werden kann, die erforderlichen Verträge mit Handwerkern/Lieferanten im Namen der WEGem. abzuschließen.

...

§ 6 Verwaltervergütung

6.1 Der Verwalter erhält für seine Tätigkeit eine jährliche Vergütung, berechnet wie folgt:
Pro Wohnungseinheit/Wohnungseigentum/ Teileigentum DM 300
Pro Garage/Ein-/Abstellplatz DM 36
zuzüglich der jeweils geltenden Mehrwertsteuer.
Diese Vergütung ist in 12 gleichen Raten monatlich im voraus zur Zahlung fällig.

...

6.4 Der Verwalter kann der WEGem. eine Änderung der vorstehenden Vergütungsvereinbarung vorschlagen. Die WEGem. wird eine Erhöhung der Vergütung beschließen, wenn die vorstehend vereinbarte Vergütung nicht mehr angemessen ist. Die neue Gebührenvereinbarung wird wirksam mit dem Einverständnis des Verwalters oder zu dem Zeitpunkt, der in dem Beschluß der WEGem. bestimmt ist, sofern der Verwalter damit einverstanden ist.

§ 7 Veräußerung des Wohnungseigentums

7.1 Die Mitglieder der WEGem. verpflichten sich, im Falle der Veräußerung die Erwerber des Wohnungseigentums ihrerseits zu verpflichten, diesem Verwaltervertrag beizutreten. Geschieht dies nicht, so ist der Veräußerer dem Verwalter gegenüber zum Ersatz aller Nachteile verpflichtet, die durch den Nichteintritt des Erwerbers in diesen Vertrag dem Verwalter entstehen, unbeschadet einer möglichen Haftung der übrigen Wohnungseigentümer.

...

Düsseldorf, den 21.7.1992

....	....
(Verwaltungsbeirat)	(Verwalter)

V 4 Darlehensvertrag (Auszug)

Wir danken für Ihre Anfrage und geben Ihnen folgende verbindliche Darlehenszusage:

Darlehensnehmer: Werner Siepe, ...
Bauvorhaben: Neubau von 1 mietweise gen. Eigentumswohnung mit 1 Garage bzw. Stellplatz
Bauort: 4006 Erkrath
Bauobjekt: ....
16 378/1 000 000 Miteigentumsanteil an Eigentumswohnung Nr. ... u. Garage/Stellpl. Nr. ...
Sicherstellung: Grundschuld ohne Brief mit 14 % jährlichen Grundschuldzinsen – sofort vollstreckbar gegen den jeweiligen Eigentümer mit Unterwerfung unter die sofortige Zwangsvollstreckung in das persönliche Vermögen zu Lasten des oben genannten Bauobjekts in Höhe von 250 000 DM
in Abt. II vorgehende Rechte: keine wertmindernden Rechte
in Abt. III vorgehende Rechte: Grundpfandrechte in Höhe von 0,00 DM
Darlehensbetrag: 250 000 DM
einmalige Geldbeschaffungskosten: 10,000 %
Zins: 5,920 % ab Auszahlung
Zinsfestschreibung bis: 30.6.2003
Anfänglicher effektiver Jahreszins: 7,589 %
Die einmaligen Kosten werden zum Zwecke der

Preisangabe auf die Zinsfestschreibungsperiode verrechnet.
Bereitstellungszins: 3,000 % ab 01.08.93
Tilgung: 250 000 DM
Tilgung am: 01.04.2013
Fälligkeitstermin: am 1. eines Monats
Die Voraussetzungen für die Änderung der preisbestimmenden Faktoren nach Ablauf der Zinsbindung bestimmen sich nach Abschnitt II Ziff. 4 Abs. 2 der »Allgemeinen Bestimmungen K« zum Darlehensvertrag.
Monatliche Zinsrate: 1 233,33 DM
Nettokreditbetrag: 225 000 DM
Der Nettokreditbetrag kann sich durch Verrechnung mit Bereitstellungszinsen noch verringern.
Die Tilgung wird gegen Abtretung der Rechte und Ansprüche aus der u.g. Lebensversicherung an die .... ausgesetzt:
Versicherungsgesellschaft: ......
Versicherungsnummer: ......
Versicherungssumme: 121 747 DM
Versicherungsprämie: 479,40 DM monatlich
Versicherungsnehmer: Werner Siepe
Ablauf der Versicherung: 01.04.2013
Voraussichtlicher Gesamtbetrag aller Teilzahlungen während der Zinsbindungsfrist (der tatsächliche Betrag ist abhängig von der zeitlichen Abzahlungsfolge des Darlehens) einschließlich Zinsen und sonstigen Kosten: 173 000 DM
Zuzüglich der Lebensversicherungsprämien während der Zinsbindungsfrist (abhängig vom vereinbarten Tarif) von 57 528 DM.

Inwieweit neben diesen Kosten für die Lebensversicherung weitere Kosten (z.B. Bearbeitungsgebühren, Provisionen usw.) anfallen, ist der bank nicht bekannt, so daß diese Kosten von der Bank nicht angegeben werden können.
Für die Eintragung der Grundschuld entstehen Ihnen schätzungsweise Notar- und Grundbuchkosten in Höhe von 1 840 DM.
Voraussichtliche Restsumme des Darlehens am Ende der Zinsbindungsfrist: 250 000 DM
Die Restschuld nach Ablauf der Zinsfestschreibung entspricht der Darlehenssumme, da die Tilgung des Darlehens bis zum Ende der Zinsfestschreibung ausgesetzt ist.

....

....

Die ....-Bank und der Darlehensnehmer sind sich über den Abschluß des Darlehensvertrages zu den vorstehenden Bedingungen einig.

..........., den 6.4.1993 ....

(Bank)

Erkrath, den 8.4.1993 ....

(Werner Siepe)
als Darlehensnehmer

V 5 Versicherungsvertrag (Auszug)

Versicherungsschein Nr. .... vom 7.4.1993
Die Versicherung umfaßt folgende Leistung:

– versicherte Summe	119 950 DM
– Beitrag monatlich:	479,40 DM
– Beginn der Versicherung:	1.4.1993
Ablauf der Versicherung:	1.4.2013
– Dauer der Versicherung:	20 Jahre
Dauer der Beitragszahlung:	20 Jahre

...

Gewinnverwendung
Die Versicherung wird zu Beginn eines jeden Versicherungsjahres, frühestens ab Beginn des 2. Versicherungsjahres, in Form einer zusätzlichen beitragsfreien Versicherungssumme (Bonus) am Überschuß beteiligt. Die Höhe des Bonus ergibt sich aus den jährlichen Gewinnanteilen.
Der Bonus wird zusammen mit der Versicherungssumme fällig.

Rückkaufswerte und beitragsfreie Versicherungssummen
Mit Abschluß dieses Versicherungsvertrages haben Sie sich zu regelmäßigen Beitragszahlungen verpflichtet. Werden die Beiträge nicht mehr gezahlt, so ist das für Sie in jedem Fall mit Nachteilen verbunden. Lassen Sie sich deshalb bitte zunächst von uns beraten. Sollen dennoch keine Beiträge mehr gezahlt werden, so haben Sie zwei Möglichkeiten. Während der Vertragsdauer können Sie wählen,

- ob Sie die Versicherung vorzeitig beenden und ihren Wert auszahlen lassen; dabei handelt es sich dann um den Rückkaufswert
- ob Sie die Versicherung ohne weitere Beitragszahlung fortsetzen wollen: der Versicherungsschutz verringert sich dann auf die beitragsfreie Versicherungssumme.

Die Rückkaufswerte und die beitragsfreien Versicherungssummen ersehen Sie aus der beiliegenden Tabelle. Die Beteiligung am Überschuß erhöht diese Beträge.

Wenn Sie die Tabellenwerte der Summe der eingezahlten Beiträge gegenüberstellen, so berücksichtigen Sie bitte, daß zur Bildung des Rückkaufswertes oder der beitragsfreien Versicherungssumme nicht die vollen Beiträge verwendet werden können.

Beim Tod erbringen wir die vereinbarte Versicherungssumme, auch wenn Sie erst einen Beitrag gezahlt haben. Hierfür muß jedem Beitrag, also auch Ihrem Versicherungsbeitrag, ein Teil entnommen werden.

Einen weiteren Teil des Beitrags benötigen wir zur Deckung der Kosten für das Einziehen der Beiträge und die Verwaltung der Versicherung. Für den Abschluß einer Versicherung und das Einrichten des Vertrages entstehen ebenfalls Kosten.

Deshalb kann sich ein Rückkaufswert und eine beitragsfreie Versicherungssumme im allgemeinen erst vom zweiten Versicherungsjahr an bilden.

Der verbleibende Teil des Beitrags wird verzinslich angesammelt und bildet das Deckungskapital. Aus ihm ergeben sich der Rückkaufswert und die beitragsfreie Versicherungssumme.

Nach den derzeitigen Beschlüssen zur Gewinnbeteiligung werden die Rückkaufswerte der beitragspflichtigen Versicherungen aus Mitteln der Gewinnbeteiligung auf einen Mindestbetrag von 50 % der gezahlten Beiträge angehoben. Dadurch wird u.U. in den Anfangsjahren ein höherer Betrag gezahlt, als er in der beiliegenden Tabelle genannt ist.

Garantiewertetabelle

Beiträge gezahlt bis Ende März	Rückkaufswert in DM	Beitragsfreie Summe in DM
1994	2 876,40	4 782,00
1995	6 607,30	10 711,00
1996	11 281,00	17 831,00
1998	20 989,40	31 540,00
2000	31 190,50	44 561,00
2003	47 547,20	62 955,00
2012	110 537,40	114 170,00

5. Fachliteratur: Empfehlenswertes für Wohnungsvermieter

Leider gibt es relativ wenig Fachliteratur speziell für den privaten Wohnungsvermieter. Was ich Ihnen als Lektüre empfehlen kann, habe ich – mit eigenen Anmerkungen versehen – im folgenden zusammengestellt.

Loseblattwerk

Der Immobilien-Berater, Das Magazin für wirtschaftlichen Erfolg mit Haus- und Wohnungsbesitz, Verlag Norman Rentrop, Bonn (erscheint als Grundwerk mit 7 Aktualisierungslieferungen pro Jahr und ist als einziges Loseblattwerk ganz auf die Bedürfnisse des privaten Vermieters eingerichtet)

Fachbücher

Platz, Jürgen, Immobilien-Management, Prüfkriterien zu Lage, Substanz, Rendite, Gabler Verlag, Wiesbaden (für Fortgeschrittene, von einem Profi aus der Sicht des institutionellen Anlegers wie z.B. Versicherungsunternehmen geschrieben)

Knapp, Reinhart, Immobilien als Kapitalanlage, ECON Verlag, Düsseldorf (schwerpunktmäßig werden offene und geschlossene Immobilienfonds sowie die Anlage in Immobilienaktien behandelt)

Hamann, Horst, Immobilienkauf als Geldanlage, Mosaik Verlag, München (Ratgeber eines Capital-Redakteurs, der stark die steuerliche und finanzielle Seite betont)

Siepe, Werner, Wohnungseigentum, Handbuch für den Vermieter von Haus und Wohnung, Heyne Verlag, München (hier habe ich einen besonderen Schwerpunkt beim Miet- und Steuerrecht sowie bei der Finanzierung gesetzt)

Wirtschaftszeitschriften
DM, Das private Wirtschaftsmagazin, Handelsblatt Verlag, Düsseldorf (erscheint monatlich und gibt einmal im Jahr ein Sonderheft »Bauen und Wohnen« heraus)

Capital, Das Wirtschaftsmagazin, Gruner + Jahr Hamburg, Redaktion für West-Ausgabe in Köln, für Ost-Ausgabe in Berlin (erscheint ebenfalls monatlich und gibt einmal im Jahr ein Immobilien-Sonderheft heraus)

Wirtschaftswoche, Handelsblatt Verlag, Düsseldorf (erscheint wöchentlich und berichtet von Fall zu Fall unter der Rubrik »Geld und Kapital« auch über Rendite-Immobilien)

Tageszeitungen mit großem Wirtschaftsteil
FAZ (Frankfurter Allgemeine Zeitung), Frankfurt (mit großer informativer Immobilienseite in der Freitagsausgabe)

Handelsblatt, Düsseldorf (ebenfalls mit einem Immobilienteil in der Freitagsausgabe, wie die FAZ mit Schwerpunkt auf Gewerbeimmobilien)

Süddeutsche Zeitung, München (mit einer Immobilienseite in der Samstagsausgabe, mit Schwerpunkt Eigenheimmarkt)

Spezialthemen in Fachbüchern

Krümpel, Bernhard, Leitfaden für Käufer von Häusern und Eigentumswohnungen – Eine praktische Entscheidungshilfe mit Checklisten-System, Verlag Krümpel, Mainz (Alles Wissenswerte rund um den Kauf von Wohnimmobilien)

Krümpel, Bernhard, Erfolgreicher Haus-Verkauf von Privat oder über Makler – Die praktische Anleitung für mehr Geld beim Haus-, Grundstücks- und ETW-Verkauf, Verlag Krümpel, Mainz (Alles Wissenwerte über den Verkauf von Wohnimmobilien)

Sommer, Goetz, Was ist mein Haus heute wert, Verlag Norman Rentrop, Bonn (Alles Wissenswerte über die Bewertung von Wohnimmobilien)

Siepe, Werner, Die beste Finanzierung für Ihr eigenes Haus, Verlag Norman Rentrop, Bonn (mit Schwerpunkt Eigenheimfinanzierung)

Siepe, Werner, Wie ersteigere ich ein Haus oder eine Wohnung, Verlag Norman Rentrop, Bonn (Spezialfall Immobilienerwerb durch Zwangsversteigerung)

Register